本书系科技部软科学研究重大项目（编号2013GXS3B047）和北京市综合教育改革实验（京教函［2010］702号）研究成果，由李希贵、秦建云、郭学军、李凌艳合作完成。

SCHOOL TRANSFORMATION

THE EXPLORATION OF INNOVATING EDUCATIONAL MODE IN

BEIJING NATIONAL DAY SCHOOL

学校转型

北京十一学校创新育人模式的探索

李希贵 等◎著

教育科学出版社

·北京·

目 录

转型后的学校生态　241

挑战与展望　263

我们正处在一个激烈的社会转型期。一方面，经济快速发展，社会文明程度不断提高，人们的行为方式、价值体系都发生了明显的变化；另一方面，个性发展的诉求日益彰显，人们更加关注个人幸福感和生命价值，期盼有更好的教育，期盼着孩子们能成长得更好。

　　而教育现状却不令人满意。培养模式单一，无法满足不同潜质学生的发展需要，尤其是课程缺乏选择性，无法支撑学生获得全面而有个性的发展，学生厌学情况严重。评价方式单一，片面追求分数，造成学生自主学习、自强自立和适应社会的能力严重不足。日益凸显的学生的个性差异和自主发展需求，迫使学校要在教育理念、教学内容、教育途径等方面进行内源性、结构性、系统性的转型。

　　我们自2007年开始准备并进行顶层设计，2009年开始正式实施育人模式创新，带来学校的转型。学校转型是以构建选择性的课程体系为基础的，我们通过将国家课程、地方课程校本化，实现了一位学生一张课表，最大限度创造适合每一位学生的教育。学校转型还必须以制度重建为保障，当我们打破行政班、取消班主任之后，学校原有的一切以班级管理为前提的管理模式不再存续，如何构建全员育人、关注个体的新型的育人模式，最大限度地让学生发现自我、唤醒自我、成为自我，就成为变革成败的关键。学校转型最终还要体现在组织文化的变革之中，如果我们不能让大家真正弄清教育的本质，将立德树人作为教育工作的根本任务，不去关注每一位学生的终身发展，任何表面上的变革，都同样会迷失自我。

　　转型后的学校呈现出一种新的生态。课程结构的调整，为每一位学生的个性充分发展带来了可能，与此同时，学生社会责任感不断增强，创新精神和实践能力不断被激发出来，他们逐渐具有了独立人格和独立思想。教师主动变革的意识和课程开发能力不断增强，他们也在这场变革中找到了自己更深层次的责任和更崇高的使命。校园里群体的多样性与个体的独特性并存，各种影响力量相互作用，形成了和谐的校园生态。

教育的价值选择:

让每一位学生成为自主
发展的主体

传统育人模式按照工业化、批量化生产的模式"塑造"学生，强调人才的使用功能和社会服务功能，用知识、技能、成果界定人才。在这种模式下，人处于被动的"培养"之中。雅斯贝尔斯在《什么是教育》中指出："人的回归才是教育改革的真正条件"，"对整个教育问题的反思，必然追溯到教育的目标上去"。当我们从"工具"的目标出发，就会按照我们的意愿去"锻造"学生，但他们不一定是未来成熟的公民社会所需要的。

　　不同育人模式的背后透射着不同的教育价值选择。当我们进行不同的价值选择时，其实，我们也在尝试着不同的育人模式，而不同的育人模式势必产生不同的学校型格。因此，学校的全面转型一定要首先明确自己的价值选择。在涉及学校所有方面的转型中，价值选择无疑是最核心的要素，它反映了一所学校所遵循的教育哲学。

　　曾经我们的眼前"没有"学生，我们无视学生的存在，做出过许多违反学生成长规律的事情。后来，我们意识到学生的真实存在，提出"创造适合学生发展的教育"而不是塑造适合教育的学生，但我们张开眼睛看到的常常是全体学生、一群学生。只有当我们把对人的关注和尊重作为一切工作的出发点和归宿时，学生才能以"每一位"的方式进入我们的视野。于是，发现每一位学生的不同，唤醒每一位学生的潜能，启动每一位学生的内动力，让每一位学生成为自我发展的承担者，便成为现代学校教育面临的新任务。

我们的担当：追求分数以外更重要的东西

每年六月份，随着高考成绩的揭晓，高考分数成为大家谈论一位学生、一个家庭、一所学校不可或缺的话题，甚至成为衡量一所学校办学质量的唯一指标。在一些地方，当奥赛获奖人数、考取北大和清华的人数成为某种政绩后，生源大战就成为必然，教育被带进了一个怪圈。

分数把教育过程带入了一个机械化的重复训练之中，学生在日复一日、年复一年的"题海"战术中，被"锻造"成为分数的工具。冷冰冰的分数如乌云般将教育本该有的功能遮蔽。学生一朝冲出分数的牢笼，未来的方向、公民的责任、与人合作相处的方法等各种问题接踵而至时，他们才发现，原本应该打好基础的中学教育，除了分数，没有留给他们应该留下的更重要的东西。

叶澜（2005）[5]教授指出："学校不是只关心少数'尖子'学生，为高一级学校培养专门化的、精英式的人服务，不应仅以培养出获奖学生、考上名牌大学或后来成为著名人物的学生为荣（在各类校庆和校史展览中，人们最能感受到这两点），而应致力于每一个学生的发展，为学生的终身学习和发展奠定坚实的基础。这将成为 21 世纪'学校转型变革'的内涵之一，也成为现代型学校的基本特质。"在这样的时代背景下，普通高中教育到底应该追求什么？

（一）给每一位学生装上自主发展的发动机

观察我们周围的学生，不难发现，与欧美等西方国家的学生最不一样的是：我们的孩子像一台没有动力的机器。虽然我们总是告诉学生"学习是你自己的事情"，但是这个看似最私人化、最关系到自己未来的事情，学生却觉得跟自己关系不大。他们所有的动力几乎都来自于外部，来自于老师、家长和考试的助推。而在对西方一些学校的考察中，我们发现，那里的大部分孩子，内心有一个明确的方向，他要为此而付出努力，他有属于自己的动力。有一些高中学生平均每天的睡眠时间不到 6 个小时，半夜两点钟睡觉是常态。实际上，他们的书包不比我们轻，课程不比我们少，学习的节奏不比我们慢，难度也不比我们的低，为什么总是我们在喊课业负担问题？根本原因就在于我们的学生缺乏自我发展的内动力，既然是别人加给我的东西，稍不如意，自然就会大喊大叫。这个原因进一步推导下去，有两个问题逐渐浮出水面：其一是课程不适合自己，缺乏选择性，学生对学习不感兴趣；其二是没有未来方向的引领，在没有规划的道路上胡摸乱撞，缺乏前进的动力。

当学生有明确成长方向的时候，教育就充满了活力。为此，我们下决心，从改革课程入手，对国家课程进行校本化设计，构建分层、分类、综合、特需的课程体系，赋予学生选择课程的权利。我们还通过一些职业考察课程的设置，有意识地培养学生对未来的思考，让学生行走在生涯规划的旅途中；通过一些机制，例如设置小学段，让学生有一个了解职业生活、外出体验社会的机会；设置丰富多样的综合实践课程，让他们在选择和尝试中，兴趣爱好能得到滋养，逐渐发现自己的个性特长，明晰自己的发展方向；通过选课走班这种教学组织形式，扩大学生交往的圈子，让学生在志同道合的同伴的相互影响中，挖掘出自己的潜能。

（二）注重学生责任意识的培养

人生是一枚硬币，如果正面是选择的话，背面就一定是责任。责任是公民素养中非常重要的一个方面，当一个孩子能够为自己的选择负责任的时候，责任就会慢慢延伸到他对别人和社会的责任。学生在分层课程中选择不同层次的课程学习，他的选择行为与相应的课程难度对应，他必须非常地谨慎、负责；分类课程为学生提供了不同类别的课程模块，每一门课程不仅承载一定的课程内容，还包括学习的时长、评价的要求等，每一次选择都不是随意的，学生要考虑清楚自己的需求，才能做出决定。

此外，我们设置了综合艺术课程，搭建了一个学生合作、交往、协商的平台，在这个平台上学生真实地体会着对自己负责、对他人负责。以音乐剧《嘎达梅林》编排的角色分工为例（见表 1-1），这个包含 8 个剧务岗位、16 个角色的片段，由 8 位学生在不同的时间和不同的场景承担，分工与合作中的责任意识和能力对于此项课程的重要性就不言而喻了。

除学科课程外，学生社团课程也是学生养成负责、关爱、合作等公民素养的非常重要的平台，大大扩充了学生在校园生活中交往和活动的范围，赢得了学生的广泛喜爱。从 2009 年到 2012 年，学生社团每年连续增长（见图 1－1）。调查表明，2013 年全校有 95% 的学生参加过社团课程，

表 1－1　《嘎达梅林（三）》角色分工

学生姓名	角色1	角色2	负责剧务
窦克强	日本军官	嘎达	灯光
高湿	福晋	士兵乙	宣传
刘琛	摔跤手	军阀	服装管理
孙辰	舍旺	难民	音乐
黄唯铭	嘎达	起义军	剧务
王婷艺	乌日娜	舞蹈	编舞
刘君卿	牡丹2	难民	服装管理
姚盼竹	福晋	舞蹈	编舞

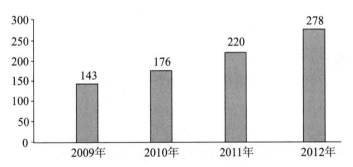

图 1－1　2009—2012 年学生社团数量的变化情况

47% 的学生参加了多项社团课程。例如，有两位学生在学校办起两家银行，当问他们"利润用来干什么"的时候，他们决定拿出一半利润去从事公益事业。十一学校还有一个乐仁咖啡厅，董事长是一位女生，其实她就是喜欢咖啡，喜欢给同学们磨咖啡、端咖啡，乐在其中。她用咖啡厅的盈利设立了一个"乐仁奖学金"，专门奖励那些从事公益活动的学生，而这

种评价本身就是对学生的一种引导。现在学校每年都有不少学生因为在公益活动方面的突出表现获得嘉奖。更重要的是，他们在这样的活动中实实在在增强了对社会的责任意识和社会活动能力。

（三）注重学生独立人格和独立思考能力的培养

学校致力于培养志存高远、诚信笃行、思想活跃、言行规范的社会栋梁和民族脊梁。鼓励独立思考，特别注重培养有想法的学生。为此，学校搭建了各种平台，让校园生长学生的想法。例如设置"校园机会榜"，把学校日常管理中一部分学生可以承担的工作，在校园内发布，公开向学生提供工作机会。学生自主申报，遇到有较多学生选择同一项工作时，则采取公开竞标的方式决定人选。这些工作机会包括像升旗仪式这样常规性的工作，也包括奥运志愿者、校服售卖、学校书店经营等专题性工作，还有一些像体育器械招投标、食堂饭菜质量测评、学校图书购买年度计划制订等学校的管理性工作。"校园机会榜"给学生提供的不仅仅是参与学校管理的机会，更是一种生长想法、历练独立人格的成长体验。

让学生参与到学校真实问题的解决中来，是我们培养学生独立思考能力的一个重要办法。我们每个月从学生中征集提案，校委会每个月有一次会议研讨学生的提案，并且把学生请到校委会上，让他们亲自阐述自己的主张。这里的每一份提案都透射出学生的独立思考。

各种评价方案也很注重对学生独立想法的引导，比如设立课堂"金思维"奖学金，奖励那些在课堂上思想活跃、能够提出独特想法和创新思路的学生。学校首届课堂"金思维"奖学金的获奖情况见表1-2。

表1-2　首届课堂"金思维"奖学金获奖情况

序号	学生姓名	主题词
1	董春阳	从人体基因DNA的甲基中找到"蝴蝶效应"的影子
2	刘雨樵	具有发散性思维和怀疑的态度，并应用于日常生活中
3	黄心仪	具有创新思维，对"陌生语言"进行大胆的冒险探究
4	何艾宁	小学段：以批判的思维学习知识，以辩论碰撞出智慧的火花
5	袁毓滢	把中国古诗翻译成英文，并把传统文化中的"月"的意象诠释得很充分，翻译角度多元

序号	学生姓名	主 题 词
6	刘苏洋	六角雪花与静电的关系
7	谢金雨	水稻种植业现代化的问题
8	王培元	对化学键的全新认识
9	蒋逸杨	具有创新思维,在生物课堂上把所学知识创造性地运用到生物实验中,有效验证了生物学原理
10	李元杰	运用逻辑思维阐述哲学问题的观点
11	张航达	思维缜密,善于表达,对国际课程进行思索并进行国际课程和中国课程的链接研究
12	夏丹婷	积极思考,把课堂的问题化为研究报告主题进行研究
13	张艺凡	对自由市场、自由战场的存在质疑
14	黄启皓	运用老师所授投资理财的知识,研究股票投资方式
15	迟浩雨	认为将学到的知识应用到生活中是学习的一种境界,也是学习的真谛,并且付诸行动
16	陈冠雄	积极思辨,进行学科质疑,把所学知识运用于日常生活
17	梁紫玥	走进生活中的课堂,把课堂知识和生活结合起来
18	薛茗溪	在世界文化展示中运用拓展思维,把多元文化有机辩证地整合到一起
19	贾昕平	利用三角函数知识,建立数学模型,验证原理
20	薛宇燕	举办个人数学专题讲座
21	刘子萌	结合首都的设备设施,积累英语学习资料,开设日常英语从句讲座
22	陈一凡	利用自己的英语学科特长,汇总同学们英语中的问题,举办英语语法讲座
23	王学思	关于校园建设的一些提议,如便利店刷卡机的高效使用、校园海报管理制度等

学校还设立了"校长奖学金",表彰那些有想法、有创意,愿意通过自己的努力为他人、学校和社会做出有益行动的学生。表1-3是第六届"校长奖学金"的颁奖决定,从每个学生的获奖理由中可以看到他们闪烁着的独立思考的光辉。

表1-3 第六届"校长奖学金"获奖情况

序号	学生姓名	奖学金名称	获奖理由
1	学生内阁（团体）	金苹果奖	1. 在学生军训改革、食堂问题、各年级管理问题改进方法等方面提出了建议，并得到很大程度的采纳； 2. 纪录片摄制组全程跟踪学生内阁活动，已成为十一学校校园民主的代言人。
2	刘毅伦	金苹果奖	1. 设计的校服管理方案处处闪烁管理智慧； 2. 对未来新校服管理模式的探索。
3	李逸伦	金钥匙奖	1. 推动校学生会结构由部门制向小组制转变，提升学生会成员办事效率与集体归属感； 2. 积极发现校园内存在的问题，同学校各方进行沟通并切实为师生谋福利； 3. 首次组织同学编纂出符合现阶段学校以及学生会状况的学生会章程，用章程规范学生会工作。
4	段宇光	金钥匙奖	丰富学校"学长制"课程，在SSC组织创办"学长有约"活动，组织40位优秀学长以及已毕业学长参与交流；积极促进筹备大学学长与高中同学就专业选择与择校方面进行定期交流的活动。
5	马静怡	金钥匙奖	撰写星级社团评比标准，从原来的单一社团活动改革为现在的社团联盟活动形式。
6	刘嘉齐	金钥匙奖	关注身边的事务，带领DCT（Dream Come True）小组就校园食堂内卫生间灯光昏暗及卫生问题进行调查，提出整改意见并与校方沟通，最终在11月底改善了学校食堂灯光及环境的问题。

序号	学生姓名	奖学金名称	获奖理由
7	吴子贤	金钥匙奖	1. 首届十一学校体育季 logo 设计者，校庆纪念印章的设计者与制作者，青铜地标揭牌仪式签名板的设计者之一； 2. 长期为校内社会科学院及其他校级社团制作活动初期的宣传海报。
8	吴振邦	金钥匙奖	1. 策划组织了"蓝洋筑梦"主题舞会； 2. 主编《赢在中学》一书； 3. 在团中央十八大精神座谈会上发言提出了中学教育国际化的趋势； 4. 组织教师节活动等多项活动； 5. 健全、完善校学生会组织，将小组制在校学生会内推广。
9	王培元	金点子奖	1. 参加学生内阁，在有关校园自习管理的议题中进行问卷设计工作； 2. 在年级化学学科学习方法中提出了全新的认识方式方法； 3. 参加校团委、法学院，曾参与团课讲授，各项大型活动如狂欢节策划等。
10	王婉婷	金点子奖	1. 在2011—2012学年度开学典礼的策划中起中流砥柱作用； 2. 参与学生内阁关于学校自习管理的调查，制作调查问卷并负责了四年制高一学部的调查和反馈； 3. 在第二届狂欢节中提出"真人版植物大战僵尸"的创意，并成为该项目的负责人。

续表

序号	学生姓名	奖学金名称	获奖理由
11	钟杉	金点子奖	1. 学校第一个由学生争取资金、学生设计、学生创立、学生评选的奖学金——校学生会奖学金的负责人，带领奖学金策划团队撰写合同、联系赞助方、设计评选办法； 2. 改革学生会内部架构，改变管理层级，提高工作效率。
12	李双儿	金点子奖	校庆二十年业绩展 logo "龙腾十一" 的设计者。
13	任翔	金点子奖	1. 曾多次为校级活动设计海报或制作 PPT 背景； 2. 在 2011 年国际部感恩节海报设计活动中获得了优秀设计奖； 3. 2012 年 6 月设计了夏季舞会的船票、宣传海报，制作舞台 PPT； 4. 2012 年 8 月设计了校内接待志愿者的工作胸牌； 5. 2012 年 11 月第三届德国文化日中设计了文化日 logo、背景板。
14	陈天泽	金点子奖	1. 参与主编《赢在中学》； 2. 策划社科院 "学院杯" 竞赛； 3. 组织参与 4 次学术讨论会，讨论极权主义、校园爱情、诺贝尔文学奖等热点话题。
15	魏心颖	金点子奖	1. 在 "校长有约" 中提出体育季开幕式、举办方式等方案并被采纳，包括由健美操队承担的踏板、啦啦竞技的表演等； 2. 提出校园照明设施方案并被采纳及部分实施。

当教育的价值取向转变为追求比分数更重要的东西时，教师无疑面临着最大的挑战。曾经的教育观念，曾经的教育方式和行为，曾经的思维方式，还有曾经的宝贵经验，都需要随着选课走班的实施而转变，甚至是摒弃，谈何容易！

首先，我们需要让老师们认同这种主张和价值取向，逐渐从重复训练的"分数模式"中走出来。让所有的老师知道，甚至让所有的家长知道：我们提倡什么，反对什么，怎么定义成功，怎么定义失败，我们共同的目标和愿景是什么，同时我们靠什么、通过什么渠道来实现这样的教育之梦……这是非常必要的。只有这样，每一个个体或团队才能够在这个大家认可的价值观下创造性地工作，充分发挥自己的聪明才智，随心所欲而又不逾矩，多样化的创意才可能由此勃发。为此，从 2007 年到 2009 年，经过两年的讨论，并通过前后共两个月的教代会的研讨，最终形成了《北京十一学校行动纲要》，又通过年度的文化主题活动，让办学价值观得到全校教职员工的认可，让基本办学价值观逐渐嵌入每一位教师的教育观念之中。

其次，通过课程的变革，将基本价值观转化为每一位教师实际的教育行为。从课程入手，必然带来学生的变化，进而就会带来教师状态的一种变化。在选课走班这个平台上，原来的老一套都不能用了，处处是挑战，到处是问题。面对这些从来没有遇到过的挑战，老师们在困惑、纠结和争论中，不得不思考，并尝试探索新的办法，于是，在研究状态下工作就一步步自然呈现出来了。其实，当我们追求学生分数以外综合素质的发展时，教师的素养也面临真实的新挑战：他们不仅要关注自己的学科教学，还要关注学生的情绪、心理、志向，甚至是大学专业设置和招生、就业情况，以便为学生的选课和未来规划提供帮助。

伴随着学生的迅速成长，教育有了新的内涵。我们发现，教育更重要的是发现和唤醒：发现学生的潜能和发展方向，来唤醒他、帮助他。随着学生的快速成长，他们的想法和个性日益鲜明，老师们面临的挑战也越来越大。对此，有着丰富班主任管理经验的英语学科主任侯敏华老师的感悟是：保持快速成长的速度，打开自己，迎接挑战。挑战无止境，我们的改变和探索也将无止境。

教育的价值追求：让每一位学生成为他自己

学生进校的时候，总有些不一样，但是经过几年的时间，我们就把他们"教育"得全都差不多了，一年级老师可能对此特别有感受。十二年的时光，最后我们把学生打磨得全都是一个样子。当他们步入社会的时候，我们才发现问题：社会需要的是不一样的人才。

现实学校教育中存在的弊端与社会对教育的需求之间矛盾的尖锐化，使得学校的转型已经无法回避。在叶澜教授提出的"转型性变革"的视野下，"现代学校变革首先指向教育价值观的变革，需要对学校教育的价值和学校培养目标有一个符合时代变化和发展的重新定位"。

2007年，我们把"创造适合学生发展的教育"写进《北京十一学校行动纲要》。很多人对这句话并不陌生，但是与传统教育不同的是，我们强调：其一，这里的学生不是少数尖子学生，不是抽象的全体学生，而是每一位学生；其二，这里的学生不是观念层面上的学生，不是一个概念，而是一个个鲜活的、具体的、能看得见的学生个体。他们有着性格和个人志趣的差异，也有着学习基础、水平和发展方向的差异，这些构成了每一位学生的个性特点。作为现代型学校，我们提出教育的价值追求是致力于每一位学生的发展，让每一位学生成为他自己。如何让个性迥异的每一位学生成为他自己？

（一）给学生提供最大限度的选择性，让每一位学生拥有自己的课程

"课程"一词最早出现在英国著名教育家斯宾塞的《什么知识最有价值》一文中，它是从拉丁语"Currere"一词延伸出来的，它的名词形式意为"跑道"，由此，课程就是为不同学生设计的不同跑道，而它的动词形式则是指"奔跑"，这样一来，课程的着眼点就会放在个体认识的独特性和经验的自我建构上。这样说来，课程的独特价值往深处说，是应该尊重

某一个特定孩子的需求和不一样的成长方式。如果我们能够在可能的情况下更多地开辟一些每一位孩子"奔跑"的道路，就能够帮助每一位学生找到自我。

以满足每一位学生的需求为主旨，我们通过国家课程的校本化，设计了分层、分类、综合、特需的课程体系，给学生提供了一个庞大的课程超市：既有分层次的、也有分类型的；既有综合的、也有专项的；既有理性思辨的，也有实践体验的；既有补弱的，也有提升的。如果这些课程还不能满足学生需求，我们还设置了一对一的特需课程，例如小学段的援助课程、书院课程等。学生既可以从自己的发展方向选择，也可以从自己的兴趣爱好特长选择。我们的目的就是让每一位学生都能从这些课程中找到自己的兴奋点，通过选课走班，形成每位学生的属于自己的课程谱系。

为了提供给学生最大限度的选择性，我们压缩必修课程。例如高中语文，我们把全体学生都必须学的内容从每周的 5 课时压缩到 3 课时，节省出来的时间，让学生自主选择更多的自选课程模块。体育与健康设置了 22 个课程模块，只有田径为必选课程，其他的都是选修，只是规定学生每个学期都必须选一个。对于身体不便的学生，过去他们是游离于正常体育课程之外的，但他们恰恰是最需要康复训练的，我们专门开设了适合他们身体情况的康复体育课程，而且不限制开课人数。目前学校设置的 265 门学科课程、30 门综合实践课程、75 个职业考察课程、272 个社团、60 个学生管理学院岗位课程中，除了 17 门必修课程，其他的全部为选修课程，必修课与选修课的比例如图 1 - 2 所示。

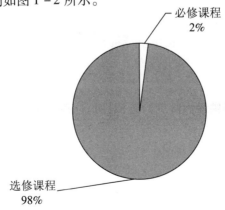

图 1 - 2　必修课程和选修课程各占比例情况

除此之外，学生还可以根据自己的课程规划，选择哪一门课程在哪个时段学习。我们认为，只有通过选择，这些课程才能落地，与每一位学生的需求和发展联系起来。学生通过选择和尝试，才能逐渐找到属于自己的东西。

学生的选择权不仅仅体现在课程上，每一位学生还可以按照自己的需求选择上自习的地点；课程实施还有免修制度；对住宿生实施选择性晚休制度：学校分为三个可选择的晚自习时段，学生可根据自己的实际情况申请不同的晚自习结束时间，同时，允许每位同学每周申请一次延迟就寝，每次延迟时间不得超过 2 小时。有特别需求或特殊情况的学生，可在家长和班主任老师同意的情况下，适当延迟时间。

（二）通过不同的实施方式，让每一门课程发挥其独特价值

我们设置如此丰富多样的课程是基于它们各不相同的课程价值，而要实现不同的课程价值则需要不一样的课程实施方式。于是，我们建设了许多实验室、活动室和阅览室，设计了综合实践活动和研究性学习，甚至连校外实践也列入了课表。如果我们从内心真诚希望孩子们在未来的人生中真正具有应对挑战的素质和本领，就必须在课程实施方式的多样化上做足文章。

一位在戏剧课上担任了一个学期导演的学生告诉我们，她现在真正明白什么叫领导力了，她说："领导力就是你尽心尽力地为每一位演职人员服务，不遗余力地为剧组的每一个部门提供帮助，当他们认同你的服务与帮助，全部'死心塌地'跟你合作的时候，你才真正拥有了领导力。"

她的叙说，让我们内心十分欣慰，尽管她以前曾经选修过"领导力"课程，也有过一些收获，却并没有如此刻骨铭心的感悟。

不同的课程需要不同的实施方式，而对领导力的认识、体悟包括内化，必须通过自我的实践与体验，只有如此，才能真正实现其独特的课程价值。

有一位家长曾经很兴奋地告诉我们，她的儿子从小胆子很小，为了给孩子壮胆，她可谓费尽心机，光是各种历险记就读了不下二十部，但收效甚微，一直到初一在十一学校选择了马术课，在骑马的过程中，儿子才变得勇敢起来，许多孩子不敢做的动作，儿子竟然无所畏惧了。

为什么会有如此的变化？

因为他自己独特的体验帮助了他。在一次次与马的互动中，一次次的冒险尝试让他有了成功的体验，甚至让他明白了，在这样的冒险中，只有选择勇敢才能避害为利，内心体验的积淀会成就一个人的品格，而这些却不是靠书本知识能解决的事情。

分类技术课程不仅开阔了学生的视野，还让学生在动手实践中获得了一定的专业技能，增加了与同学交往的机会；更重要的是，让学生在体验中明确所选课程是否适合自己。对学生的调查，一定程度上反映了这门课程的实施效果，如表1-4所示。

表1-4　学生对技术课程最深的感受

选　　项	人数	比　　例（％）
A. 专业能力与专业素养的要求	104	52.26
B. 动手制作与完成作品	137	68.84
C. 对困难的挑战与成就感	86	43.22
D. 团队合作	75	37.69
E. 老师提供的专业指导、学习资料等	75	37.69
F. 老师的过程性评价与要求	36	18.09
G. 其他	8	4.02
本题有效填写人数	199	

（三）帮助每一位学生在集体之外成长

传统的教育大都是把孩子放在集体中教育，这样的教育确也卓有成效，但常常忽略了某个特定孩子的个性、兴趣、需求，甚至以牺牲个体利益为代价去迎合集体的意志。这样的教育短期看确实成就了我们愿意看到的一个集体，但却让未来失去了社会必需之公民。

今日的校园里，我们已经习惯于组织各种教育活动，动辄全校、全年级、全班"一刀切"全参与。我们更多的时候见到的是森林，而其中每一棵树的情况却不甚了解。如果我们希望让孩子有一些常态的个性化成长，理应改进校园里的教育生态，创设更多的个体方便参与的氛围、情境，把那些不必集体组织、适合个体行动的事情全部交给一个个独立的孩子，造就在集体之外成长的良好生态，让孩子们在其中如鱼得水。同时，我们的老师也要为自己补课，认真探讨如此的校园里，什么当做，什么不当做，这其中也同样有着教育的机智。

每一个人只有在自由的状态下，才能逐渐学会自律。也只有如此，才能使之学会自主生活。生活在集体之外的时候，每一个个体就需要自我认知，需要明确自己的人生方向和行走方式，有时候也可能漂泊甚至横行。但也只有如此，才会让他尝到碰壁的滋味。当他们作为一个为自己的一切负责任的个体参与到集体生活之后，个体和集体都会更加有力量。

比如，没有了行政班的年级学生大会，400多位同学不再是排着队整整齐齐地入场，而是三三两两、零零散散地去了会场。一开始老师们还担心，如此一盘散沙一样的集合方式，会不会有缺席？会场岂不是乱成一团？但真正富有自主权的学生个体，会对自己表现出我们曾经想象不到的自律和负责，结果是会场上一个学生也不少，他们全都按照通知的时间到齐了。

还比如，原来教室的卫生由每个班级集体负责，没有了行政班，教室里的卫生谁来负责？为了给学生一个集体之外成长与负责的机会，我们把这项工作纳入学校综合实践课程体系之中，由学生自主选择和申报。事实上，没有集体的制度性规定和约束，学生的责任意识、服务意识反倒更强了。

其实，这正是孩子们未来生活的常态，学校应当慢慢提供这样一些未来生活本来的样子，让他们提前适应，这也正是教育追求的社会化目标。

教育的另一种诠释：发现和唤醒

每一位教师或者家长可能都有过这种感受：想从一大群孩子中找一个学生，很困难。学校教育在提高效率的同时，很容易屏蔽每一位学生的个性，一棵棵树木都是掩映在一片森林之中的。从这个意义上讲，教育的使命是发现，发现每位学生的不同特点和个性差异。2013 年新学期我们的教育年会主题就是"发现那棵树"。在一大片森林中，我们必须看到一棵棵的树，看到每一棵树的情况，有的树出问题了，是缺肥、缺水，还是有病虫害呢？教育没有一种方法可以应对所有的学生。

另外，每位学生的兴致、潜能和趋向也是不同的。潜能论告诉我们，任何幼小的生物体都具有内在的成长和发展的本能驱力，都具有一定的成长潜能。最早提出和研究人的潜能的美国著名心理学家和哲学家威廉·詹姆士认为，"我们只运用了我们头脑和身体资源中的极小部分"（戈布尔，2006），大部分的潜能潜藏在"冰山"下面，处于沉睡状态，这种潜能只有在有充分的外部条件触发的情况下才能够实现，需要借用教育的力量去唤醒。从这个意义上讲，教育的使命是唤醒。正像雅斯贝尔斯（1991）说过的："教育只能根据人的天分和可能性来促使人的发展，教育不能改变人生而具有的本质。但是，没有一个人能认识到自己天分中沉睡的可能性，因此需要教育来唤醒人所未能意识到的一切。"

（一）我们要有一双慧眼，识别每一位学生身上隐藏的潜质

无数成功人士的案例告诉我们，每一个人都有自己的天赋，如果一个人有幸在合适的时候找到自己的天赋，执着于这个领域，他一定能取得非同寻常的成就。但是，学生的潜质常常是隐藏起来的，而且与他的能力表现和一般的兴趣混杂在一起，这就需要一双慧眼，帮他打开新世界的一扇窗。

吉莉安·琳恩是当今世界最有才华的舞蹈创作家之一，她创作的《猫》和《歌剧魅影》成为音乐剧史上最成功的作品。但 8 岁时吉莉安却被认为存在某种学习上的障碍，差点被送进特殊学校。在老师看来，她的学业一塌糊涂，上学迟到，书写糟糕，测试成绩差。不仅如此，她还是整个课堂的破坏者，上一分钟还在吵吵嚷嚷，下一分钟又向窗外张望，逼着老师不得不停下教学去拉回她的注意力，但是接下来她又骚扰邻座。她的父母忧心忡忡地带她去见心理医生。没想到，吉莉安在心理医生办公室伴随音乐所表现出的魅力，被这位心理医生的慧眼识别，医生对吉莉安的妈妈说："如你所知，琳恩夫人，吉莉安没有病，她是一个舞蹈家，送她到

舞蹈学校吧。"从此，吉莉安在舞蹈方面的天赋被发掘出来，成就了她今天的才华。

无独有偶，在北京十一学校也有这样一位"特立独行"者。在美国驻华大使骆家辉到十一学校的时候，他画了一张骆家辉的全家照，送给骆家辉。这名学生一直因与家长期望不同，而成为一名叛逆者。这就是我校2012届的毕业生王珑正。在学校，他不喜欢数学、物理、化学，就是喜欢画画。他写下自己成长的心路历程：

初一初二我的学习成绩很差，在直升班从来抬不起头，最后以年级倒数第二被淘汰；初三我醒悟了，中考重新考进十一高中，以成功者的身份继续奋斗着。在这期间，我从未放弃我的作品。离高考还有1000天时，我发现了问题：长期挣扎在考试的泥潭里，没有选择，没有自由，被太多唯一的观点灌输着，我越发感到我变成了一架没有自我的机器。在一次出国旅行后，我决定颠覆现况，走属于自己的漫画家之路——而这种选择付出的代价是惨重的。我曾经的朋友逐渐远离我，孤立我，把我视作这个一心学习班级中的异类。在徐关厅老师的帮助下，我得到了位于音美楼六层的画室里屋的两张桌子，并把它们布置成自己的工作室，在那里夜以继日地画画。画室的条件十分艰苦，我必须忍受夏日的酷暑、冬天的严寒，两次画到冻伤右手……

功夫不负有心人，2012年，王珑正被全世界最顶尖的艺术学院——芝加哥艺术学院录取。对自己的高中生活，他充满感激："考上SAIC（芝加哥艺术学院），对我而言着实是一个鼓励。六年在十一学校的时光，我将带着圆满的结局离开我热爱的母校。如果没有她宽广的胸怀，我这般的叛逆者不可能获得今日的机会。"

（二）在机会里发现

没有合适的机会，你可能永远也不知道自己的天赋是什么或者它将带你走多远，就像南极不会有太多驾驭野马的人，撒哈拉大沙漠也不会有太多挖珍珠的人一样。如果没有机会展示，学生的才能和天赋是很难被发现的，也许有的人因此一生也没有找到自己的潜质。能否发现在很大程度上取决于我们所拥有的机会、我们所创造的机会以及我们如何抓住机会去利用它。在实际生活中，我们应该在不同的领域积极地寻找机会开发学生的天赋。

庞天宇，北京十一学校 2007 届学生，2011 年保送清华大学。他在数学领域的天赋展露于一次偶然的机会。在对自己中学生活的回忆中，他印象最深刻的是：

自从我当上了数学助教，我对数学的热爱甚至达到了狂热的程度。数学助教这个职位对于我来说自然最合适不过了，尽管那时我已经是理综课代表了，但我认为我还有足够的余力去应付数学助教的差事。从那以后，我更注重我的数学成绩了，一个数学助教怎能学不好数学呢？我的潜能被激发了出来，积极性也被调动起来了。那段时间，几乎每次考试我的数学成绩都没下过 90 分，这使我未来前途的宏伟蓝图在我眼前豁然开朗，阿 Q 精神也一下子充满了我的神经。我又重新变得自信起来，就像一个干瘪的皮球一下子充足了气。我以这种良好的精神状态迎接期末考试，成绩出乎我的意料。那时的我简直不敢相信。我获得了年级五科的综合三等奖。当我看见我的名字头一回出现在榜单上面时，我内心的激动无以言表，一年的努力终于没有白费。初一是我成长最快的一年，这一年的努力让我跨过了人生的一条鸿沟，踏上了新大陆。

十一学校这样的学生还有很多很多。高二年级的魏心颖同学说："我作为班级宣传委员的第一份作品为我打开了在设计方面发展的道路。那是一幅以七种色彩为翅膀，以新芽为主题的板报，极尽斑斓，给人以欢愉，赢得了各位老师的好评。在参与班级各个活动的策划中，我使自己的思维更加严谨，更具有条理，并于其中提高自己的管理能力。与此同时，我积极担任班会、年级会及升旗仪式的主持，不论大小事，我总是满怀勇气地去锻炼自己，增长在主持方面的经验。"

十一学校 600 多种课程就是 600 多个舞台，给学生最大限度的选择权就是给学生机会。每一位学生在选择中尝试、思索，慢慢发现自己最适合的和最不适合的，每一次选择和尝试都是一次抽丝剥茧，最终把那个隐藏的自我挖掘出来。有的同学是在戏剧课上发现自己的导演天赋，并有了报考导演专业的设想；也有的同学，本以为自己很喜欢动漫课，真正了解了这个专业之后，才发现自己根本不适合干动漫；也有的同学是在建筑设计课中发现了这个专业的魅力，并一发而不可收，从此点燃了去美国学习建筑学的梦想……

（三）在志趣相投的伙伴中发现

找到志同道合的朋友圈子，跟有着共同爱好的人们建立紧密联系，事实证明，身处有同样追求的人群之中，能让大多数人尽快找到自己的个性，并能够坚持下来，取得非凡的成就。美国一位社会学家通过对大量不同类型的人士进行追踪研究发现，一个人的财富，包括物质财富和精神财富，是他最亲密的 5 个朋友的平均数。这个研究结果很生动地诠释了朋友对一个人成长与发展的重要意义。在我们身边或社会上发生着的若干案例，也一再向我们证明着同伴的重要性。

然而，我们的学校教育在孩子们长大成人的关键时期，却没有将孩子们结识未来生存的同伴作为自觉的、理性的使命。因而，我们的学校改革尽管越来越有些轰轰烈烈，但却始终没有设定帮助孩子们结识志同道合的同伴的教育目标。在内心深处，我们并没有把这个作为孩子们未来人生的重要支撑。于是，尽管学校的规模在不断变大，在有些地区甚至出现了万人中学，但是，就一位学生来说，他交往的范围却始终囿于一个行政班里。且不说这种教学组织方式使孩子们交往的同伴数量受限，最大的问题其实是因为行政班的人为划分，使"被同班"的同学很难有更多志趣相投的人走在一起。

经验告诉我们，只有志趣相投，才容易成为朋友，也只有志趣相投，才更容易走上同一条事业之路，进而走在同一条人生道路上。经验也告诉我们，每个人最容易找到终生朋友的，往往是在人生观、价值观和世界观形成的关键时期，也就是中学时期，而这个时期的中学教育，是否应该重新审视自己的定位，将学生结识更多志同道合的同伴列为自己的使命？找到自己的"部落"，对于学生自我定位和人生目标的形成，有着决定性的影响。因为同类部落往往具有这样一些特征：认同感、灵感激发性和协同魔力。

其实，选课走班除了满足学生对课程的选择，有效落实因材施教之外，同时也满足了学生结识更多同伴尤其是志同道合的同伴的需求。每一位同学，每一个学期大约在 10 个左右的教学班里学习。在物理Ⅴ里，他们找到了那些痴迷科学的孩子；在数据库和网络互联的课上，他们结识了未来一同进军云计算的朋友；在服装设计与制作的 T 台走秀中，他们有了一次次艺术细胞的裂变与生成。我们相信，这样的学生，报考同一个大学专业的会越来越多，未来一同创办公司的也会越来越多。当他们可以因为兴趣进而因为事业从青春花季走到事业与人生辉煌的时候，教育可以为之欣慰。

选课走班扩大了学生的交往，全校 4174 名学生组建了 1430 个教学班，学生的交往范围，由过去的平均每人 40 个，变成现在平均每人 300 多个。

叶枫，十一学校高中 2012 级学生。这位有些文静的女孩，一直钟情于社会公益活动。"海洋星空基金会"是由十一学生发起的全国首个关注自闭症儿童的学生公益组织，她担任"海洋星空基金会"首席执行官。她认为能够一直坚持做下来，来自于志同道合的伙伴的相互启发和鼓励：

虽然，坚持为社会付出、做自己热爱的事情是非常幸福的，但时间长了，自己的意志力就有可能削弱，热情不如从前。还好，到现在我有了更加强大的力量支持自己走下去。我仍然清楚地记得，王子艾、王英博和我一起准备学校宣传报告时的情景。王子艾和我敲定文字材料，王英博则收集图片、制作幻灯片。我们经常毫无思路，一起沉默地思考。工作一旦取得了进展，我就激动地挥舞拳头，高兴地唱起歌来，王子艾会看着我装出无奈的表情，但难掩她激动的心情，而王英博则保持一脸平静，铿锵有力地讲："好，下一步……"我们三个人组成了一个长期合作的小团体，共同完成过班级、年级、学校的很多工作。我们各有特点，各有梦想，各有道路。我们幸运地在十一学校相聚，各自都发现了和自己一样为追求梦想而努力奋斗的人。也许，走出十一学校之后，我们不会再有机会合作，但是无论走到哪里，我都会记得，在世界的某个地方，有人和自己同样坚持着自己的梦想，自己要像他们一样满腔热情地活着。我的力量便是他们的力量，他们的力量便是我的力量。这无疑是对我最大的鼓励。

（四）宽容并尊重不同个性的学生

学生迸发出来的个性，需要在尊重的滋养下才能茁壮成长。

1994 年，约翰·纳什以他的博弈论获得当年的诺贝尔经济学奖，随之，这位数学奇才不同寻常的成长经历也逐渐为世人所了解。曾经获得奥斯卡奖的影片《美丽心灵》就是一部以纳什的生平经历为基础而创作的人物传记片。纳什从小孤独内向，虽然父母对他照顾有加，但老师认为他不合群、不善社交。然而，14 岁的纳什就已经显示出在数学方面的天赋，被他的老师认为可能是数学界的第二个高斯。进入普林斯顿大学的纳什遭遇了人生的低谷，他患上了严重的幻想型精神分裂症，不能上课，无法进行正常的科学研究，但普林斯顿大学没有抛弃他，他们宽容地等待这位奇才的康复和觉醒。那段时间，在这所世界著名的学府，经常能看到一位披着灰色睡袍的人在校园里游荡，有的时候半夜出没于图书馆。在他的妻子和周围同事不离不弃的帮助下，纳什终于康复，并斩获诺贝尔经济学奖。

经验告诉我们，那些有个性的孩子，绝大多数在未来的社会中更加有竞争力。我们必须直面这个事实。那些个性突显的学生，那些有想法的学生，那些不轻易接受教师观点的学生，恰恰是未来有创造性的学生。在我们的视野里，这些个性突出的学生从不鲜见。

一个初一的孩子喜欢改写电脑里的程序，攻破电教员设置的安全屏障几乎成了他每天最快乐的事。他每天和电教老师进行"攻破—修复—攻破"的拉锯战。"这就是我们枣林书院需要的孩子啊。"魏勇老师听说这个孩子的故事后非常兴奋。然而，任教高层次课程数学 IV 的屈楠老师说："为什么要把他弄到书院来？他现在可以收获到属于他的成就感，我们为什么要去打扰他呢？"魏勇老师一下子明白了，"我想我们还是不要去打扰他，做一个守望者比较好，也是对学生自主空间给予足够尊重的一个态度。"这种"捣乱"就是这个小男孩个别化的兴趣，在我们视线范围内对他的守望就是对个别化的尊重，这份尊重没准儿将造就一个未来的行业精英。

十一学校还有一个叫周子其的男生，他给学校写信，提出了改良军训的独特建议。他的信以王小波的一篇杂文《人性的逆转》开场，信很长，接近两千字。学校采纳了他的部分独特建议，不仅调整了初中部的军训方式，高中部的军训方案也有了很大的改进。另外，他的选课方向是人文与社会方向，选择的是历史Ⅱ，而他崇拜的魏勇老师却任教历史Ⅰ，于是，他就常常去魏勇老师的教室蹭课听，没有人觉得有什么不妥。

在高二王爱丽老师的生物Ⅱ课堂上总能看到一位站着上课的学生。别的同学都是坐着，只有他在教室的后面站着。老师让大家思考问题的时候，他有时还踱着方步，托着嘴巴，陷入沉思。小组讨论时，他也会加入小组，跟大家一块儿讨论。他说："我很喜欢生物，但是坐着，特别容易打盹儿、走神，站着听课精力更容易集中，而且视野比较开阔。"对此，王老师的态度是"这位学生挺好的，他就喜欢站着听课，而且我发现他这样听课的效率挺高的，他愿意站着就站着吧"，其他同学也是"没觉得有什么特别的呀，有的同学喜欢站着就站着吧，他站着，我们坐着，都一样在学习"。

2013届的科学实验班毕业生张羽辉，曾经让他的家长心灰意冷，甚至产生让他退学的念头。这位1997年12月出生的少年，脑子很灵，酷爱电脑，尤其是虚拟现实技术，除此之外，其他科目一概不感兴趣，尤其是英语，几乎到了倒数的程度，而自我管理能力也正与他这个年龄的"无知"相符。在科学实验班这个最崇尚自主学习、自我发展的集体里，他就像一个长不大的孩子，每天跟在老师身边。老师们对他的培养计划就是：宽容他的不足，开发他的长项，等待他长大。根据他在计算机方面的特长，学校先后帮助他联系了清华大学、北京航空航天大学等多个大学的实验室，让他跟着搞研究、做项目，他高中阶段就做过3个项目，组建过游戏开发社团。在学校老师们的宽容和鼓励下，他参加了计算机竞赛，先后获北京一等奖、全国联赛三等奖，最终保送进北京邮电大学计算机专业。

（五）发现教育的真正力量

教育的力量自古就有，但是当教育的力量混合着威严和权力而来时，这种力量就是假的，只能维持一个表面的、短暂的顺服或平静。艾默生这样告诉我们："教育的秘诀在于尊重学生。不是由你来决定他该知道什么和该做什么。这是上帝所造的，是先天注定的，只有他自己掌握着开启自己秘密的钥匙。由于你的干涉、阻挠和过多管制，他可能受到阻碍，不能达到自己的目的，不能做自己的主人。"（帕克赫斯特，2005）[18]我们认为，教育的真正力量来自于每一位学生的内动力。

　　面对一棵一棵的"树"，任教高中化学的王笃年老师的体会是："教育不是控制，而是心灵对心灵的影响。教育者不是有求必应的神灵，教育者也有无奈的时候。机会不成熟时，教育就是表达出你的信任和期望后的耐心等待。"

　　发现教育的力量，首先需要把教师身上"警察"、"保姆"的成分脱去，构建每一位学生为自己负责任的教育机制。我们通过选课走班、职业考察课程、小学段的校外实践体验等，让每一位学生逐渐明晰自己未来的发展方向，用发展方向催发每个人心中的内动力；随着班主任的消失，我们实施了以咨询、服务、指导为职责，以一对一的对话为主要方式的咨询师制；学校改变了过去以"禁止"、"不许"等字眼出现的学生管理制度，实施"学生基本行为规范＋评价体系"的学生发展指导制度；通过建设每一位学生的综合信息平台和个性化的学业成绩诊断分析平台，让每一个问题在每个学生的学习过程中解决，为学生的自主发展助力；学校为每一位学生提供学科教室，编写各学科课程指南、读本和课程标准细目等学习资源，帮助每一位学生建立起学习支持系统……

　　发现教育的力量还表现在让校园处处都有学生的印记。在十一校园里到处可以看到学生的照片，无论什么活动都要尽量留下学生的名字。学校一些重要的标志是学生题写或者撰写的，我们都标上学生的名字；学校制度、学校规范、年级工作的提示等，只要有学生参与，也都标上学生的名字；在校园里有好多学生制作的海报，都一律标上了设计海报的学生的名字；一张照片上有哪些学生，也一定要标上他们的名字；只要我们提到的学生组织，无论是这个组织的CEO，还是团队当中其他成员，名字都要列出来，因为环境也是一种教育的力量。

让育人目标落地

　　育人目标是学校教育价值观的集中反映，决定着学校的办学方向，是确保人才成长质量的前提。在现代普通高中育人模式的整体架构上，育人目标是整个体系顶层设计的出发点和归宿。

在学校转型的变革中，仅仅提出符合时代变化和发展的育人目标是不够的，学校价值观的变革必须渗透到学校改革的具体实践中去。只有与学校的各项工作实践建立了密切的关系，育人目标才能够落地，也才具有真实的存在价值，才能起到引领作用。这样的育人目标一般具有以下特点：第一，它经历了"我们想做什么"、"我们能做什么"的理性思考和全校教职员工的参与，是在学校深厚的文化传统的根基上长出来的，不是"从天上掉下来的"，所以才能够立得稳；第二，它的实现需要学校课程的支撑，这里的课程是学校的整个课程体系，而不仅仅是一两门选修课程或一两个特色活动；第三，它跟学校的各项工作发生密切关系，尤其是落实到每一位老师日常的教育教学行为之中，学校的一切工作、每一个行为都围绕着它的实现而运转。这样的育人目标才不是虚无缥缈、高高在上的，才是能看得见的目标，也才有实现的可能。

（一）明确育人目标

2008 年是北京十一学校的"育人目标确立年"。经过全校教职员工的讨论，我们确立的育人目标是："学校着力于培养志远意诚、思方行圆，即志存高远、诚信笃行、思想活跃、言行规范的社会栋梁和民族脊梁。通过引导学生进行职业与人生规划，确立远大目标，启发学生立志成为某一领域的领军人物或杰出人才；诚信做人，让每一位十一学生成为值得信任的人；强化学生自律意识，培养学生自主管理能力；鼓励独立思考，培养有自己想法的学生。"对这样的学生，我们尤其注重下面素养的养成。

（1）勇于担当。胸怀天下，具有民族责任感和历史使命感；应该勇于担当责任，自觉为国家、为团队、为家庭、为朋友排忧解难；自觉奉献社会，主动服务他人。志远行近，既胸怀天下，又脚踏实地，具有强烈的自我发展动力。

（2）诚实守信。坦诚待人，信守承诺。

（3）尊重他人。尊重父母、家人、老师、长者，与同学友善相处，学会用谦恭的态度与人交往。

（4）拥有感恩之心。懂得随时回报他人，并以感恩的态度回报社会。

（5）克己让人。具有良好的沟通能力和健全的对话人格；坚持平等对话，学会换位思考；具有协商与妥协的能力。

（6）领袖气质与谦虚品格。独立思考，具有自己的想法，谦逊而有韧性，质朴而无畏，不怕失败，勇于面对挫折，严于责己，归功他人。乐于参与，善于决策。具有为他人服务的意识。

（7）重视学术成就。具有踏踏实实的良好的学习态度，注意研究学习规律，追求良好的学业成绩。

（8）全面发展，学有特长。在追求学业好成绩的同时，每一位同学都要掌握一项娴熟的体育技能和艺术技能并形成习惯。将学生培养成为"志远意诚，思方行圆"的合格公民。

（二）让育人目标入脑入心，通过各种活动与平台，落实到每一位学生身上

《北京十一学校行动纲要》历经教代会数次讨论并集体决议通过后，我们采取了一系列的举措，让育人目标落实到学校实际的教育教学实践中，通过各种实践活动，让育人目标与每一位教师和学生发生关系。

我们不但出台了教师版本和学生版本的《行动纲要》，同时还开展了一系列"行动纲要'入脑入心'教育"活动，让学校的育人目标逐渐成为全校师生员工共同的自觉意识，而不是校长一个人的教育理想。

我们将育人目标的寓意设计在学校的校徽等系列文化符号上，以学校文化标识的形式外显出来。在十一学校的很多标识上，都可以看到这样一个 logo（如图 1-3 所示），每个十一的老师和学生对其寓意都谙熟于心：

图 1-3　十一学校 logo

（1）以方圆元素构成无限发展（∞）的符号，天圆地方是宇宙的象征，表达十一学校以培养具有志远意诚、思方行圆、素质全面、发展潜力大、顶天立地的杰出人才为宗旨。（2）"＋"和"－"既是十一学校的名称，也是象征正与负、阴与阳、增与减等对立统一的哲学概念的符号，体现十一学校的战略目标是建设一所培养素质全面、和谐发展人才的伟大学校。（3）以红、黄、蓝、绿、灰、黑六种颜色组成的标志，寓意是秉承因材施教的教育思想，充分尊重与发展每位学生的个性特征，采用各种有效的教学方法，建立多元化、特色化的人才成长模式。红色象征理想，黄色象征活力，蓝色象征求实，绿色象征发展，灰色象征诚信，黑色象征踏实，这六种颜色的组合则象征和谐，表达十一学校的使命是建设一所和谐的、伟大的学校。

同时，学校搭建各种平台，创造各种机会，让育人目标贴近学生的发展。

例如，2009年的开学典礼成为当年学生最喜欢的校园活动之一。在这个开学典礼中，"开学护照"的创意开启了新学年的里程。我们把学校的文化基因融入开学护照之中：学校的校名及校徽标识中共有六种颜色，代表着学校的六大育人目标，我们把它赋予六个年级，一个年级拥有一种颜色，每一种颜色都有专属的名称：初一的"春花绿"，代表着活力、想象与创造；初二的"银鹰灰"代表着沉着、坚毅；初三的"秋实黄"寓意成长的热度和收获的喜悦；高一的"太空蓝"代表着志存高远、诚信笃行；高二的"大地黑"是踏实勤奋、谦虚淡定的颜色；高三的"国旗红"期待十一学子能够成为勇于担当的国家栋梁和民族脊梁。接下来是持续一周的开学活动。每位学生拿着开学护照，填写上校长和年级主任的手机号码并记住它，以便于在自己需要时找到他们，然后收集到10位老师的签名和20位同学的签名，请家长写下新学期的祝福，自己写下新学期的目标和规划，并请导师签字确认。每完成一项，便可获得不同颜色的见证盖章，完成所有的盖章，学生到指定地点领取新学期的小礼物，并盖上红色的"开学纪念"章。这个活动掀起了校园内师生交往、生生交往、家校互动热潮，增加了师生相处、交流的机会，增加了学生之间传递感情的机会，也增加了家长与孩子沟通的机会。

伴随着这样的活动，学生开始了新一年的学习生活。这本带着学校育人目标文化标识的"护照",伴随着学生在校生活的每一天。我们很重视开学典礼的设计,希望通过一些与学生密切相关的活动的细节设计,触动学生的情感,让学生从中获得成长,终生难忘。

(三)育人目标与学校整个课程体系和评价体系相互支撑

为了实现"培养有想法的学生"的育人目标,学校设计了狂欢节、泼水节、戏剧节、文化艺术节、科技节、技术节、多元文化理解日、外国文化日、道歉日、感恩日、同伴关系日以及各类颁奖典礼等主题活动,形成了"志远"、"意诚"、"思方"、"行圆"课程。同时,通过评价鼓励学生参与这些活动,学生在这些课程中获得学分并可参加卓越学生、优秀学生和专项优异学生的评选,还可申请校长奖学金、学生领袖紫荆奖学金等。

(四)育人目标与学校各个关键领域联系起来,形成一个有机的系统

在育人模式体系中,育人目标是学校一切工作的出发点,尤其是关键领域的价值观和行为准则,要与目标保持高度的统一,这样才算是建立起一个新的文化生态模式。否则,各主要要素相互割裂、分离,某一个环节或要素的创新只能是对原有模式的修修补补,尚不能形成一个有机、崭新的文化生态系统。

围绕"培养志存高远、诚信笃行、思想活跃、言行规范的社会栋梁和民族脊梁"这个目标,学校提出了各个关键领域的价值观和行为准则。学校坚持主体教育,注重给学生搭建更多展示的平台,创造更多成功的机会。学校组织结构的文化是扁平模式和师生导向的,有利于简化程序,快速响应师生、教育教学的需求。学校资源建设的文化是把钱更多地花在离学生最近的地方、教育教学最需要的地方。教育科研的文化是深入实施项目研究,构建基于学校、基于自我、基于课堂、基于学生、基于问题的教科研导向机制。

课程决定学校形态：

以校为本的课程设计与实施

在育人模式的构建之中，课程无疑是最关键的环节，是学校育人目标、办学理念的载体。学校顶层设计的思想都必须通过课程才能与教师和学生发生关联。只有通过课程才能形成包括目标、内容、实施方式、评价等在内的教育链条，也才能整合学校所有的教育资源，为学生服务。所以，课程变革是学校转型的关键。从某种意义上说，课程决定着学校的形态，只有改变课程，才能从根本上改变学校。

许多学校的课程改革是从课堂教与学方式的变革开始的，在新的课程理念下，他们大多是看到新的教育观念没有落实到老师的教育行为之中，而课堂是教师教育行为最集中的体现，于是他们认为，改变了课堂，也就改变了教师的教育行为。但事实是，在原有的课程体系和评价体系下，课堂变革的空间十分有限，它可能会推出一些所谓的优质课，搭建一个教师成长的平台，促进一批教师脱颖而出，但并没有触及学校的常态课堂和每一位老师、每一位学生，所以，很难带动学校育人模式的重新建构。

有的学校从改革管理机制入手，但由于课程形态和教学组织形式没有什么变化，教师与学生的角色和活动范围还是原来那些，管理的内涵没有实质改变，只能是在怎么管上面做一些文章。有的学校建立起了民主管理制度，提出学生发展需求观的管理理念，但由于没有管理内涵的变革和支撑，管理改革的力量仅仅站在育人模式的外围摇旗呐喊，触及不到育人模式最核心的部分，只有僵化的管理条文，学校的改变十分有限。

有的学校以学校文化建设为抓手，尝试构建支持改革的文化环境，但很多努力尚未在深层次和实质上开展，主要表现为：文化建设还没有深入到核心价值观层面，仅仅在方法、技术、策略等方面下功夫。如果学校的基本办学价值观、育人目标以及课程的顶层设计没有改变，即使改革的策略发生了改变，学校也很快会恢复原状。更严重的是，有的学校为了追求文化建设的效益，着眼于规则和制度的完善，没有找到文化建设的根基和落地的载体，使学校文化建设成为无本之木，学校文化成为挂在墙上的符号。

有的学校把改革的着眼点仅仅放在教师队伍的建设方面，但教师的专业成长需要平台，只有把老师们放在一个个平台上，才能找到他们的需求和成长的动力。行政命令式的被动成长不仅不能长久，反而会引起教师的反感，成为负担，只有让教师自觉主动地成长才是教师专业发展的长久之计。

　　上述这些改革现状，总感觉是在原有模式上的修修补补，未能从整体上形成一种有别于以往的新的育人模式体系，因此，也不可能引起学校转型。而要实现一种整体的变革，必须找到那个牵一发而动全身的关键环节，并由这个关键环节的启动，带动学校各项工作的全面转型。

　　于是，从改变课程入手，我们启动了新一轮的课程改革，并由此带动了学校形态的全面转型，逐渐形成了一种全新的育人模式。

问题和困境

2004 年，我国开始实施新一轮的高中课程改革。这次改革从课程规划方面设计了较好的统一性与选择性相结合的课程体系，但由于相关配套机制滞后，在地方实施过程中出现了严重的异化现象。大部分地区变相地将一部分选择性课程统一划定为必修课程，而将另一些选修课程完全遗弃。因而，当所有学生学习同样的课程时，课程改革又回到了"千人一面、万人一书"的原点。

2009 年，我们对即将进入我校高中的新生进行了一次关于"数学、物理和化学课程难度适合情况"的调查，结果显示：认为数学、物理、化学课程难度不适合自己的学生比例分别为 32.35%、29.80% 和 31.35%，对于这三门重要的学科课程，约有 1/3 的学生感觉到难度不适合自己（见表 2 - 1）。实际上，课程难度不匹配只是统一课程与学生多样需求不适应问题的冰山一角。

表 2 - 1　对高一新生数学、物理、化学难度适合情况的调查

学科 选项	数　学	物　理	化　学
非常适合（%）	32.57	32.10	37.33
比较适合（%）	35.08	38.10	31.32
不适合（%）	32.35	29.80	31.35

其实，国家统一课程与学生个性发展差异需求之间的矛盾，很早就引起了大家的关注，为此，教育部 2003 年颁布了《普通高中课程方案（实验）》，随后我国正式启动高中课程改革，基于适应社会需求的多样化和学生全面而有个性地发展的需求，构建重基础、多样化、有层次、综合性的课程结构。国家普通高中新课程方案按照学习领域—科目—模块三个层次

的结构设置，选修模块的设置就是希望为学生提供可选择的空间。"从已公布的高中新课程方案来看，在规定的必修课程和选修课程Ⅰ的7个领域15个科目中，共安排了31个必修模块和115个选修模块"（高凌飚等，2005），选修模块分专业方向性选修Ⅰ和地方、学校开设的选修Ⅱ两类，高中学生毕业最低应该获得6个选修Ⅱ的学分。该方案期待通过走班制，解决国家统一课程与学生的差异需求之间的矛盾。于是，学校和教师都会基于国家课程做一些基于本校、本班学生的实际和需求的调整，有的学校以课程改革的方式推进。这些调整贯穿于学校课程实施的全过程，在一定程度上弥合了国家课程与学校和学生的距离，但实践操作中，仍存在许多问题和困境。

（一）"忠实"取向的学校课程实施，只能是对国家课程的补充

在国家课程体系的框架下，基于学校本位的课程设计，主要是对现行国家课程内容进行适当整合、重组。学校按照国家课程的内容、课时和要求执行落实，通过顺序的调整、重组，内容的删减、增补等方式，补充国家课程的不足。这些修修补补的工作无法从根本上解决课程的统一性与学生差异需求之间的矛盾。究其原因，一是课程开发权主要掌握在课程开发机构手里，主要依靠学科专家来设计课程，靠国家行政力量"自上而下"地推行；二是学校受长期课程实施中"忠实"取向的影响，不能从课程外围走向课程中心。（靳玉乐，2001）

（二）学校层面的课程改革往往容易局限于课堂教与学方式方法的探索

从学生为本的教育理念出发，可以通过一些方式方法的探索，调动学生学习的积极性，从而提高课堂教学的效率。但是，仅仅靠课堂教学技巧、策略的探索，无法从根本上解决课程内容大一统与学生差异需求之间的矛盾。正如杜威（2004）[127]先生所说，"用机巧的方法引起兴趣"，犹如用糖衣包裹起来的胶囊，"用起调和作用的和不相关的材料把枯燥无味的东西掩盖起来；最后，似乎是让儿童在他正高兴地尝着某些完全不同的东西的时候，吞下和消化一口不可口的食物"。

（三）国家课程与学校选修课程两张皮

随着三级课程管理体制的建立，越来越多的学校进行了选修课程的开

发和实践，但对国家课程忠实执行的取向，使得这些选修课程只能在完成国家课程之外开设，最终大多出现与国家课程两张皮的情况，而且这些选修课程主要是在学生自主支配的时间里实施，占用了学生的时间，增加了教师和学生的负担。

近年来，随着普通高中学生发展方向和出路的日渐多元，学生个性化发展需求显得更加迫切。于是，以国家课程方案为指导，在很好地完成国家课程必修要素的基础上，我们对国家课程、校本课程和校本化实施成果进行重新整合，形成了一套学校实施层面的课程体系，实现国家课程的校本化。

分层、分类、综合、特需课程体系

北京十一学校的课程改革经历了从过去的国家课程到国家必修课程＋校本选修课程再到现在的国家课程校本化的过程。现在形成的分层、分类、综合、特需课程体系，是为满足学生的个性与未来发展的需要，通过对国家课程和学校课程的统整，开发出选择性的课程，减少必修课程，增加选修课程，提供"自助餐"供学生选择。学生只要明确自己的发展方向和需求，就可以选择适合自己的课程。以满足学生的个性发展需求为导向，在融合国家课程必修要素的基础上，根据学生对不同学科的学习需求和这些学科的特点，我们构建了一套多样化、可选择的课程体系（见表2－2）。

表2－2 分层、分类、综合、特需课程设置

课程类型	科　　目
分层课程	数学、物理、化学、生物
分类课程	语文、英语、历史、地理、政治、体育、技术
综合课程	艺术、高端科学实验、综合实践、游学课程
特需课程	书院课程、援助课程、特种体育

（一）数学和科学领域的分层次设计

学生在数学和科学领域的学习存在着显著的个体差异，这是毋庸置疑的，也是教育者必须直面的教育现实。差异一方面体现了学生在这一领域接受能力的不同，另一方面也表达了他们独特的发展需求和方向。用发展方向引领学生当前的发展，不仅启动了学生发展的内动力，还有助于唤醒学生的潜能。基于学生的学习基础、学习能力、学习方式、发展方向和课程难度等的不同，我们对数学和科学领域课程进行了分层设计（见表2-3）。

数学和科学领域的物理、化学、生物学科，也就是我们通常所说的理科，其自身有着严密的逻辑体系和学科思想，在基础教育的不同阶段，按照难度螺旋上升。这样的学科特点决定了学生在这些学科上的学习差异常常表现为难易程度的不同。因此，按照难度对学科体系进行分层设计，符合这些学科的规律。

另一方面，可以从学生未来的发展方向和学习基础、自主学习能力的差异来分析。目前高中学生有四种不同的发展方向——人文与社会科学方向、工程与经济学方向、数理方向和出国留学方向，不同的发展方向对这些课程难度的要求也不相同。学生在学习基础、自主学习的意识、习惯和能力方面也存在着比较明显的不同。另外，十一学校目前高中存在着三年制和四年制两种学制，由于学习时长不同，课程内容拓展的宽度、难度和学生学习进度也有所区别。综合以上几种情况，数学、物理、化学、生物按照"发展方向＋学制＋课程难度＋学习方式"的原则，目前分五个层次设计。同时，针对出国留学方向学生的学习需求，学校专门设置了高中数学、物理原理与问题、化学概念与应用、生命的动力以及相应的AP课程；为满足学有余力、提前进入大学相关领域的学生的学习需求，学校还开设了微积分、线性代数、普通物理学、普通化学等大学先修课程。

除了学习这些课程外，还有一部分学生对科学领域特别感兴趣，考虑到为他们将来的大学专业学习提供准备和衔接，我们充分利用学校教师队伍中博士较多、专业方向齐备和实验室资源丰富的优势，开设了电子通信工程、粒子物理、纳米材料、分析化学、分子生物学、组织培养等高端科学实验室课程，这些课程以研究项目为单位，让学生组成研究小组，在教师的带领下，通过一些感兴趣的研究课题或参与大学研究院所的研究课题，提前感受科学研究的真实过程，掌握一定的研究方法，为将来的深入学习搭建更高的平台和起点。

表 2 - 3　数学和科学领域课程设置

学科	课　程	适用学生	课程类型
数学	数学Ⅰ	人文与社会方向的学生；达到文科高考的难度；注重基础落实	分层必选
	数学Ⅱ	三年制高中工程与经济学方向、有一定学习能力的学生；达到理科高考难度	
	数学Ⅲ	四年制高中工程与经济学方向、有一定自主学习能力的学生；在国家课程标准的基础上进行适度拓展	
	数学Ⅳ	三年制高中数理方向、自主学习习惯和能力较强的学生；对国家课程标准进行较大幅度的内容提升	
	数学Ⅴ	四年制高中数理方向、酷爱数学、具备了较好的数学思维的学生；对初中、高中和大学的内容进行统整	
	高中数学	出国留学方向的学生	必选
	AP 微积分		自选
	微积分	工程与数理方向以及其他对数学感兴趣的学生	自选
	线性代数		自选
物理	物理Ⅰ	人文与社会方向的学生；达到高中毕业要求	分层必选
	物理Ⅱ	三年制高中工程与经济学方向、有一定学习能力的学生；达到理科高考难度	
	物理Ⅲ	四年制高中工程与经济学方向、有一定自主学习能力的学生；在国家课程标准的基础上进行适度拓展	
	物理Ⅳ	三年制高中数理方向、自主学习习惯和能力较强的学生；对国家课程标准进行较大幅度的内容提升	
	物理Ⅴ	四年制高中数理方向、酷爱物理、具备了一定的物理思维的学生；对初中、高中和大学的内容进行统整	

学科	课程	适用学生	课程类型
物理	普通物理学	工程与数理方向的学生	自选
	物理原理与问题	出国留学方向的学生	必选
	AP物理		自选
化学	化学Ⅰ	选择人文与社会方向的学生；达到高中毕业要求	分层必选
	化学Ⅱ	三年制高中选择工程与经济学方向、有一定学习能力的学生；达到理科高考难度	
	化学Ⅲ	四年制高中工程与经济学方向、有一定自主学习能力的学生；在国家课程标准的基础上进行适度拓展	
	化学Ⅳ	三年制高中数理方向、自主学习习惯和能力较强的学生；对国家课程标准进行较大幅度的内容提升	
	化学Ⅴ	四年制高中数理方向、酷爱化学、具备了一定的化学思维的学生；对初中、高中和大学的内容进行统整	
	普通化学	工程与数理方向的学生	自选
	化学概念与应用	出国留学方向的学生	必选
	AP化学		自选
生物	生物Ⅰ	人文与社会方向的学生；达到高中毕业要求	分层必选
	生物Ⅱ	三年制高中选择工程与经济学方向、有一定学习能力的学生；达到理科高考难度	
	生物Ⅲ	四年制高中工程与经济学方向、有一定自主学习能力的学生；在国家课程标准的基础上进行适度拓展	
	生物Ⅳ	三年制高中数理方向、自主学习习惯和能力较强的学生；对国家课程标准进行较大幅度的内容提升	
	生物Ⅴ	四年制高中数理方向、酷爱生物、具备了一定的生物思维的学生；对初中、高中和大学的内容进行统整	
	生命的动力	出国留学方向的学生	必选
	AP生物		自选

续表

学科	课　程	适用学生	课程类型
高端科学实验室	电子通信工程	对科学感兴趣的学生	自选
	粒子物理		
	纳米材料		
	分析化学		
	分子生物学		
	组织培养		

（二）语言与文学领域的分类设计

语言与文学类课程包括语文和外语。学生在这两门语言类学科的学习中同样存在着差异现象，但差异的表现与理科领域的课程有很大不同。

基于交流工具和思想表达方式的定位，这些学科主要由听、说、读、写等不同的技能模块构成，而每一个模块可以形成独立的体系，模块之间没有严密的逻辑关系。学生在这些学科中的学习差异常常表现为对某一个具体模块的需求，如文言文阅读、记叙文写作、英语口语、英语阅读等，而每一个模块内又都存在着补弱或提升两种水平。基础教育阶段对学生语言类课程有一个基本的统一要求，为此，我们的语文和外语学科按照"基础必修课程＋补弱类自选课程＋提升类自选课程"设置（见表2-4）。基础必修课程是面向全体高中学生的必选课程，执行普通高中语文或英语课程标准，每周3课时，高中三年连续学习。补弱类和提升类的自选课程分模块设置，每个模块每周2课时，开设一个学期，在高中各学期重复设置。每学期每位学生可以根据自己的学习情况，从自选模块中自主选择，也可以不选。

此外，为满足学生学习第二外语的需要，学校还开设了法语、德语、日语、西班牙语、俄语、阿拉伯语等小语种课程，其中，法语、德语、日语和西班牙语分两级开设。这些课程每周2课时，每学期重复开设。

表 2-4　语言与文学领域课程设置

学　科	课　程	适用学生	课程类型
语文	高中语文	全体学生	必选
	高中现代文阅读	在现代文阅读方面需要加强的学生	自选
	高中文言文基础阅读	在文言文阅读方面需要加强的学生	
	高中记叙文写作	在记叙文写作方面需要加强的学生	
	高中议论文写作	在议论文写作方面需要加强的学生	
	中外名篇欣赏	对高中语文学习特别感兴趣并希望进一步提升的学生	自选
	先秦散文欣赏		
	鲁迅专题研究		
	时事深度评论		
	高中基础语文	出国留学方向的学生	必选
	中国传统文化		必选
少数民族语言	维语	全校学生	自选
	藏语		
英语	高中英语	全体学生	必选
	科技英语	科学实验班学生	必选
	高中英语基础听力	英语听力需要加强的学生	自选
	高中英语基础阅读	英语阅读需要加强的学生	
	高中英语基础写作	英语写作需要加强的学生	
	高中英语原版书阅读	对英语学习感兴趣并希望进一步提升的学生	自选
	高中英语提高写作		
	翻译	对翻译和英文写作感兴趣的学生	自选
	大学英语写作		
第二外语	法语	全校学生	自选
	德语		
	日语		
	俄语		
	西班牙语		
	阿拉伯语		

（三）人文与社会领域的分类设计

人文与社会领域包括高中思想政治、历史和地理，这三门课程分两类设计（见表2-5）。

表2-5　人文与社会领域课程设置

学　科	课　程	适用学生	课程类型
思想政治	思想政治 I	工程、经济学与数理方向的学生 出国留学方向的学生	分类必选
	思想政治 II	人文与社会方向的学生	
历史	历史 I	工程、经济学与数理方向的学生 出国留学方向的学生	分类必选
	历史 II	人文与社会方向的学生	
	世界历史	出国留学方向的学生	自选
地理	地理 I	工程、经济学与数理方向的学生 出国留学方向的学生	分类必选
	地理 II	人文与社会方向的学生	
	世界地理	出国留学方向的学生	自选

I 类课程不受高考的约束，以开放式资源为平台，以"话题"或专题式的资料查阅、整理、讨论、辩论等为主要实施方式，注重对学生思维方法的培养，让学生学会提取关键信息，形成观点，寻找观点与论据之间的严谨关系，学会历史地分析问题，从多角度看问题，等等。I 类课程的适用对象主要是工程与经济学方向、数理方向和出国留学方向的学生。开设方式由每个学期的大学段集中学习加小学段研究报告组成。大学段的学习是集中授课，每周4课时，每学期重复开设，学生在三年内可以任意选择学习时段。还有一些内容适合做综合性的研究专题，由学生组成研究小组，在每个学期的小学段内进行，最后形成研究报告。

思想政治学科担负着学生人生观、世界观和价值观的养成任务，需要较长时间的熏陶和影响。为提高教育实效，除需要在教学组织形式和教学方式上不断创新外，还需要结合职业考察、名家讲坛等课程，适当延长学习时段，丰富学习内容，学习时间跨度为1~2年。

Ⅱ类课程主要满足人文与社会方向学生的高考学习要求，需要连续学习三年。

此外，学校还开设世界历史和世界地理，以满足出国留学方向的学生对留学国家人文地理和民族文化等方面的学习需求。

（四）技术、体育的分类设计

学生的差异很多还表现在兴趣、特长方面，尤其在技术和体育学科上的表现比较突出。国家普通高中课程方案中规定，技术领域需要完成信息技术和通用技术两门课程。但由于信息技术的普及，学生信息技术水平的起点往往比较高，相当一部分学生甚至高于普通高中信息技术课程的标准。我们对高一新生信息技术掌握情况的调查显示：学生对常用软件和工具的使用，认为熟悉的学生平均超过80%，有的甚至几乎达到100%（见表2-6）。

表2-6　高一新生信息技术掌握情况调查

	搜索下载信息	Word、Excel、PPT等	图片处理、动画等	微博等发布信息	信息整理、管理等	使用邮件、网购等	编程、数据库等
非常熟悉（%）	80.3	65.3	11.9	65.3	38.3	52.3	4.7
比较熟悉（%）	16.1	26.9	24.4	20.2	36.8	29.0	4.1
用过，会一点（%）	3.1	7.3	45.6	5.7	17.1	14.5	24.9
完全不会（%）	0.5	0.5	18.1	8.8	7.8	4.1	66.3

面对学生发展的这些实际情况，为满足学生的兴趣、特长，唤醒学生的潜能，引领其对未来职业的思考，我们的技术学科整合了国家课程中的信息技术和通用技术的课程内容，按专业门类，开设了机械技术、电子技术、机器人、电脑平面设计、影视技术、网站设计与开发、网络技术、汽车造型设计、模型设计与制作、服装设计与制作、厨艺等14个模块（见表2-7）。这些课程有的侧重信息技术，有的侧重通用技术。有的课程按

照学生的学习起点、学习难度和侧重点，分两级设计。例如，机械技术 I 是初级课程，适合所有对机械、发动机、机器人、汽车、航天等领域感兴趣的学生，只要求学生掌握手工加工工具（如钢尺、手锤、尖嘴钳等）的使用方法及安全操作规范，能用金属丝制作出简单作品；而机械技术 II 级课程涵盖基础物理知识、机械加工、数控加工技术、机器人技术、汽车电子技术、自动化控制等方面的知识，适合对机械自动化、发动机、机器人、汽车、航天等领域感兴趣的高中学生选择，要求学生能用小型机床（车床、铣床、钻床三选一）加工出简单零件，如正六面体、色子、圆环、凸台等。学生毕业须从中自选两个模块，一个学期完成一个模块。这些课程在高一、高二两年的每个学期重复开设，每周 2 课时连排，期末举行作品成果展示，成绩合格获得 4 个学分，毕业需获得 8 个学分。

表 2-7 技术分类课程设置

课　　　程	适用学生	课程类型
机器人 I		
机器人 II		
机械技术 I		
机械技术 II		
电子技术 I		
电子技术 II		
模型设计与制作 I		
模型设计与制作 II		
服装设计与制作		
厨艺	全校学生	分类必选
汽车模型制作		
汽车软件建模		
平面设计与手工 DIY		
影视技术		
网站设计与开发		
数据库		
电脑动画的交互应用		
现代农业技术		

针对当前普通高中体育课程出现的"学生喜欢体育而不喜欢体育课"的问题，从满足学生的兴趣、特长，让学生掌握一项终身锻炼身体的体育

技能的角度出发，我们按照运动项目，设置了田径、篮球、足球、排球、网球、垒球、游泳、健美操、武术、特种体育、击剑、马术、滑雪、龙舟等22个分类模块（见表2-8）。学生可以自由选择自己喜欢的模块，其

表2-8　体育分类课程设置

课　　程	适用学生	课程类型
篮球（男）	全校学生	分类必选
篮球（女）		
足球（男）		
足球（女）		
排球		
羽毛球		
网球		
乒乓球		
棒球（男）		
垒球（女）		
健美操		
艺术体操（女）		
体育舞蹈		
游泳		
武术		
特种体育	身体残疾或有其他疾病，无法参加正常体育课程学习的学生	分类必选
田径（男）	全体学生	
田径（女）		
击剑	全校学生	自选
马术		
滑雪		
龙舟		

中，田径为必选模块。而且，为了保证学生每天都有一定的锻炼身体的时间，每位学生每学期都必须选择一个模块。这些模块在高中三年各个学期均有开设，两个大学段完成一个模块，成绩合格获得 4 个学分。其中，特种体育主要面向因身体原因不能选学常态体育课程的学生，根据学生的身体状况及兴趣，单独设计课程，不受学生人数的限制。个别模块因为需要特殊的运动场地和专业教练的指导，由我校与校外专业运动基地合作开设。

（五）艺术领域的综合设计

在传统的中学教育中，艺术领域通常分为音乐和美术两个学科，独立设置，在实际教学中往往偏重技能技巧的训练。显然，艺术教育对学生发展的影响力不仅仅体现在音乐、美术基本技能技巧的掌握方面。通过综合艺术课程，学生不仅可以获得特定的艺术知识和技能，而且可以得到一定的审美能力训练，并加深对艺术的理解。

基于这样的思考，我们的综合艺术课程不仅包括音乐基础、声乐、音乐鉴赏、交响乐、合唱、民乐等专业音乐模块和油画、书法、摄影、版画、造型基础、动漫等专业美术模块，而且包括音乐剧、话剧、京剧等戏剧类课程以及舞蹈、影视编导与制作、金帆艺术团等共 24 个课程模块（见表 2－9）。学生可以根据自己的兴趣、爱好，从这些课程模块中选择学习。这些课程模块每周 2 课时，两节连排，每个模块开设一个学期，学生毕业至少要选择两个课程模块，获得 6 学分。其中，戏剧课程以剧目为单位组成不同的剧组，分平时的上课排练和期末的戏剧节演出。为实现综合艺术课程的价值，增加学生交往的空间，综合戏剧课程需要打破年级排课，一个教学班由不同学段、不同年龄的学生共同组成。

表 2–9　综合艺术课程设置

	课　　程	适用学生	课程类型
戏剧音乐表演类	《阳光路上》音乐情景剧	全体学生	分类必选
	《音乐之声》音乐剧 （中文对白、英文唱词）		
	《雷雨》话剧		
	《嘎达梅林》音乐剧		
	《HIGH SCHOOL MUSICAL》音乐剧（英文）		
	《三岔口》《贵妃醉酒》京剧		
	戏剧自修		
	音乐基础		
	声乐		
	影视音乐鉴赏		
	经典动画短剧		
	奥尔夫音乐体验		
	流行音乐创作		
	交响乐	金帆交响乐团成员	
	童声合唱	金帆童声合唱团成员	
	民乐	民乐队成员	
	舞蹈	舞蹈队学生	
视觉艺术类	影视编导与制作	全体学生	分类必选
	造型基础		
	油画		
	书法		
	动漫		
	摄影		
	版画		

（六）书院课程设计

学生的差异是极其多样的。有的学生在某一个方面有着出众的才能；有的学生在某方面有着特殊的潜质；有的学生经常转战于国内外的大型比赛……这些学生基本上都是一个一个的个案，每个人的需求都不一样。当上述课程体系不能满足他们时，我们该给他们提供什么样的发展平台？

为给有特殊需求的学生提供独特的课程设置，2009 年，我们借鉴古代书院教育的灵活机制，在学校历史上"枣林村"的旧址上成立了"枣林村书院"，设置书院课程，建立以现代书院为载体的个性化的课程。这一课程设置，一是帮助有特殊技艺的人才或有特殊潜能学生在所追求的专业或职业目标方面接近其能力所能达到的极限；二是帮助天资及学业成绩特别优秀的学生实施"加速教育"。书院课程实行"一生一案"，教师提供可供选择的微型课程，实施多元化的评价方式和弹性学制，建立师徒式的师生关系，注重学生自主学习和小组讨论。

（七）援助课程设计

还有一些学生，在学习这些课程时存在一定的问题和困难，需要特别的帮助。考虑到他们的特殊需求，在平时系统课程的学习之外，我们还设置了学科援助课程。援助课程针对每位学生的学习情况和需求，编排专门的内容，安排好时间、地点，进行有针对性的查漏补缺，由各学科的任课教师实施一对一的辅导。援助课程一般安排在每个学期中间的小学段或课余时间进行。

（八）全面加个性的综合实践课程体系

为落实"志远意诚、思方行圆"的育人目标，除了学科课程的学习之外，我们对学校组织的各种活动、仪式、纪念日、社团以及生活管理模式等进行了系统梳理，从"志远"、"意诚"、"思方"、"行圆"四个领域，形成以学生个体实施为特征的全面、可选择的综合课程体系，共形成四个领域30 类课程（见表 2 - 10）。如果学生有自己的想法，还可以申报个人的自主实践课程。每一类课程下面还有多个课程模块，供学生选择。每学期，学校向全校发布这些课程，学生在信息平台上自主申报。这一过程紧紧围绕我们的育人目标而设计，搭设了育人目标落地的平台，把育人目标与每一位学生的发展连接起来。

表 2-10　综合实践课程设置

课程领域	课　程	课程简介	课程类型
志远课程	名家大师进校园	每周三下午学校邀请名家大师或各领域的领军人物开设讲座。	自选
	名师讲堂	举办优秀教师的讲座，介绍他们在某一领域的研究成果。	
	名生讲堂	已经毕业的学长或在校生中具有某一方面特长的学生为同学们开设讲座。	
	学长有约	学长的学习或校园生活经验分享。	
	家长有约	家长志愿者为同学们提供生理、心理、职业、亲子沟通等咨询服务。	
	学生影院	每周一、三播放经典影片。	
	社会职业考察	一般在周末或者寒暑假进行，组织学生实地考察各类职业。	
	校内职业体验	在校内开办网店、广告公司、投资银行、咖啡店等学生公司，通过竞标获得亲自经营的机会。	
	境外游学	一般在寒暑假，到国外或者港澳等地参观、访问、交流。	
	小学段规划	学生在小学段的学习规划。	必选
	支教课程	一般在高二前的暑假到边远地区支教。	自选
	高三成人礼	高三年级为 18 岁学生举办的仪式课程，同学们通过有创意的主题活动内化感恩、责任与担当等。	必选
	中学生业余党校	面向高一年级。校级党校毕业的学生经选拔进入区级、市级党校学习，全部结业者将有机会被确定为中共预备党员候选人。	自选

续表

课程领域	课程	课程简介	课程类型
意诚课程	管理与服务	为了培养学生的服务意识和管理能力设立了管理学院,管理学院设立了各种不同的岗位,学生在网上进行岗位申报并开展活动。其中教室卫生管理为每个学生必选的课程。	自选
	战场救护 海军旗语 军体拳 三声三相 国旗班	一般在高一开学前的暑假进行,包括军事训练和主题活动等内容。为增加活动的丰富性和可选择性,高一军训分5个活动主题,学生可从这些主题中选择。	分类必选
	社团	学生可以参加学校15大社团联盟内的社团,也可以自己组建社团。社团不设指导老师,社团成员自主开展社团活动。	必选
	高三入境教育	一般在高三开始前进行,活动由学生策划并组织。	必选
	社会实践	一般在寒暑假或休息日在校外进行,学生通过实践行动了解社会、锻炼能力、服务他人。	自选
思方课程	策划创意	学生为学校狂欢节、泼水节、戏剧节、文化艺术节、科技节、技术节、多元文化理解日、道歉日、感恩日、同伴关系日、各类颁奖典礼等主题活动提供创意、进行策划,或者参与年级运动会、家长会、联欢会、表彰会等活动的策划创意。	自选
	提案建议	学生参加"校长有约"或者通过学生成长服务中心(网站或现场)上交提案或者建议,鼓励学生发现和解决身边的问题,影响身边的世界。	自选
	课堂金思维	鼓励学生在课堂上独立思考、培养学生求真、求实、求新、求变的思维品质。	自选
	外国文化日	年级、社团或教学班可以承办美利坚、英国、罗马尼亚、韩国等的外国文化日,通过丰富多彩的活动形式培养学生的多元文化理解能力。	自选

课程领域	课 程	课程简介	课程类型
思方课程	研究性学习	为让学生在研究性的课题中了解基本的研究思路、学会基本的研究方法，特设置研究性学习课程。建议学生在该课程中依托自己感兴趣的学科，进行选题和研究。	自选
行圆课程	"学校学习生活"须知测试	高一新生进行网上答题，测试题目出自《学生手册》，帮助新生尽快熟悉校园情况。	必选
	行为规范	包括日常行为表现、自习表现、住宿生宿舍表现、图书借阅、体育器材借用、电脑租借情况等项目。	必选
	每月百星	年级、社团、管理学院等推荐在某方面表现特别突出的学生，进行全校表彰。	自选
自主实践课程	自主申报课程	学生个人可以设计更适合自己的个别化课程，将申报材料通过网络平台上交或者直接交到学生成长服务中心。	自选

我们对综合实践课程设计的想法是：

（1）在课程的层面上进行规划设计。对育人目标进行分解，每一个领域的课程都有对应的明确的目标、课程内容、实施方式和评价要求。例如，"志远"课程意在通过多种影响力，播撒志向的种子，在生涯规划方面引导学生；"意诚"课程倡导学生诚信做人，突出培养学生为他人、为社会服务的责任和意识；"思方"课程主要鼓励学生独立思考，成为有想法的人；"行圆"课程突出日常规范的自主管理，培养学生的自律意识。

（2）对学校传统的各类活动，在总结经验的基础上，进行系统的梳理、规划和整合，形成四大领域下的分类课程体系，并形成一套极具实践操作性的途径和方法。如"志远"领域的课程都安排在下午的 16：30—17：30，学生可以通过选课平台或校园海报了解相关信息并报名参加。每次活动结束后，学生可以在综合素质评价平台上查看自己的学分，如果学生对认定学分有异议，可以在 7 天内与评价部门的老师沟通。

（3）形成一套行之有效的综合课程评价机制。评价是导向，也能保证课程的落实。为了确保这些课程的实施效果，学校建立了一套综合课程评价机制，分三类评价：必修课程纳入毕业要求；自选课程根据课程目标要求，纳入相应的评优体系之中；还有一些以自选学分的形式，记入综合素质评价报告单。每次进行课程的评价，教师都即时登录评价平台，将评价结果纳入学生的综合素质评价系统之中，以综合素质评价报告单的形式呈现，学生和家长可以随时登录查看。

课程体系的特点

与其他课程体系比较，这套分层、分类、综合、特需课程体系具有以下几个特点。

（一）校本化

在对国家课程进行整合，很好地完成国家课程必修要素的基础上，该课程体系与学校的育人目标保持高度的一致，形成了一个统一的顶层设计系统。前身为中央军委子弟学校、为抗美援朝军官子女教育而建立的北京十一学校，从其诞生的那一天起，就带着共和国之子的红色胎记，这样的特殊身份，赋予了我们育人目标的独特内涵——"志远意诚、思方行圆"。从学校的历史和文化中生长出来的育人目标，需要通过一门一门的课程落实到学生身上，于是我们构建了这套课程体系，每一个领域和课程的设计，都贯穿着育人目标的落实。例如，我们特别注重培养"有想法的学生"，为此，每一门课程的设计中，都给学生留有思考的空间，不仅注重学生的自主学习，还强调课堂是学生学习的场所，要减少讲和听，增加说和做；学习过程注重启发学生发表自己的看法，设置"课堂金思维奖"引领学生；通过"校园机会榜"、"策划创意"、"提案建议"、"外国文化日"等课程，鼓励学生独立思考，成为有想法的人；开发高端科学课程，引领学生的探究思维向更广阔的空间伸展。

（二）突出以学生个体为单位的选择性

课程必须以满足学生的需求为出发点。让课程具有选择性，以满足不同发展方向、不同类型学生发展的需求，这样的观点和做法都不鲜见。从国家文理科分科考试开始，就有了文科方向和理科方向的课程选择；在国家新一轮的高中课程改革中，课程的多样化和选择性更是频频进入大家的视野，只是，这里的选择性更多体现的是某一类学生的需求和选择。我们这套课程体系的显著特点之一，就是将课程的设计与"每一位学生"的需求和选择对接。选择的力量是无穷的，只有将课程的选择性落实在每一位学生身上，才能启动每一位学生发展的内动力。

目前课程体系中的学习领域从 8 个增加到 9 个，课程从过去的 17 门增加到 265 门。必修课程大大减少，选修课程则显著增加。现在除了高中语文和高中英语等几门为必修课程外，其他课程全部为选修课程，而且这些选修课程排入每周 35 课时的正式课表。学生根据自己的发展方向自主选课。随着学生发展需求的增多，我们的课程也在不断丰富和多样化，如数学、物理、化学和生物都是分层必选课程，层次由原来的 3 个增加到 5 个，语文、英语的自选课程和艺术、技术、体育课程也在学生的选择中不断变化。有的课程没有人选择，自然消失；有的课程选择的学生增多，扩大了教学班数目；有的课程成为学生选择的热门课程；有的课程学生学习后还想再学习，于是不得不分两级开设。有的课程，比如特种体育课程，即针对学生身体情况开设的康复训练课程，即使只有一个人学习也要开设，形成一位学生一门课程。学校的课程结构在学生的选择中不断优化、完善。

（三）分层与分类、专项与综合相结合

在学校现实的生活中，学生的差异无处不在。处于基础教育阶段，基础性仍然是我国高中教育的重要属性，需要确保全体学生的基础性发展，这就要求设置我们通常所说的毕业水平的课程；同时，高考的选拔功能，又区分出高考水平的课程。几乎所有的普通高中学生被绑架在高考这个战车上，我们能看到，每年都有相当一部分学生，其自身潜质早已超过高考的水平，却不得不每日圈在他们早已学会的书本和课堂里，跟着大家齐进，他们的创造力和潜力也在这样一日日的陪绑中"泯然众人矣"。这些

学有余力的学生的发展需求一直是我们面临的迫切问题，他们需要的是更大的探索空间。还有一些学生在文科方面常常表现出某一个领域的需求，比如有的学生文言文阅读比较弱，但议论文的写作并不弱；有的学生需要在英语写作方面加强，但他的词汇和阅读并不差。对于有些学生来说，政治、历史和地理只需要达到毕业要求即可，但受制于统一课程的束缚，他们不得不在规定课时，按照一般考试的知识点背诵和记忆的要求，在高中1—2年的持久战中煎熬。他们需要的是这些课程的另外一种设计思想。

学生的发展是多门课程综合作用的结果，而不同的学科有其自身的规律和特点。为满足学生的差异性需求，尊重学科规律，我们构建了分层与分类、专项与综合相结合的课程体系。

（1）分层与分类相结合。理科课程分层设计。理科课程自身有严密的逻辑体系，按照课程难度进行分层设计，在西方十分普遍。像在美国，即使是同一门必修课程，也有拓展科目（又称荣誉课程）与普通科目之分，拓展科目速度更快、要求更高。理科的分层设计更体现了高层次课程的价值，扩展了学生选择的空间。数学和科学课程设计了高于高考要求的高层次课程，不仅在内容上拓展到了大学，难度增加，而且更注重对学生自主学习的引导；为满足某些学有余力、对某个学科特别感兴趣的学生的需求，还开设了大学先修课程和高端科学课程，实现了基础性与广阔发展空间的统一，为学有余力的学生提供了多种选择。语言类补弱和提升自选课程的分类设计，一个学期开设一次，每个学期重复开设，不仅使学生的选择更有针对性，而且可以有多次选择的机会。文科的分类课程，则使学生的素养向宽处拓展，还原学科本身的课程价值。为增加课程的选择性，在有些课程中，分类与分层相互交叉，分类中有分层，分层中有分类，例如第二外语中的德语、日语、法语和俄语都设置了两个层次。有些分类技术课程，例如机械技术、电子技术、机器人和模型设计与制作，又根据学生的年龄特点和学习基础、要求等，分两级设计。

（2）专项与综合相结合。在技术、艺术和体育领域，既有专项课程，又有综合课程。例如，艺术课程中既有以视觉艺术为主的戏剧课程，又有艺术专业课程，而在综合戏剧课程中，又有角色的分工；技术领域在很好地融合国家信息技术和通用技术必修要素的基础上，根据行业门类，设置了专项的分类技术课程，这些课程，有的侧重于信息技术，有的侧重于通用技术，而有的则是信息技术和通用技术的综合体现；体育课程按照运动项目进行了分类设置，但由于学生学习的起点、基础和水平不尽相同，所以，即便同一门课程，在学习方式和指导方法上也有所区别；综合艺术将单一的艺术专业技能训练转变为综合的艺术素质培养，将整齐划一的知识传授转变为发现与发挥每个学生的艺术天赋与才能，将注重个体的技能学习转变为注重团队合作精神的培养，将枯燥无味的专业技能训练转变为生动有趣的艺术创作，将静态的技能表现训练转变为动态的艺术表现能力的培养；而对于有些需要通过体验才能获得的内容，我们整合政治、历史、地理和生物的课程内容，进行了综合主题设计，让学生走出学校，到大自然的实践基地，开设游学课程。还有一些需要动手实验的课程内容，我们设计了一些综合专题，以项目研究的方式，开设高端科学课程。

对于极个别需求还不能满足的学生，我们还设置了书院课程，通过师徒结对和小组研讨的方式，实行一生一案式的课程。

（四）用未来的方向引导学生，启动学生发展的内动力

首先，帮助学生找到自己未来的发展方向，用未来引领当下的发展，是启动学生自主发展内动力的重要手段和途径。例如，从唤醒学生的潜能、引领未来职业思考的定位出发，技术学科整合了国家课程中的信息技术和通用技术的课程内容，按专业门类，设置了分类技术课程；设置名家大师讲座、名师讲堂、职业考察等课程，通过各种力量，启发、引导学生对自己未来进行思考，学会生涯规划。其次，这是一套可供学生选择的课程体系，设计出一套课程，只是我们改革的起点，通过选择，让这套课程体系与每一位学生发生关系，才是我们改革的目的所在。学生每个学期选一次课，面对丰富多样的课程，每一次选课都迫使学生不得不去面对自己的现在和未来的发展方向。因此，选择本身就是一种动力，它促使学生对自己未来的发展方向和职业生涯做出规划。还有，对于每一位学生来说，选择既是一种实践行为，也是一个多次探索的过程。很多学生是在选择中逐渐找到了自己稳定的兴趣爱好，把自己隐藏的潜能发掘出来；也有的学生在选择中发现，原本以为自己喜欢的行业并不是自己的真爱。多样化的课程增加了选择的机会，让学生有可能通过多次的选择、尝试，明晰自己的发展方向。

　　喜欢一门课程是学生能够深入学习的重要动力因素。2012 年 7 月，我们对 2011 级学生的调查表明，经过一年选课走班的实施，学生对各门课程的喜爱程度比以前都有显著的提升（见表 2 - 11）。

表 2 - 11　开学前与选课走班实施一年后学生对各门课程喜爱程度的对比

	开学前喜欢某一门课程的学生的比例（%）	选课走班实施一年后喜欢某一门课程的学生的比例（%）
高中语文	9.7	73.3
语文自选课程	—	71.7
数学	50.5	82.5
高中英语	24.8	75.2
英语自选课程	—	72.1
物理	40.7	83.6
化学	46.4	82.2
政治	8.7	71.7
历史	14.4	80.3
地理	10.3	79.4
技术	7.2	75.8
艺术	20.1	75.6
体育	15.0	85.3

　　经过选课走班的实施，学生感受最深的首先是"通过选课，增强了对自我的认识和了解"，其次是"选择适合自己的课程，学习效率更高了"、"按照自己的需要学习，学习的动力增强了"、"交往范围扩大了，结识了更多的伙伴"。

（五）重视课程链条上各个环节的设计

科学的课程体系是一条各个环节环环相扣的链条，既要有包括每门课程的价值定位、目标追求在内的顶层设计，也要有课程实施的途径、方式方法和策略的设计。课程的实施应该通过明确教学目标，选择适切的教与学的方式，组织丰富多样的学习资源并实现学科教室资源标准化，落实过程评价和终结性诊断，来提高教学效益。分层、分类、综合、特需课程体系包含的不仅是丰富多样的课程，还通过选课，让这些课程与每一位学生联系起来，通过走班上课的教学组织形式，让这些课程落实在每一个教室、每一节课里。为支撑课程的顺利实施，必须开发一套资源系统。为确保课程在各个环节的落实不偏离课程设计的理念与方向，进一步激发学生的内动力，并确保教育教学质量，我们还研发了一套评价与诊断系统。随着班主任和行政班的消失，学校的各项管理制度也必须重建。只有在这种系统的课程观下，学校课程才能够形成相互支撑的有机系统。

（六）有助于构建学生自己的学习系统

同一科目的课程有不同的层次和类别，在不同的时段重复开设，学生可以通过对高中三年的整体规划和每个学期的侧重点，形成自己每个学期的课程组合，由此，构建自己的课程学习系统。以 2012 年高一年级魏嘉仪同学的选课为例，她的未来发展方向为工程与经济学方向，除了语文、英语、数学Ⅱ、物理Ⅱ、化学Ⅱ、体育中的乒乓球这几门科目外，她在高一第一学期还选择了地理Ⅰ、英语补弱类的自选课程初级英语写作、语文提升类的自学课程中外名篇欣赏、技术中的服装设计与制作和基础德语，此外还有 4 节自习课可自由支配（见表 2 - 12）。

第二学期，除了需要连续学习的科目外，她的体育选择了田径，其他课程选择了思想政治Ⅰ、历史Ⅰ、英语的补弱类自选课程基础阅读、艺术的影视编导与制作和技术的厨艺。她这学期的课程选得比较满，中午只给自己留了一个小时的午餐时间，还能留出 6 节自习课（见表 2 - 13）。

表2-12　魏嘉仪同学高一第一学期课程表

	上课时间	星期一	星期二	星期三	星期四	星期五
第1节	08:00—08:45	语文⑨/ 高中楼409	语文⑨/ 高中楼409	英语⑩/ 高中楼607	语文⑨/ 高中楼409	英语⑩/ 高中楼607
第2节	08:55—09:40	英语⑩/ 高中楼607	化学Ⅱ⑧/ 高中楼527	物理Ⅱ⑤/ 高中楼401	化学Ⅱ⑧/ 高中楼527	自习
第3节	09:50—10:35	数学Ⅱ⑥/ 高中楼609	数学Ⅱ⑥/ 高中楼609	数学Ⅱ⑥/ 高中楼609	数学Ⅱ⑥/ 高中楼609	数学Ⅱ⑥/ 高中楼609
第4节	10:45—11:30	乒乓球	物理Ⅱ⑤/ 高中楼401	自习	自习	化学Ⅱ⑧/ 高中楼527
第5节	11:40—12:25	地理Ⅰ⑤	午餐	初级英语写作	午餐	中外名篇欣赏①
第6节	12:35—13:20	午餐	午餐	午餐	午餐	午餐
第7节	13:30—14:15	午餐	服装设计 与制作	午餐	基础德语	乒乓球
第8节	14:25—15:10	自习	服装设计 与制作	乒乓球	基础德语	初级英语写作
第9节	15:30—16:15	物理Ⅱ⑤/ 高中楼401	中外名篇 欣赏①	地理Ⅰ⑤	地理Ⅰ⑤	地理Ⅰ⑤

注：表中加圆圈的数字表示班级编号，不加圆圈的数字表示教室编号，后同。

表2-13　魏嘉仪同学高一第二学期课程表

	上课时间	星期一	星期二	星期三	星期四	星期五
第1节	08:00—08:45	自习/ 高中楼525	语文(A)-9/ 高中楼413	英语(A)-10/ 高中楼607	语文(A)-9/ 高中楼413	英语(A)-10/ 高中楼607
第2节	08:55—09:40	英语(A)-10/ 高中楼607	化学Ⅱ(A)-8/ 高中楼427	物理Ⅱ(A)-5/ 高中楼401	化学Ⅱ(A)-8/ 高中楼427	物理Ⅱ(A)-5/ 高中楼401
第3节	09:50—10:35	数学Ⅱ-6/ 高中楼609	数学Ⅱ-6/ 高中楼609	数学Ⅱ-6/ 高中楼609	数学Ⅱ-6/ 高中楼609	数学Ⅱ-6/ 高中楼609
第4节	10:45—11:30	自习/ 高中楼607	基础阅读-1/ 高中楼407	化学Ⅱ(A)-8/ 高中楼427	基础阅读-1/ 高中楼407	语文(A)-9/ 高中楼413
第5节	11:40—12:25	物理Ⅱ(A)-5/ 高中楼401	思想政治I-4/ 高中楼117	历史Ⅰ-1/ 高中楼621	田径(女)-1B班/ 田径场	思想政治I-4/ 高中楼117
第6节	12:35—13:20	午餐	午餐	午餐	午餐	午餐
第7节	13:30—14:15	历史Ⅰ-1/ 高中楼621	历史Ⅰ-1/ 高中楼621	思想政治I-4/ 高中楼117	思想政治I-4/ 高中楼117	田径(女)-1B班/ 田径场

	上课时间	星期一	星期二	星期三	星期四	星期五
第8节	14:25—15:10	田径(女)-IB班/田径场	厨艺-2班/食堂地下厨艺教室	自习/高中楼609	影视编导与制作3班/国际部地下一层影视教室	历史I-1/高中楼621
第9节	15:30—16:15	自习/高中楼413	厨艺-2班/食堂地下厨艺教室	自习/高中楼609	影视编导与制作3班/国际部地下一层影视教室	自习/高中楼413

实施大小学段

与构建一套多样化的、可供选择的课程体系的思想相衔接，我们制定了"大小学段制"。每学期20周划分为三个学段——两个大学段和一个小学段，每一个大学段为9周（用阿拉伯数字表示），小学段为2周（用大写英文字母表示），学期结构为大学段/小学段/大学段。高中三年共设12个大学段，6个小学段。进入高三的复习阶段，每位学生自主安排和复习的需求更多，小学段安排就更加多样和灵活。表2-14用表格的方式列出大小学段的安排。

表2-14 高中大小学段安排

	高一				高二				高三						
学期	高一（上）		高一（下）		高二（上）		高二（下）		高三（上）			高三（下）			
学段	1	A	2	3	B	4	5	C	6	7	D	8	9	E1	10	E2	11	F1	12	F2	F3

大学段主要进行统一课程的集中学习，而小学段则与传统育人模式下的安排有很大不同：小学段期间，学生仍然到校学习，但学校不安排统一的学习内容，每位学生根据自己的学习需求，或补弱，或提升，或拓展，

或完成研究性学习，或进行高端实验室项目研究，等等。这样的安排可以达到如下几个目的：

（一）为学生的生涯规划奠基

每个学期的小学段规划都提前2个月开始，从各学科的学习现状分析、制订目标，到学习资源的准备，再到学习效果的自查和反思，学生要为小学段的每一天做好各个方面的安排和准备，其核心是引导学生了解自我，进而规划自我。这样的体验和平台，为学生的生涯规划奠定良好的基础。以高一刘毅伦的小学段规划表为例（见表2-15），他在两周的小学段里，对每一天、每一个时间段的学习内容和相关学习资料都进行了详细的规划，安排得非常紧凑。针对自己各个学科的学习情况，既有读书、练习，也有社团活动、健身；既有复习巩固，也有拓展阅读。每个规划表中，还有学生对自我的提醒和总结。为了使规划安排切实可行、符合自己的情况，有的学生的规划表还要与导师或家长商量，征求他们的意见。

表2-15 刘毅伦小学段一周规划

第一周小学段规划表					
时间	周一	周二	周三	周四	周五
07:10—08:00 早读	读背语文课文	读背英语课文	读背语文课文	读背语文课文	读背英语课文
08:00—09:00 第一大课	文言文助学阅读翻译一篇	文言文助学阅读翻译一篇	文言文助学阅读翻译一篇	文言文助学阅读翻译一篇	文言文助学阅读翻译一篇
09:00—10:00	物理匀变速运动练习题《5年高考3年模拟》	整理化学Ⅱ《无机化学》笔记	数学Ⅱ《集合与函数》	英语阅读分册练习 查词	英语阅读分册练习 查词
10:00—10:30 体育活动	校园游荡	跑步 准备下一节大课	跑步 准备下一节大课	跑步 准备下一节大课	跑步 准备下一节大课

第一周小学段规划表					
时间	周一	周二	周三	周四	周五
10:30—11:30 第二大课	语文作文	物理练习	数学Ⅱ《集合与函数》查漏	英语阅读分册 练习 查词	英语阅读分册 练习 查词
11:30—12:25	《To Kill》摘抄	《莫泊桑小说》摘抄	《To Kill》摘抄	《莫泊桑小说》摘抄	《To Kill》摘抄
12:25—13:00 午饭时间	吃午饭 校园游荡	吃午饭 校园游荡	吃午饭 校园游荡	吃午饭 校园游荡	吃午饭 校园游荡
13:00—14:00	读书《莫泊桑短篇小说精选》	午睡	午睡	午睡	午睡
14:00—15:00 交流辅导	数学Ⅱ《集合与函数》复习习题	答疑时间	《莫泊桑小说》摘抄	数学《5年高考3年模拟》	年级大会
15:00—16:10	答疑时间	复习化学Ⅱ《无机化学》	《莫泊桑小说》摘抄	答疑时间	健身房
16:20—16:50 体育活动	健身房	健身房	健身房	健身房	社团活动
16:50—17:20	校园游荡	社团活动	小学段活动	社团活动	吃晚饭 校园游荡
17:20—17:50 晚餐时间	吃晚饭 校园游荡	吃晚饭 校园游荡	吃晚饭 校园游荡	吃晚饭 校园游荡	看书静心
17:50—18:25	静坐睡觉	看书静心	看书静心	看书静心	文言文翻译一篇

续表

第一周小学段规划表					
时间	周一	周二	周三	周四	周五
18:30—19:20 晚自习	文言文翻译一篇	《To Kill》摘抄	文言文翻译一篇	文言文翻译一篇	《To Kill》摘抄
19:20—20:20 晚自习	化学Ⅱ《无机化学》复习查漏	数学Ⅱ《集合与函数》查漏	空中英语	《To Kill》摘抄	数学《5年高考3年模拟》
20:40—21:30 晚自习	数学练习	空中英语	《莫泊桑小说》摘抄	数学《5年高考3年模拟》	

肯定与坚持

1. 积极问老师问题；

2. 认真改错；

3. 认真完成各种作业；

4.《文言文助学阅读》完成较细致。

不足与改善

1. 数学做题太少；

2. 物理概念不清；

3. 英语词汇量较少；

4. 做题不仔细。

总结

    在第一个小学段中，我做到了有条不紊地安排自己的学习，我将每节大课分成了两半，不仅提高了效率，也丰富了知识的多样性，但也有不足的地方：①没有找老师答疑；②晚自习利用率不高。

学生：

导师：

时间：

（二）增加体验的时间

学生平时的学习主要局限在学校中、课堂里，有些需要体验的课程内容很难得到实现。利用小学段的集中时间，学生可以走出学校，到社会和实验基地进行实地体验学习。例如每个学期的游学课程就放在小学段的第一周。游学课程整合政治、历史、地理和生物学科中需要体验才能完成的内容，结合市内外的实践基地，设置不同的课程路线。另外，进入实验室，通过课题的实验研究进行的高端科学课程也可以在小学段完成。

（三）提供集中自主学习的机会

连续两周的小学段为每位学生提供了一个可以集中自主支配的时间和空间。减少统一课程学习的时间，满足了学生个性化的学习需求。每位学生利用这个机会，制订两周的学习和生活规划，自我监督，自主管理，最后还要进行自我反思，大大地提高了学生的自主规划和管理能力。对于每位学生来说，小学段的价值还在于：经过一个大学段的学习，每位学生在这段时间可以停一停，稍作调整，根据自己上一段时间各学科的学习情况，制订自己的小学段学习规划，按照自己的规划自主安排。学习比较满意的，可以进行超前学习和拓展；存在问题和困难的，在老师的帮助下，制订查漏补缺的计划，寻找老师辅导，为下一个阶段的学习扫清障碍。学生对小学段的设置非常满意，调查表明，超过80%的学生认为小学段的设置让自己自主学习方面有收获（见表2-16）。

表2-16 对学生小学段学习收获的调查

	选　项	人数	比例（%）
我在小学段学习方面的最大收获是	A. 会订计划	82	45
	B. 会自学（理解、提炼、整理、提问等）	148	81
	C. 会反思	70	38
	D. 会落实和检测自己的学习效果	45	25

（四）带动课堂变革，提高学习效率

要在每个学期20周的固定时间内挤出2周的小学段，不能安排统一的课程，那么，大学段的集中授课时间必然缩短。在较短的时间内完成跟原来一样的学习内容，要求还不能降低，这势必要求各学科教师向每节课要效率，必然在课堂教与学的方式上进行探索。而那种通过增加课时、拼时间，加重学生负担的做法，自然也就没有了生存的空间。

全面实施选课走班

与多样化、可选择的课程内容相对应，我们实施了选课走班的教学组织形式，包含两个主要内容。

（一）选课

选课包括两层含义：第一，选择适合自己的课程模块；第二，选择适合自己的学习时段。

多样化的课程使学生能够按照自己的个性发展需求选课，而学生的不同需求主要源于未来的发展方向和职业目标，因此，每一位同学首先要明确今后的大学专业倾向和职业目标，才能够理性选出适合自己的课程。如果暂时不能确定职业方向，在课程选择时要留有余地，如在第一学期可不选择技术、艺术、生物课程，其他课程则均按高考课程选择，待方向明确后再做调整。学校每个学期选一次课。每次选课，都促使学生不得不对自己的未来发展进行思考。

有的课程在高中三年连续开设，有的课程只学习一个学期，每个学期重复开设。某门课程放在哪个学期学习比较合适，也需要考虑和选择。这促使学生要在系统规划高中三年的学习后再考虑一个学段的选课，避免出现不同学段选课过多或过少等不均衡的情况。学校建设了网络选课平台，学生在网上完成选课。选课之后发现不合适，可以改选，改选课程在每个大学段结束前进行。为帮助解决学生因改选课程造成的课程衔接问题，学校在两个大学段之间的小学段开设了一些辅导性的课程。

为帮助学生选课，学校编写了学生《课程手册》，人手一册，在新学年选课前发到学生手中。手册包含了学校高中三年提供的全部课程、在校生活学习的各种规范和指南以及不同方向学生的选课示例等，旨在为学生规划充实而有意义的高中学习生活提供帮助。为给每位学生的选课提供有针对性的帮助和指导，学校实施导师和咨询师制，导师、其他任课老师和家长共同帮助学生完成选课。为帮助同学们选课，学校还开展了各种方式的选课辅导活动，以便让每一位同学形成适合自己的课程修习计划。

下面以三位不同发展方向的学生在高一年级一年的课程表为例。

安阳同学是我校2011级的学生，她的选课方向是人文与社会方向，她在高一第一学期的选课情况是：她首先选择了数学Ⅰ/5[①]、语文/3、英语/3、思想政治Ⅱ/3、历史Ⅱ/3、地理Ⅱ/3、体育中的田径/3，一共23节课；又选择了化学Ⅰ/4，在语文和英语的自选课程中选择了文言文基础阅读/2和英语初级阅读/2，这时她的周课时已经达到31节；她想在第一学期多选一些课程，为后面的课程选择多留空间，于是又选择了技术中的技术模型设计/2、艺术中的奥尔夫/2，每周共35课时；如果她中午给自己留一节课的午餐时间，还有5节可作为自习课使用（见表2-17）。

表2-17 人文与社会方向学生安阳高一第一学期课程表

上课时间		星期一	星期二	星期三	星期四	星期五
第1节	08:00—08:45	数学Ⅰ⑨/高中楼513	数学Ⅰ⑨/高中楼513	数学Ⅰ⑨/高中楼513	数学Ⅰ⑨/高中楼513	数学Ⅰ⑨/高中楼513
第2节	08:55—09:40	政治Ⅱ/高中楼525	语文③/高中楼409	历史Ⅱ/高中楼621	语文③/高中楼409	英语/高中楼310
第3节	09:50—10:35	历史Ⅱ/高中楼621	英语/高中楼310	地理Ⅱ/高中楼307	英语/高中楼310	自习
第4节	10:45—11:30	田径	历史Ⅱ/高中楼621	政治Ⅱ/高中楼525	地理Ⅱ/高中楼307	政治Ⅱ/高中楼525
第5节	11:40—12:25	化学Ⅰ/高中楼427	自习	A初级英语阅读①	自习	A文言文基础阅读①
第6节	12:35—13:20	午餐	午餐	午餐	午餐	午餐
第7节	13:30—14:15	自习	艺术奥尔夫2	自习	技术模型设计3	田径

① 此处"数学Ⅰ/5"表示数学Ⅰ这一课程，每周5课时。

续表

上课时间		星期一	星期二	星期三	星期四	星期五
第8节	14：25—15：10	语文③/高中楼409	艺术奥尔夫2	田径	技术模型设计3	A初级英语阅读①
第9节	15：30—16：15	地理Ⅱ/高中楼307	A文言文基础阅读①	化学I/高中楼427	化学I/高中楼427	化学I/高中楼427

　　第二学期，她选择了如下课程：数学Ⅰ/5、语文/3、英语/3、思想政治Ⅱ/3、历史Ⅱ/3、地理Ⅱ/3 和体育中的排球/3，物理/4、生物/4、艺术中的书法/2，技术中的服装设计与制作/2，共35课时（见表2－18）。

表2－18　人文与社会方向学生安阳高一第二学期课程表

上课时间		星期一	星期二	星期三	星期四	星期五
第1节	08：00—08：45	数学I(A)-1/高中楼513	数学I(A)-1/高中楼513	数学I(A)-1/高中楼513	数学I(A)-1/高中楼513	生物Ⅰ-1/高中楼311
第2节	08：55—09：40	英语(A)-11/高中楼	语文(A)-3/高中楼413	语文(A)-3/高中楼413	语文(A)-3/高中楼413	英语(A)-11/高中楼
第3节	09：50—10：35	思想政治Ⅱ(A)-1/高中楼525	历史Ⅱ(A)-1/高中楼621	地理Ⅱ(A)-1/高中楼307	历史Ⅱ(A)-1/高中楼621	思想政治Ⅱ(A)-1/高中楼525
第4节	10：45—11：30	历史Ⅱ(A)-1/高中楼621	思想政治Ⅱ(A)-1/高中楼525	英语(A)-11/高中楼	地理Ⅱ(A)-1/高中楼307	数学I(A)-1/高中楼513
第5节	11：40—12：25	午餐	生物Ⅰ-1/高中楼311	生物Ⅰ-1/高中楼311	排球-1B班/体育馆	地理Ⅱ(A)-1/高中楼307
第6节	12：35—13：20	午餐	午餐	午餐	午餐	午餐
第7节	13：30—14：15	物理Ⅰ-1/高中楼509	物理Ⅰ-1/高中楼509	物理Ⅰ-1/高中楼509	生物Ⅰ-1/高中楼311	排球-1B班/体育馆
第8节	14：25—15：10	排球-1B班/体育馆	服装设计与制作-2班/国际部地下服装设计教室	书法2班/艺术楼一层美术教室5	自习	物理Ⅰ-1/高中楼509
第9节	15：30—16：15	自习	服装设计与制作-2班/国际部地下服装设计教室	书法2班/艺术楼一层美术教室5	自习	自习

2011 级的胡天寒同学的选课方向是工程与经济学方向。她在第一学期的选课情况是：数学Ⅲ/5、语文/3、英语/3、物理Ⅲ/3、化学Ⅲ/3、田径（女）/3，她想在第一学期把基础夯实，给自己更多的时间适应和调整，于是只选择了艺术中的声乐/2，有 11 节自习课可以自由使用（见表2－19）。

表 2－19　工程与经济学方向学生胡天寒高一第一学期课程表

上课时间		星期一	星期二	星期三	星期四	星期五
第 1 节	08:00—08:45	数学Ⅲ－1/高中楼503	数学Ⅲ－1/高中楼503	数学Ⅲ－1/高中楼503	数学Ⅲ－1/高中楼503	数学Ⅲ－1/高中楼503
第 2 节	08:55—09:40	物理Ⅲ(B)－1/高中楼509	物理Ⅲ(B)－1/高中楼509	语文(B)－1/高中楼529	物理Ⅲ(B)－1/高中楼509	自习/高中楼529
第 3 节	09:50—10:35	化学Ⅲ(B)－1/高中楼427	英语(B)－1/高中楼407	化学Ⅲ(B)－1/高中楼427	英语(B)－1/高中楼407	化学Ⅲ(B)－1/高中楼427
第 4 节	10:45—11:30	语文(B)－1/高中楼529	自习/高中楼509	自习/高中楼405	自习/高中楼529	田径（女）－1A 班/田径场
第 5 节	11:40—12:25	田径(女)－1A 班/田径场	午餐	午餐	语文(B)－1/高中楼529	午餐
第 6 节	12:35—13:20	午餐	午餐	午餐	午餐	午餐
第 7 节	13:30—14:15	午餐	自习/高中楼405	田径(女)－1A 班/田径场	午餐	自习/高中楼405
第 8 节	14:25—15:10	英语(B)－1/高中楼407		声乐 1 班/艺术楼五层合唱团排练厅	自习/高中楼405	自习/高中楼405
第 9 节	15:30—16:15	自习/高中楼509		声乐 1 班/艺术楼五层合唱团排练厅	自习/高中楼529	自习/高中楼509

第二学期，她的选课情况是：数学Ⅲ/5、语文/3、英语/3、物理Ⅲ/3、化学Ⅲ/3、英语听力/2、古典诗词欣赏/2、地理Ⅰ/4、体育舞蹈/3、技术平面设计/2，每周共 31 节课（见表 2－20）。

表2-20 工程与经济学方向学生胡天寒高一第二学期课程表

上课时间		星期一	星期二	星期三	星期四	星期五
第1节	08:00—08:45	数学Ⅲ①/高中楼503	数学Ⅲ①/高中楼503	数学Ⅲ①/高中楼503	数学Ⅲ①/高中楼503	数学Ⅲ①/高中楼503
第2节	08:55—09:40	物理Ⅲ①/高中楼509	物理Ⅲ①/高中楼509	语文①/高中楼529	物理Ⅲ①/高中楼509	语文①/高中楼529
第3节	09:50—10:35	化学Ⅲ①/高中楼427	英语①/高中楼407	化学Ⅲ①/高中楼427	英语①/高中楼407	化学Ⅲ①/高中楼427
第4节	10:45—11:30	地理Ⅰ①	自习	自习	自习	自习
第5节	11:40—12:25	体育舞蹈	地理Ⅰ①	C 古典诗词欣赏	C 英语听力	午餐
第6节	12:35—13:20	午餐	午餐	午餐	午餐	午餐
第7节	13:30—14:15	C 英语听力	技术平面设计2	午餐	午餐	地理Ⅰ①
第8节	14:25—15:10	语文①/高中楼529	技术平面设计2	地理Ⅰ①	自习	C 古典诗词欣赏
第9节	15:25-16:10	英语①/高中楼407	自习	体育舞蹈	自习	体育舞蹈

2011级的王一帆同学的选课方向是数理方向。他想在高一多选一些课程，为高二的大学先修课程留有选课空间。

他第一学期的选课情况是：数学Ⅳ/5、物理Ⅲ/3、化学Ⅲ/3、语文/3、英语/3、体育中的羽毛球/3；他还选择了地理Ⅰ/4 和思想政治Ⅰ/4，英语自选课程基础听力/2 和技术中的机器人Ⅰ/2，一共32课时；如果中午留一个小时的午餐时间，他还有8节自习课（见表2-21）。

第二学期他的选课情况是：数学Ⅳ/5、物理Ⅲ/3、化学Ⅲ/3、语文/3、英语/3、体育中的田径/3、历史Ⅰ/4，语文的自选课程先秦散文欣赏/2、英语自选课程高级英语阅读/2 和艺术中的声乐/2，他对法语很感兴趣，自选了第二外语中的基础法语/2，一共32课时，他还有5节自习课可以自由支配（见表2-22）。

表 2-21　数理方向学生王一帆高一第一学期课程表

上课时间		星期一	星期二	星期三	星期四	星期五
第1节	08:00—08:45	数学Ⅳ-1/高中楼403	数学Ⅳ-1/高中楼403	数学Ⅳ-1/高中楼403	数学Ⅳ-1/高中楼403	数学Ⅳ-1/高中楼403
第2节	08:55—09:40	化学Ⅲ(A)-1/高中楼427	自习/高中楼523	自习/高中楼407	语文(A)-1/高中楼523	自习/高中楼427
第3节	09:50—10:35	语文(A)-1/高中楼523	化学Ⅲ(A)-1/高中楼427	物理Ⅲ(A)-1/高中楼509	化学Ⅲ(A)-1/高中楼427	语文(A)-1/高中楼523
第4节	10:45—11:30	物理Ⅲ(A)-1/高中楼509	英语(A)-1/高中楼505	英语(A)-1/高中楼505	物理Ⅲ(A)-1/高中楼509	英语(A)-1/高中楼505
第5节	11:40—12:25	自习/高中楼403	地理Ⅰ-4/高中楼119	思想政治Ⅰ-1/高中楼117	羽毛球-1B班/体育馆	地理Ⅰ-4/高中楼119
第6节	12:35—13:20	午餐	午餐	午餐	午餐	午餐
第7节	13:30—14:15	思想政治Ⅰ-1/高中楼117	思想政治Ⅰ-1/高中楼117	地理Ⅰ-4/高中楼119	地理Ⅰ-4/高中楼119	羽毛球-1B班/体育馆
第8节	14:25—15:10	羽毛球-1B班/体育馆	自习/高中楼509	自习/高中楼523	机器人Ⅰ(乐高机器人)-4班/科技楼B506	思想政治Ⅰ-1/高中楼117
第9节	15:30—16:15	基础听力-5/高中楼505	自习/高中楼403	自习/高中楼523	机器人Ⅰ(乐高机器人)-4班/科技楼B506	基础听力-5/高中楼505

表 2-22　数理方向学生王一帆高一第二学期课程表

上课时间		星期一	星期二	星期三	星期四	星期五
第1节	08:00—08:45	数学Ⅳ①/高中楼403	数学Ⅳ①/高中楼403	数学Ⅳ①/高中楼403	数学Ⅳ①/高中楼403	数学Ⅳ①/高中楼403
第2节	08:55—09:40	自习	语文①/高中楼523	自习	语文①/高中楼523	自习
第3节	09:50—10:35	语文①/高中楼523	化学Ⅲ①/高中楼427	物理Ⅲ①/高中楼509	化学Ⅲ①/高中楼427	自习
第4节	10:45—11:30	田径	英语①/高中楼505	英语①/高中楼505	物理Ⅲ①/高中楼509	英语①/高中楼505

续表

上课时间		星期一	星期二	星期三	星期四	星期五
第5节	11:40—12:25	历史I②	午餐	C 先秦散文欣赏	C 高级英语阅读②	午餐
第6节	12:35—13:20	午餐	午餐	午餐	午餐	午餐
第7节	13:30—14:15	C 高级英语阅读②	艺术声乐2	午餐	基础法语	田径
第8节	14:25—15:10	物理Ⅲ①/高中楼509	艺术声乐2	田径	基础法语	C 先秦散文欣赏
第9节	15:30—16:15	化学Ⅲ①/高中楼427	自习	历史I②	历史I②	历史I②

（二）走班上课

通过选课，每位学生形成了自己的课表。不同的学生有不同的需求和选择，从而形成了不同的课表。原来意义上的一个班的学生按照一张课表上课的情况就不存在了，于是，只能每位学生按照自己的课表安排，到相应的教室上课，这就形成了走班上课。而老师们则在各自固定的教室里等待学生来上课。

与传统的行政班和班级授课制相比，这种教学组织形式，具有如下几个特点。

1. 教室只是不同课程学习的教室，不再是行政班教室，被称为学科教室

为了让资源更贴近学生，服务于学生的学习，我们把传统的教室建设成了集上课、阅览、实验、讨论、教研等多功能为一体的学科教室，学生每天在不同的学科教室之间流动。与传统行政班教室相比，学科教室承载着更多的教育功能：（1）学科教室首先是学科授课的地方，具有典型的学科属性。教室按照课程的不同区分，诸如语文教室、物理Ⅱ教室、数学V教室、汽车设计教室等。于是，不同的教室就需要遵照学科、课程特点和要求布置。通过教室的布置，彰显出各个学科的学科文化，并具有了一种无形的教育力量。（2）学科教室是学生上课的地方。为了让学习资源更贴近学生，方便学生使用，服务于学生的学习，学科教室配备了各种学习资源，比如图书、电脑、投影仪、实验仪器以及必备的学习用具等，这些资

源随时对学生开放，营造一个浓厚的学习氛围。（3）学科教室还是学生上自习的地方。任何一个学科教室没有课的时候都开放为自习室，学生可以按照自己的需求，选择到任何没有课的学科教室上自习。（4）学科教室是教师备课、办公和答疑的地方。没有了公共办公区，教师每天在学校的大部分时间都是在自己的学科教室里，以方便学生在需要时随时能找到老师。

学科教室以任课教师的名字命名，每个教师有自己专门、固定的教室，这里也是他办公备课、辅导学生的地方。教室都是由各位教师按照学科特点和自己的风格布置的，每间教室都具有鲜明的学科特色和教师的个人风格。目前学校有学科教室271间。以学校高中楼部分教室分布图为例（见图2-1），分布在教学楼内的教室不再是一个个行政班，而是以任课教师名字命名的学科教室。教学楼内，没有公共的办公区，除了各学科教室之外，就是答疑室和教师阅览室、休息室或会议室等公共空间。

高二教务室610	WC女611	WC男612	高二化学李美强613		高二答疑区614		高二数学朱燕615	高二数学杨春艳616	WC男617	WC女618		高二咨询师工作坊601
	高二语文南红英 沈静609	高二历史李亮 王秀青608	王春易学部主任室607	咖啡屋606		高二答疑室605	高二教师阅览室604		高二英语霍文娟603	高二数学贾祥雪602		
六层												
高二化学孙京 江媛媛513	化学助教室514	WC女515	WC男516	高二生物张斌 徐澜517		电教办公室518	高二物理邓靖武519	WC女520	WC男521	心理辅导室522		高二地理赵蓓501
高二语文史建筑512	高二政治杜志华 周永霞511	高二语文刘伟510	高二数学武会林509	高二教师阅览室508	休闲区507	高二数学刘军红 宋倩倩506	高二语文宋俊玲505	高二英语黄晓玉504	高二英语赵连杰503	高二数学吴艳学502		
五层												
高二化学廖琳 梁淑惠413	生物助教室414	WC女415	WC男416	高三生物张敏 刘赛男417		保密室418	高二物理邹素芳 王延楠419	WC男420	WC女421	高三教务室422		高二物理习鹏401
高三语文杨茹412	高三数学张欣然 戴红411	高三语文霍铁林艳410	高三数学李久权409	高三历史贺千红408	高三历史张美华 魏勇407	高二语文李志勇406	高二语文黄娟405	高二英语崔玉芳404	高二英语边然403	高二数学马玲坤402		
四层												
高三化学曾冬冬 刘作亮301	化学助教室314	WC女315	WC男316	生物王春易 苏新华317	高中楼318	高三物理刘世洪 魏运华319	WC男320	WC女321	物理助教室322		高三物理于振丽 张嬿

图2-1　高中楼部分教室分布图（2013.9）

2. 学生没有固定的教室，没有固定的课桌

为方便学生存放学习、生活用品，学校在教学楼的走廊里为每人准备了 1~2 个柜子。学生每天带着随堂需要的学习用具和学习资料，按照课表，在不同的教室之间流动。

3. 根据学生选择的课程形成不同的教学班，以教学班为基本单位进行集体授课

同一年级的不同学生，甚至不同年级的学生，因选择同一门课程而走进相同的教室，成为一个教学班内的同学。教学班存在时间的长短随课程而定，通常一门课程结束后即结束。以高中楼 519 邓靖武教室为例（该教室课表见表 2-23），这是物理教师邓靖武的学科教室，他任教的高一物理Ⅲ全部排在这间教室里，没有课的时候，便成为学生的自习室。走班上课，颠覆了学生等待、老师走动的传统模式，构建起一种学生积极主动、老师等待咨询并随时提供服务的崭新课程生态。

表 2-23 高中楼 519 邓靖武教室一周课程表

上课时间		星期一	星期二	星期三	星期四	星期五
第 1 节	08:00—08:45	高一物理Ⅲ (A)-2		高一物理Ⅲ (A)-2		高一物理Ⅲ (A)-2
第 2 节	08:55—09:40	高一物理Ⅲ (B)-1	高一物理Ⅲ (B)-1		高一物理Ⅲ (B)-1	
第 3 节	09:50—10:35	高一物理Ⅲ (B)-2	高一物理Ⅲ (B)-2	高一物理Ⅲ (A)-1	高一物理Ⅲ (B)-2	
第 4 节	10:45—11:30	高一物理Ⅲ (A)-1	自习		高一物理Ⅲ (A)-1	
第 5 节	11:40—12:25		自习		自习	自习
第 6 节	12:35—13:20					
第 7 节	13:30—14:15				自习	自习
第 8 节	14:25—15:10			自习		
第 9 节	15:30—16:15	自习				自习

4. 实施选课走班后，学生处在各种教育力量的相互作用和影响之下

同一教学班级不同学习层次的同学之间、专业任课教师与学生之间、导师、咨询师与学生之间以及家长与学生之间等，都要求学生们注重利用和协调好各种关系，主动为自己营造一个互学互助的学习环境。

编写标准细目，让课程标准真正成为教与学的依据

在国家新一轮基础教育课程改革中，课程标准替代了教学大纲，走进了我们的视野。工作在第一线的教师都熟悉各学科教学大纲，它不仅对教学目标和教学内容做出了明确的规定，而且用大量的篇幅具体规定了日常教学中可能涉及的所有知识点的要求；大多数学科的教学大纲还规定了具体的教学顺序及各部分内容所占的课时数等。而课程标准则跟教学大纲有较大的不同，"课程标准重视对某一学段学生所应达到的基本标准的刻画，同时对实施过程提出了建设性的意见，而对实现目标的手段与过程，特别是知识的前后顺序，不做硬性规定。这是课程标准和教学大纲的一个重要区别，从而为教材的多样性和教师教学的创造性实施提供了广阔的空间，为体现并满足学生发展的差异性创造了比较好的环境"（刘兼，2001）。

这是一次历史性的进步，但由于课程标准脱胎于原有的教学大纲，真正距离一个科学的标准还有相当的差距，尤其在具体、翔实、可操作方面距一线教师的需求尚有较大距离。于是，在课程校本化的过程中，我们开始了对课程标准的细化工作，编写了课程标准细目。

（一）课程标准细目的特点

1. 表述具体

把我们要教给学生什么，在每一个点上，能细到多大程度就先细到多大程度，只有这样，对教学的诊断才有根据。例如，高中物理Ⅱ课程标准细目中对"恒定电流"的学习目标的描述就非常具体（见表 2-24）。

表 2-24　高中物理 II "恒定电流" 课程标准

教学内容	学习目标
11.1 电源和电流	1.1 知道电源的作用
	1.2 知道在电源和导体共同作用下导体内形成恒定电场
	1.3 知道形成持续电流的条件是电源和导体组成闭合电路
	1.4 知道电流是导体的自由电荷在恒定电场作用下的定向移动
	1.5 知道电流的定义，理解电流的定义式 $I = Q/t$，会进行有关计算
	1.6 知道电流的单位是安（A），$1A = 1C/s$，是七个基本单位之一
	1.7 会电流单位的换算，$1A = 1000mA = 1000000\mu A$
	1.8 会推导电流的微观表达式 $I = nqvS$
	1.9 了解电荷定向运动的速率、热运动速率、电场传导速率的区别
11.2 欧姆定律	2.1 理解欧姆定律 $I = U/R$，能用来分析解决有关电路问题
	2.2 知道欧姆定律的适用条件
	2.3 理解导体的伏安特性曲线，会根据伏安特性曲线分析导体电阻的变化
	2.4 知道定值电阻、小灯泡、二极管的伏安特性曲线
	2.5 了解线性元件和非线性元件
11.3 电阻	3.1 理解电阻概念，知道定义式 $R = U/I$，会用它进行相关计算
	3.2 知道电阻的单位是欧（Ω），$1\Omega = 1V/A$
	3.3 会用控制变量法探究导体的电阻跟导体的长度、截面积、材料之间的关系
	3.4 理解电阻定律，关系式 $R = pl/S$，能利用电阻定律进行有关的分析和计算
	3.5 知道材料的电阻率与温度有关，金属导体的电阻率一般随温度的升高而增大
	3.6 知道半导体材料的电阻率一般随温度的升高而减小
	3.7 了解电阻温度计和低温超导现象

2. 可操作、可量化

课程标准中大量出现"理解"、"掌握"、"运用"等名词，以此区分学生在能力发展上需要达到的不同层级。但对于一线的教师来说，什么叫

"理解"，到底到什么程度才是"掌握"，什么程度是"运用"，则按照各人的经验和理解判断，无法形成一个标准，让老师和学生都没有抓手。通过课程标准细目的编写，以高一工程与经济学方向的数学Ⅱ的第3学段"平面向量"单元的课程标准细目（见表2-25）为例，在"4. 数乘向量"这个知识点上："掌握"的具体表述是"掌握数乘向量的定义，并会利用数乘向量的运算律进行有关计算"；"运用"的具体要求是"理解并运用数乘向量的意义进行向量运算"。每一个层级下面都列出对应的样题。

表2-25　高一数学Ⅱ第3学段"平面向量"单元课程标准细目

知识点	A 掌握	B 运用
1. 相等向量和共线向量（平行向量）	会从向量的两个要素理解相等向量与共线向量（平行向量）	能区分相等向量与共线向量（平行向量）
2. 向量的加法	会用三角形法则、平行四边形法则求向量 $\vec{a}$，$\vec{b}$ 的和向量 $\vec{a}+\vec{b}$，并能判断 $|\vec{a}+\vec{b}|$ 与 $|\vec{a}|$，$|\vec{b}|$ 的关系	结合向量加法则和运算律，求多个向量的加法
3. 向量的减法	会求向量 $\vec{a}$，$\vec{b}$ 的差向量 $\vec{a}-\vec{b}$，并能判断 $|\vec{a}-\vec{b}|$ 与 $|\vec{a}|$，$|\vec{b}|$ 的关系	求多个向量的加法和减法运算
4. 数乘向量	掌握数乘向量的定义，并会利用数乘向量的运算律进行有关计算	理解并运用数乘向量的意义进行向量运算
5. 平面向量的数量积	①掌握平面向量的数量积的定义及几何意义；②掌握向量数量积的运算律	求两个向量的夹角和向量的模长
6. 平面向量基本定理	理解并掌握平面向量的基本定理的概念	会运用平面向量基本定理进行向量的分解
7. 向量的直角坐标运算	能进行向量的加法、减法、数乘及数量积的坐标运算	应用向量的坐标运算求解相关问题
8. 向量的共线（平行）和垂直	掌握向量平行和垂直的向量式表示和坐标表示的充要条件	应用向量平行和垂直的向量式表示和坐标表示解决相关问题
9. 向量的应用		会用向量的方法处理简单的物理和几何问题

续表

样题

1A. 会从向量的两个要素理解相等向量与共线向量（平行向量）

1. 如图，在等腰梯形 *ABCD* 中，*AB*∥*CD*，*E*、*F* 分别是对角线 *AC* 和 *BD* 的中点，在以 *A*、*B*、*C*、*D*、*E*、*F* 为起点或终点的向量中

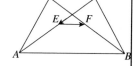

（1）找出与 $\overrightarrow{EF}$ 共线的向量；

（2）找出与 $\overrightarrow{CE}$ 相等的向量；

（3）找出与 $|\overrightarrow{CE}|$ 相等的向量.

分析：①向量的平行与共线是同一个概念，因此在判断时要注意与平面几何中的区别，并且抓住"方向相同或相反"；②$|\vec{a}| = |\vec{b}|$ 与 $\vec{a}$、$\vec{b}$ 的方向无关.

解：（1）与 $\overrightarrow{EF}$ 共线的向量有：$\overrightarrow{AB}$、$\overrightarrow{BA}$、$\overrightarrow{CD}$、$\overrightarrow{DC}$；

（2）与 $\overrightarrow{CE}$ 相等的向量有：$\overrightarrow{EA}$；

（3）与 $|\overrightarrow{CE}|$ 相等的向量有：$\overrightarrow{EC}$、$\overrightarrow{EA}$、$\overrightarrow{AE}$、$\overrightarrow{FD}$、$\overrightarrow{DF}$、$\overrightarrow{FB}$、$\overrightarrow{BF}$.

2.（1）在四边形 *ABCD* 中，$\overrightarrow{AB} = \overrightarrow{DC}$，且 $|\overrightarrow{AB}| = |\overrightarrow{AD}|$，则四边形 *ABCD* 是 __菱形__

（2）在四边形 *ABCD* 中，$\overrightarrow{AB} = \overrightarrow{DC}$，且 $|\overrightarrow{AC}| = |\overrightarrow{BD}|$，*ABCD* 是 __矩形__

1B. 能区分相等向量与共线向量（平行向量）

1. $\vec{a} = \vec{b}$ 是 $\vec{a}//\vec{b}$ 的 __充分不必要__ 条件（从"充要"、"充分不必要"、"必要不充分"、"既不充分也不必要"里选）

2. 判断正误

（1）长度相等且共线的向量叫作相等向量　　　　　　　　　　（ × ）

（2）$\overrightarrow{AB}$ 与 $\overrightarrow{CD}$ 共线，则 *A*，*B*，*C*，*D* 四点在同一直线上　（ × ）

（3）若 $\vec{a}//\vec{b}$，$\vec{a}\nparallel\vec{c}$，则 $\vec{b}\nparallel\vec{c}$　　　　　　　　（ × ）

（4）若 $\vec{a}//\vec{c}$，$\vec{b}//\vec{c}$，则 $\vec{a}//\vec{b}$　　　　　　　　　（ × ）

（5）若 $\vec{a} = \vec{b}$，则 $\vec{a}//\vec{b}$　　　　　　　　　　　　（ √ ）

（6）任意两个相等的非零向量的始点与终点是一个平行四边形的四个顶点

　　　　　　　　　　　　　　　　　　　　　　　　　　（ × ）

（7）向量 $\vec{a}$ 与 $\vec{b}$ 不共线，则 $\vec{a}$ 与 $\vec{b}$ 都是非零向量　　（ √ ）

3. 下列命题正确的是（ C ）

（A）$\vec{a}$ 与 $\vec{b}$ 共线，$\vec{b}$ 与 $\vec{c}$ 共线，则 $\vec{a}$ 与 $\vec{c}$ 也共线

（B）任意两个相等的非零向量的始点与终点是一个平行四边形的四个顶点

（C）向量 $\vec{a}$ 与 $\vec{b}$ 不共线，则 $\vec{a}$ 与 $\vec{b}$ 都是非零向量

（D）有相同起点的两个非零向量不平行

2A.（样题略）

2B.（样题略）

3A.（样题略）

3B.（样题略）

4A. 掌握数乘向量的定义，并会利用数乘向量的运算律进行有关计算

1. 已知 $\lambda \in R$，则下列命题正确的是（ C ）

（A）$|\lambda \vec{a}| = \lambda |\vec{a}|$ （B）$|\lambda \vec{a}| = |\lambda| \vec{a}$

（C）$|\lambda \vec{a}| = |\lambda| |\vec{a}|$ （D）$|\lambda \vec{a}| > 0$

2. 已知 m、n 是实数，$\vec{a}$、$\vec{b}$ 是向量，对于命题：

①$m(\vec{a}-\vec{b}) = m\vec{a}-m\vec{b}$ ②$(m-n)\vec{a} = m\vec{a}-n\vec{a}$

③若 $m\vec{a} = m\vec{b}$，则 $\vec{a} = \vec{b}$ ④若 $m\vec{a} = n\vec{a}$，则 $m = n$

其中正确命题为 ①② .

3. （1）若 $\vec{a} = \vec{b}+\vec{c}$，化简 $3(\vec{a}+2\vec{b}) - 2(3\vec{b}+\vec{c}) - 2(\vec{a}+\vec{b}) = \underline{-\vec{a}}$

（2）$\dfrac{3}{2}(\vec{a}-\vec{b}) - 2(\vec{a}+2\vec{b}) - \dfrac{1}{2}(\vec{a}-\vec{b}) + (\vec{a}+2\vec{b}) = \underline{-\vec{a}-5\vec{b}}$

4. 设 x 是未知量，解方程 $5(x+\vec{a}) + 3(x-\vec{b}) = \vec{0}$.

解：$8x = 3\vec{b}-5\vec{a}$，$x = \dfrac{3}{8}\vec{b}-\dfrac{5}{8}\vec{a}$.

4B. 理解并运用数乘向量的意义进行向量运算

1. 已知 $ABCD$ 是等腰梯形，上底为 AB，其中 E、F 分别是两腰 BC、AD 的中点，M、N 是线段 EF 上的两个点，且 $EM = MN = NF$，下底长是上底长的 2 倍，若 $\overrightarrow{AB} = \vec{a}$，$\overrightarrow{BC} = \vec{b}$，向量 $\vec{a}$、$\vec{b}$ 表示 $\overrightarrow{AM}$.

答案：$\overrightarrow{AM} = \dfrac{1}{2}\vec{a} + \dfrac{1}{2}\vec{b}$

续表

2. 在平行四边形 $ABCD$ 中，AC 与 BD 交于点 O，E 是线段 OD 的中点，AE 的延长线与 CD 交于点 F. 若 $\overrightarrow{AC}=\vec{a}$，$\overrightarrow{BD}=\vec{b}$，则 $\overrightarrow{AF}=\underline{\dfrac{2}{3}\vec{a}+\dfrac{1}{3}\vec{b}}$

3. 已知 D、E、F 分别是 $\triangle ABC$ 的边 BC、CA、AB 的中点，且 $\overrightarrow{BC}=\vec{a}$，$\overrightarrow{CA}=\vec{b}$，$\overrightarrow{AB}=\vec{c}$，则下列各式：

①$\overrightarrow{EF}=\dfrac{1}{2}\vec{c}-\dfrac{1}{2}\vec{b}$ ②$\overrightarrow{BE}=\vec{a}+\dfrac{1}{2}\vec{b}$ ③$\overrightarrow{CF}=-\dfrac{1}{2}\vec{a}+\dfrac{1}{2}\vec{b}$ ④$\overrightarrow{AD}+\overrightarrow{BE}+\overrightarrow{CF}=\vec{0}$

正确的有 $\underline{②③④}$

4. 在 $\triangle ABC$ 中，点 D 在边 AB 上，CD 平分 $\angle ACB$，若 $\overrightarrow{CB}=\vec{a}$，$\overrightarrow{CA}=\vec{b}$，$|\vec{a}|=1$，$|\vec{b}|=2$，用向量 $\vec{a}$，$\vec{b}$ 表示 $\overrightarrow{CD}$.

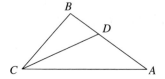

解：如图，由角平分线的性质知，D 是线段 AB 的三分点. $\overrightarrow{CD}-\overrightarrow{CB}=\overrightarrow{BD}$，$\overrightarrow{CA}-\overrightarrow{CD}=\overrightarrow{DA}$，$2\overrightarrow{BD}=\overrightarrow{DA}$，$2\overrightarrow{CD}-2\overrightarrow{CB}=\overrightarrow{CA}-\overrightarrow{CD}$，$3\overrightarrow{CD}=2\overrightarrow{CB}+\overrightarrow{CA}$，$\overrightarrow{CD}=\dfrac{2}{3}\overrightarrow{CB}+\dfrac{1}{3}\overrightarrow{CA}=\dfrac{2}{3}\vec{a}+\dfrac{1}{3}\vec{b}$.

5A.（样题略）

5B.（样题略）

6A.（样题略）

6B.（样题略）

7A.（样题略）

7B.（样题略）

8A.（样题略）

8B.（样题略）

9B.（样题略）

3. 按照学生能够达到的不同程度，分级设计

为了教师和学生更好地把握自主学习的程度，做到心中有数，课程标准细目对于每一个知识和能力点，都按照不同的层级进行了分级设计和描

述。例如高中英语的阅读能力，按照从低到高分三个层级，为了学生容易理解和把握，对每一个目标层级，都列举了阅读练习要求（见表2–26）。

表2–26　高中英语说明文阅读课程标准细目

阅读技能 Unit 2 Exposition（说明文阅读）			
目标分级	一级	二级	三级
目标表述	1. 获取主旨大意。 2. 获取说明文的细节，理解"是什么"，明白"为什么"。	整理和提炼信息，画出文章结构图。	对文章进行缩写。
阅读提示	1. 阅读时可以通过看题目和把握段落主题句来明确说明对象。主题句常出现在段首或段尾。获取主旨大意的意识是做快速阅读时必须具备的。 2. 说明文的写作目的往往是要解说事物，阐明事理。在阅读时，需要把握事物的特征，解释事物的本质属性。	将文章中的信息进行整理和提炼，对文章的理解会更加深入。可以通过总结段落大意，还可以在逐段概括要点的基础上，用"合并同类"的方法把全文划分为相对独立的几部分，概括出每部分的大意，再把每部分的大意依次连接起来，就能比较清楚地显示出全文的说明顺序了。在理清说明顺序后，分析段落之间的关系：是并列、递进关系，还是总分关系？是由现象到本质，还是由个别到一般，或是从结果到原因？可以通过 mind map 的形式梳理文章的结构，这时文章的阅读就很到位了。	将文章主要内容整理提炼出来的信息进行加工，就变成对文章的缩写。这是一个很重要的概括能力和表达能力。整理和提炼信息的能力和书面表达能力是比较高的能力要求，需要持久训练。

阅读范例：

　　Unit2 Lesson 7　What's a University Education Worth?

　　In 2006, the UK government started to allow universities in England and Wales to charge British students tuition fees. As a result, more than 80 per cent of students in England and

Wales now take out a student loan in order to go to university. They use the loan to pay for tuition fees, books and living expenses. Although the interest on student loans is quite low, it begins as soon as the student receives the loan.

The average student in England and Wales now graduates from university with debts of around £ 12 000. Students of medicine, who study for longer, usually have debts of more than £ 20 000. That is a lot of money. It means graduates cannot afford to buy a house for many years. They even struggle to pay rent on a flat, because they have to start paying back the student loan when they reach the April after graduating (or after leaving a course). If you start to earn over £ 15 000 a year, the government takes repayments directly from your monthly salary. Is it any surprise, therefore, that the average British person does not leave their parents' home until they are 30 years old?

You might think that a British person with a degree will find it easy to get a well-paid job. However, most people in "white-collar jobs" seem to have a degree these days, so there is a lot of competition. Also, British companies tend to value work experience over a piece of paper. Like everyone else, graduates usually have to start at the bottom and work their way up. That can be very frustrating for them, since they are often over qualified for the work they are doing. While at university, they had dreams of getting an exciting, challenging job. Therefore, life after university ends up being quite disappointing for a lot of graduates.

All of the above is beginning to make British people question whether a university degree is really worth the money. The BBC stated: "The number of British students at UK universities has fallen for the first time in recent history, from 1.97 million in 2007 to 1.96 million last year 2008." It looks like the figures will continue to decline, since loan companies are now telling some students that there are no loans available for them. Forecasts are that between 2009 and 2019 there will be a fall of six per cent in the number of 18 to 25-year-old university applicants across the UK.

Students have always been thought of as not having a lot of money, but "student poverty" is now considered a real problem in the UK. Most British students expect to have to get a loan, a part-time job or a summer job. Worse than that, however, is the fact student leaders report there are increasing numbers of students turning to crime to support themselves financially.

By contrast, things are now easier for students from other countries coming to study in the UK, since the value of the British pound has fallen. More international students come to Britain each year. The British universities offer more and more of the available places to richer international students rather than poorer British students. Some British people fear that, one day, there won't be any university places left for British students at all.

一级目标（1. 获取主旨大意。2. 获取说明文的细节，理解"是什么"，明白"为什么"）

1. True or false?

Most British students have to loan a lot of money for a university education. （　）

The ordinary British rely on their parents until they are thirty years old. （　）

British companies always pay more attention to applicants' work experience. （　）

It is just after the year the UK government allowed universities to charge British students tuition fees that the number of university students began to fall. （　）

British students are so poor that they can not go to university. （　）

The British universities are more and more interested in richer international students. （　）

2. Questions and answers

What is the purpose of the author in writing this article?

What do most British students have to do in order to attend university?

How do many British graduates feel after they leave university?

Why do more and more British students give up university education?

二级目标（整理和提炼信息，画出文章结构图）

1. Find or conclude the main idea of each paragraph.

Paragraph 1　　A. British universities charge students tuition fees.

Paragraph 2　　B. _____

Paragraph 3　　C. _____

Paragraph 4　　D. _____

Paragraph 5　　E. _____

Paragraph 6　　F. _____

2. Finish the mind map of the passage.

三级目标（对文章进行缩写）

Write a summary of the text with a length of one third or one quarter of the original text.

（二）编写课程标准细目成为教研组集体备课的主要内容

过去，备课主要是备课标、备教材，是对国家课程在实施过程中的二次处理。而在新的育人模式下，教研组的集体备课就将研究课程标准细目作为重点任务之一。课程标准细目包括：到了这个部分内容的安排是什么？下一个部分要学哪些内容？到底要教什么？每一个点上细到什么程度？到什么标准？高度是多高？学生学习后如何测评、诊断？课程标准细目的编写与日常的教学研究紧密结合进行，而不是另起炉灶，与教学两张皮。

（三）课程标准细目为学生的自主学习提供了依据

课程标准细目提前提供给每一位学生，所以，对于学生来说，其最大的意义还在于辅助学生的自主学习，成为学生自主学习非常重要的"拐杖"。细目专门设置了"学习目标"一栏，对于每一个知识和能力点的要求都进行了精细、具体的表述，以高中物理 II "恒定电流"这一单元的"电阻"部分的其中一个要求为例，细目的表述为"理解电阻概念，知道定义式 $R = U/I$，会用它进行相关计算"，这样的表述非常具体明确，让学生能够读得懂，而且明白在这个点上我应该达到什么程度。尤其是细目在每个知识和能力点上都附设了对应难度和要求的样题或范例，文字的要求与同等难度的题目对应，让学生对知识和能力点的理解更加形象化，自主学习时更加心中有数。

让资源服务于学生的学习

课程建设离不开构成课程基本要素的课程资源。资源决定着教学的宽度、厚度和深度；资源决定着教学效益；资源决定着教学实力；资源影响着师生关系和教师的职业幸福感。随着新课程的不断推进和深入实施，对于很多人来说，课程资源已经不是陌生的概念，对此的观点也是见仁见智。课程资源的概念、种类、载体等都是课程论专家研究的内容，在分层、分类、综合、特需课程体系建设中，我们更强调的是：围绕服务于学生的学习来构建资源，资源必须师生共建，师生共用；要通过构建机制，让资源良性运行；资源要用数字化表达，信息化管理，提高效率；资源必须形成一套系统。

围绕不同层次和类别的课程，我们编写了课程指南、学习读本、自学检测练习、单元诊断试题和相关的阅读练习材料，建设了学段诊断题库以及各种网络资源和电子资源等。这些课程资源立足于为学生的自主学习提供服务，是给学生自己学习时用的，不只是老师教学用的教材，由此实现从课程资源到学习资源的转变。这样的资源有下面几个特点。

（一）从教本到学本：文本以对话与交流的方式呈现

以学习读本为例，学生阅读读本就好像在与书中的某一个人物交流，其文字表述具体，好操作，可测量，尤其注重学习过程的组织和指导，让学习过程既符合学生的学习兴趣和认知规律，又符合这部分学习内容的学科规律。学习读本除了包括课程目标、课程内容、实施建议、评价要求、拓展资源之外，每个问题的最后都有"自我诊断"，更有利于学生自主阅读后的自我检测。每个例题后都有分析，而且都给学生提供了不同的解题思路，供学生阅读参考。这样的编写，能确保学生自主学习的兴致和效率。

【资料链接】学习读本《力学》"机械能守恒定律"摘录

例题：从距地面 0.45m 高处，以 4m/s 的水平速度抛出一物体，不计空气阻力，求物体着地瞬间速度的大小（取 $g = 10m/s^2$）。

分析：同学们对于平抛运动已经不再陌生，我们可以运用运动合成与分解及动力学知识将物体落地瞬间的速度求出。本章又学习了功和能量，于是就可以从功与能的角度再次理解平抛运动。由于物体在运动过程中只有重力做功，所以，此过程中机械能守恒。

解题思路 1：由动力学角度出发，利用平抛物体的运动规律，物体在水平方向匀速运动，在竖直方向做自由落体运动，运动示意图如图 6.8.6 所示。

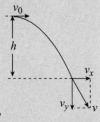

图 6.8.6

水平方向：$v_x = v_0$

竖直方向：$2gh = v_y^2 - 0$

落地瞬间的速度为：

$v = \sqrt{v_x^2 + v_y^2} = \sqrt{v_0^2 + 2gh} = 5\,\mathrm{m/s}$

解题思路 2：在物体运动过程中，只有重力做功，根据动能定理可得：

$mgh = \frac{1}{2}mv^2 - \frac{1}{2}mv_0^2$

因此：$v = \sqrt{2gh + v_0^2} = 5\,\mathrm{m/s}$

解题思路 3：物体在运动过程中，只有重力做功，符合机械能守恒条件，选择地面为零势能面，则利用机械能守恒定律可得：

$mgh + \frac{1}{2}mv_0^2 = 0 + \frac{1}{2}mv^2$

因此：$v = \sqrt{2gh + v_0^2} = 5\,\mathrm{m/s}$

由此可见，同一个物理问题，可以利用不同的物理规律进行求解，但很明显，动能定理与机械能守恒定律由于不需要涉及运动过程细节，因而比牛顿运动定律更方便、快捷。

（二）立足于学生的思维方式展开

例如，传统上的物理知识往往遵循从概念到运用的呈现方式，只告诉学生是什么、怎么用，把学生仅仅作为受众。而为选学物理Ⅲ的学生编写的《高中物理原理与方法》，从尊重学生的学习规律、提升学生的物理素养出发，认为仅仅从"是什么"开始是不够的，要让这些学生从"为什么"、"怎么产生的"等问题的思考开始，追根溯源，从生活中的现象入手，拉近生活与物理学习的关系，尤其是让学生知道某种物理概念或原理是怎么从生活现象中一步步归纳出来的。

【资料链接】《高中物理原理与方法》摘录

在给学生介绍"参考系"这个问题时——

从生活现象入手:"在生活中,我们常常观察到一些与运动有关的奇怪现象。坐在行驶的火车上,观察坐在对面的乘客,认为乘客是不动的,而地面上的路人却认为乘客是运动的。谁观察的结果是正确的呢?二者观察到的结果都是正确的。你以车厢作为参考,认为车厢不动,所以对面的乘客也是静止不动的;地面上的路人以地面作为参考,地面静止不动,乘客相对地面的位置在变,所以得出乘客在运动。"

引入概念:"看来,我们要对物体的运动做出判断必须选择其他的物体作为参考,被选择作为参考的物体称为参考系。"

拓展思考:"从上面的现象中可以看出,对于同一物体的运动判断,选择不同的参考系可能会得出不同的结果。不同的观察者观察同一物体的运动,可以选择不同物体作为参考系;同一观察者观察同一物体的运动,也可以选择不同的物体作为参考系。既然这样,我们在描述物体的运动时应该怎样选择参考系呢?原则上,我们可以任意地选择参考系来描述物体的运动。但是习惯上,我们常常以地面作为参考系。比如,我们通常说飞机是运动的,桥梁是静止的,都是选择地面这个参考系。……第一次世界大战期间,一名法国飞行员发现脸旁有个小东西,他一把抓来后发现竟是一颗德国子弹。你能解释他为什么能轻松地抓住那颗子弹吗?"

(三) 呈现课堂的对话过程

为更好地帮助学生自主学习,原本在课堂上呈现的讲解过程、多种解法和学习的重点、难点等,在学习读本的合适位置就要呈现出来,并提前提供给学生。有一些纸质材料无法呈现的,就提供课件、视频、音频等多种资料形态。以十一学校生物教师编写出版的《高中生物学习规划书》为例,为帮助学生自学,考虑到学生可能遇到的问题和难点,规划书在每个单元专门设计了"重点解析",把教师在课堂上要讲的内容提前在规划书中呈现出来,有的以文字解释的方式呈现,有的以图表的形式呈现。这样,学生通过阅读"重点解析"能够学会的,课堂上就不用再讲了。

【资料链接】"细胞的能量供应和利用（一）"重点解析

1. "比较过氧化氢在不同条件下的分解"的实验分析

本实验只有一个因素即过氧化氢的分解条件是改变的，其他因素如反应物的性质和浓度等都没有发生变化，因此是一个单因素的对照实验。实验分析如下。

（1）变量分析

	自变量	因变量	无关变量
实验分析	过氧化氢的分解条件，如2号试管的加热，3号试管的氯化铁溶液，4号试管的肝脏研磨液	过氧化氢在不同条件下的分解速率，可用气泡产生的多少或卫生香燃烧的剧烈程度表示	反应物的性质和浓度，所加试剂的量，试管的洁净度，等等
处理办法	控制自变量，以形成对照	观察、分析因变量	无关变量应适宜并保持一致

（2）对照组和实验组

	试管编号	处理方法	研究目的
对照组	1号试管	不做处理	通过比较过氧化氢在不同条件下分解的快慢，了解过氧化氢酶的作用和意义
实验组	2号试管	加热	
	3号试管	加2滴Fe^{3+}溶液	
	4号试管	加2滴肝脏研磨液	

2. 影响酶活性的因素有哪些？

酶活性即酶促反应速率，通常用单位时间内反应物的减少量或产物的生成量表示。影响酶促反应的因素有温度、pH值、酶的浓度、反应物浓度等。酶促反应通常在一定限度的温度和pH值范围内进行。过酸、过碱、高温都会使酶的空间结构破坏，使酶永久失去活性。低温也影响酶的活性，但不会使酶的空间结构破坏，当温度升高后，酶仍能恢复活性。酶的浓度和反应物浓度对酶促反应速率的影响如下图所示。

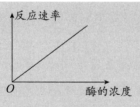

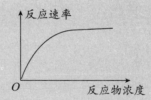

反应物浓度不变时，反应
速率与酶的浓度成正比

酶浓度一定时，反应速率随着反应物
浓度的增加而升高，当反应物浓度达到
一定值时，反应速率不再增加

3. ATP 和 ADP 之间的相互转化是可逆反应吗？

从反应所需要的酶、反应场所、能量转化等方面来看，ATP 和
ADP 之间的相互转化是不可逆反应（见下表）。

反应式	ADP + Pi + 能量 $\xrightarrow{\text{酶}}$ ATP	ATP $\xrightarrow{\text{酶}}$ ADP + Pi + 能量
类型	ATP 的合成	ATP 的分解
条件（酶）	合成酶	水解酶
场所	细胞质基质、线粒体、叶绿体	活细胞内多种场所
能量转化	储能	放能
能量来源	呼吸作用，光合作用	高能磷酸键
能量去向	储存于 ATP 中	用于各项同生命活动

4. 为什么 ATP 被称为细胞的能量"通货"？

细胞中的糖类、脂肪等有机物都储存着化学能，但这些有机物
不能直接为细胞生命活动提供能量，必须转化为 ATP 后才能被利
用。打个比方，储存能量的有机物大分子相当于"存折"，ATP 分
子相当于"钞票"，"钞票"会随着每天的花销而减少，因此要将
"存折"转换成"钞票"给予补充，这个过程通过 ATP 与 ADP 的相
互转化来实现。糖类、脂肪等有机物分解时，释放的能量促使 ADP
转化为 ATP，从而不断补充 ATP。ATP 水解转化为 ADP，并释放出
能量，供生命活动利用。ATP 与 ADP 的相互转化过程在细胞中时刻
发生，因而 ATP 称为细胞的能量"通货"。

（四）注重探究问题的设计，以问题引领学生思维能力的提升

为引导学生在阅读中思考问题、发现问题，学习读本每个章节学习内容的节点上都有一些引发学生思考的问题，而且用图片框突出显示，学生的思路在问题的带领或启发下逐步深入。

【资料链接】学习读本《力学》摘录

例如在"物体位置的描述"中：

让一个粘墨的小球在白纸上滚动，你就可以看到一条墨迹。想一想：你能从墨迹上得到哪些信息？如图 1.3.3 所示，小车在一水平面上沿圆周运动。这种情况下，我们又该如何描述小车在各个点的位置呢？

图 1.3.3

例如在"变速直线运动"中：

匀变速直线运动的加速度是恒定的，但其速度是变化的，其速度的变化有何规律呢？想一想：根据图 1.8.1 和图 1.8.2 所表示的量，你能由图像得出匀速直线运动的位移时间关系吗？

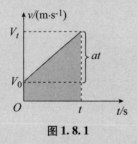

图 1.8.1　　　　　　　图 1.8.2

与普通的变速运动相比，匀变速直线运动有许多简洁的规律。用这些简洁的规律可以非常方便地判断一个运动是否是匀变速直线运动。想一想：你能想出哪些判断一个运动是否为匀变速运动的方法？在这些方法中，你认为哪种方法最好实现？

例如在"机械能守恒定律"中，想一想：

一个小球在真空中自由下落，另一个同样的小球在黏性较大的油中由静止开始下落。它们都由高度为 h_1 的地方下落到高度为 h_2 的地方的过程中，重力所做的功相等吗？机械能守恒吗？

①两种情境中重力的功均为 $mg(h_1-h_2)$，都等于重力势能的减少量，而物体动能的变化量却不同。在真空中下落的小球，重力势能的减少量全部转化成了动能，而在黏滞性很强的油中下落的小球，重力势能却转化成了动能和内能。前者机械能守恒，而后者机械能在减少。

②对于机械能守恒定律的物理含义，要明确三点：系统性（物体系）、条件性（只有系统内重力、弹力做功）和守恒性（机械能的总量时刻不变）。

（五）提供多学科的拓展资源

学生的学习是一个综合系统，学科之间相互衔接、支撑，例如，物理学习常常受制于数学基础和计算方法等的掌握。为了帮助学生突破在这一个知识点上受其他学科学习进度的限制，读本在相关内容下面附上了与其相关的其他学科知识的拓展链接，确保学习资源能够支持这一门课程的高度、宽度和深度。例如，在"平面物体位置的描述"中涉及"极坐标系"这个概念，学生只学习过直角坐标系，没有学习过极坐标系，学习读本在这里进行了一些拓展，链接了一些数学小知识。

【资料链接】"极坐标系"相关数学小知识

提起角的单位，大家自然会想到"度"，然而在国际单位制中，角的量度使用另一个单位——弧度。

如图 1.3.8 所示，对应角相同、半径不同的圆弧，弧长越长则半径越大，但是二者的比值却不变（$\frac{l_1}{r_1}=\frac{l_2}{r_2}$）；对于

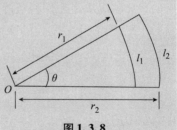

图 1.3.8

大小不同的角，比值 $\frac{l}{r}$ 不同，角度越大，则比值 $\frac{l}{r}$ 越大。可见，比值 $\frac{l}{r}$ 能够反映角的大小。因此，可以用弧长 l 与半径 r 的比值表示角的大小。如 $360°$ 的角可表示为 $\frac{2\pi r}{r}=2\pi$，$180°$ 的角可表示为 $\frac{\pi r}{r}=\pi$，

$90°$的角可表示为$\dfrac{0.5\pi r}{r}=0.5\pi$。

弧长与半径的单位都是米，在计算二者之比时会消掉。为了表达的方便，我们给 θ 一个单位：弧度（radian），用符号 rad 表示。如0.5π的角可以表示为0.5πrad。

（六）系统建设

学习资源是一套系统，包括各科课程指南、学习读本、课程标准细目、自学检测练习和阶段诊断试题库。各个资源之间能相互支撑、辅助。例如，学生自学了相关内容，就有与此内容相关的自学检测练习，以检验自学的效果，发现问题；当学习了一个单元的内容之后，就有与此相关的单元检测练习和学段诊断试题。而且，当一个知识点或能力点出现问题了，再次学习和巩固后，又能找到与这个内容有关的练习进行检测。这样，学生的学习才能做到心中有数。这些资源相互补充，缺一不可。资源的编写是一个系统工程，经过一轮的改革实验，目前我们已经完成了与各课程模块对接的基本文本资源的编写和使用，有的正在修订，以期不断完善，其中《高中物理原理与方法》等7本学习读本已经公开出版。

（七）师生共建，师生共用

正像吴刚平（2001）教授提出的："教师是最为重要的课程资源，教师的素质状况决定了课程资源的识别范围、开发与利用的程度以及发挥效益的水平。"在十一学校的课程改革中，教师不再只是课程资源的使用者、执行者，他们还是学校课程资源的开发者和创造者。这些将对教师的学科专业学术素养提出更高的要求，成为教师素养提升的又一个台阶。

与此同时，学生从来都是课程建设不可忽视的要素。首先，学生的需求、学习的起点、学生的差异本身就是课程资源的一部分。杜威（1990）先生说："教学的问题在于使学生的经验不断地向着专家所已知的东西前进。所以，教师既需懂得教材，还需懂得学生特有的需要和能力。"因此，作为教师，他要考虑的是怎样使教材变成学生经验的一部分，"把教材作为在全部的和生长的经验中相关的因素来考虑"（杜威，2004）[123]。基于学生的需求和差异而进行的课程设计，其本身的产生过程就是一个师生共建的过程。其次，课程资源从来都不是一蹴而就的，正如佐藤学（2003）[101]先生所言，它"是在教室里一天天地慢慢创造出来的。因此，即使课程在一学年或一学期前就准备好了，但从本质上说，它是在一学年或一学期结束后作为'学习的履历'而被创造出来的"。所以，师生共同参与课程资源的建设，教师通过对课程与学生之间内在联结的解释和指导，促成学生和课程的彼此介入。三者协同，共同创生一个个独具个性的"学习履历"，课程发展与学生发展也由此合而为一了。最后，还有学生亲自参与或者独立承担学校课程资源的建设。有些已经从学校毕业、升入大学的学生，带着对这门课程学习的酷爱和强烈的使命感，回到母校，把他们高中学习的经历和感受注入课程资源的编写过程之中，亲自参与编写。例如物理Ⅲ的学习读本，有相当一部分就是由原来的学生与秦建云老师一起编写完成的。也有的学生对学校编写的课程资源提出很多修改意见，帮助这些资源不断完善。还有的学生根据自己的兴趣特长，亲自开设讲座，甚至是一门课程，例如高中的叶枫同学为初中学生开办了英语讲堂，通过电影、音乐、网络、书籍，编出实用、美观的讲义和课件，也成为学校课程资源建设的一个组成部分。

经过四年的课改实践，学习资源在学生学习中的作用初显成效。2013年，对高一学生正在使用的各种学习资源使用情况的调查结果显示：超过80%的学生认为读本、作业及反馈、教师和同伴等学习资源对自己有很大的帮助，其中，认为帮助非常多的学生超过50%（见表2-27）。

表2-27　各种学习资源对学生学习的帮助情况调查

	A. 学科教室	B. 学校编写的读本	C. 公开出版的教材	D. 课堂的学习氛围	E. 同伴	F. 教师	G. 练习册等教辅资料	H. 作业及反馈
（1）非常少（%）	4.7	1.7	11.3	2.4	2.3	1.1	3.3	1.4
（2）比较少（%）	6.4	1.3	15.7	3.1	3.3	2.1	5.4	1.4
（3）一般（%）	25.6	11.6	26.6	17.9	12.3	11.6	18.9	11.8
（4）帮助多（%）	63.3	85.4	46.4	76.6	82.1	85.2	72.4	85.4

让课堂成为学生与教师、资源和环境互动的舞台

在《北京十一学校行动纲要》中，我们明确提出："课堂改变，学校才会改变；课堂高效，教育才会高效；课堂优质，学生才会卓越；课堂创新，学生才会创造；课堂进步，教师才会成长。"学科教室的建设，使资源与学生直接对接；在分层、分类、综合、特需的课程设置下，学生经过选课进入同一间教室，带着明确的学习目标和兴趣指向，课堂的效率和学习环境都有了很大的改变；小班编制，更让教师对每一位学生的关注度和交往密度明显提升。佐藤学（2003）[17] 先生在其《静悄悄的革命》中告诫我们："学生自立、自律的学习必须在与教师的互动中，在与教材、教室中的学生以及学习环境的关系中加以认识。学习只在与教师、教材、学生、环境的相互关系中，才能够得以生成、发展。"于是，我们从改变课程入手，从科学的角度，让学生与资源、教师和环境之间的互动关系，在课堂中实现。这样的课堂有如下几个特点。

（一）让学习资源方便地进入课堂学习环节

对于语言和人文领域的课程，学习资源进入课堂，提高了学生自主学习的广度和深度，是自主学习必不可少的支撑。过去，每位教师和学生手中都有很多学习资料，这些资料是散乱的、零碎的，每位学生手中的资料都不一样，无法与课程的学习构成一个相互支撑的系统。现在，学习资源都是经过教师筛选、选编的，这些资料系列化地摆放在学科教室的书架上，可以起到如下几个作用。

第一，资源更加丰富了。过去，学生手中只有一个版本的教材，我们不能给所有的学生同时再订购另外的教材。现在，有了学科教室，学校就可以购买不同版本的教材放置在学科教室里，有需要的学生可以拿过来使用、阅读。一些大部头的工具书、词典，每天随身携带很不方便，放在教室里，学生可以随时查阅。

第二，让学习资源真正进入课堂、进入学生的学习环节之中。过去，这些资源大多是在课下由学生自由选择、购买、使用，跟学校的课堂学习是两张皮，无法进行科学而规范的管理。教辅市场本身就乱象丛生，甚至有的教辅中还有明显的知识性错误，使用不当，不仅无助，反而有害。现在，经过教师的选择、编撰、整合之后，这些资源中有明确的学习目标和学习过程建议，能够与整个课程学习内容整合起来，进入课堂，进入学生学习的环节之中。让资源与学生发生真实的互动和对话，提高了资源的使用效率。

第三，带动课堂教与学方式的变革。过去，仅仅从教学环节的设计上去寻求教与学方式的变革，总感觉是治标不治本，虽然大家都认可课堂应该是学生学习的地方，但苦于没有抓手，学生回家自主学习也不能保证实效。现在，学科教室内资源的设计和使用，可以让教师放开手脚，也能让学生自主学习、读书、做实验。把阅读这些资源设计到教学环节之中，保证学生在课堂上有统一的时间"看"，教师的"讲"就会自然减下来，课堂形态也就有所变化。例如，政治Ⅰ的课堂，正是有了学科教室内书籍的引入，才有了每节课前读书10分钟，然后讨论交流的学习方式。英语的课堂正是有了学科教室内资源的支撑，才能确保实现对学生学习能力的"training"，而不是知识"teaching"的定位。

第四，满足学生的个性化学习需求。过去，由教师提供的资源往往是统一印刷的材料，不一定适合所有的学生。每位学生的学习情况不同，对资源的需求也是有差异的，教室内多种资源的提供，方便每位学生按需索取。

第五，方便学生使用。过去，资源搁置在图书馆，没有充分发挥效用。现在，资源就在学生手边，学生学习时需要什么资料，可以到相关的学科教室里上自习，随时需要，随时拿过来使用，用后马上放回去。

第六，逐渐形成学科资源系统化。过去，课程资源大多散落在每位教师手中，每位教师依据自己的教学经验和课程能力进行整合使用，各自为战，无法实现资源的共享，更无从形成学科的系统资源库。经过1～2轮的探索实验，学校各学科逐步沉淀下几种可传承的资源，逐步构筑了学科的资源系统。资源放在学科教室里，可以让学生循环使用，也避免了浪费。

对于物理、化学、生物这样的科学课程，实验资源的进入和开放性，也带来了课堂的深刻变化：

第一，有助于把书本的抽象知识形象化，便于学生理解和掌握。书本上一些很抽象的问题，学生可以通过实验形象地展现出来，掌握得更加牢固，理解得更加深刻。

第二，拓展学习的时空。课堂中生成的一些问题，学生可以在课下，通过自己的动手实验找到答案，而非必须通过老师答疑才能解决。

第三，随时验证。学生的一些疑惑、猜想，包括对老师或书本结论的思考、质疑，都可以通过实验来验证，学科素养明显提升。

第四，真正体现科学领域的课就是一门实验课的学科特点。课堂上随时可以做一些实验，仪器就在学生的课桌边，实验比以前增多了。在 2009 年一年里，生物王春易老师带领学生们完成了约 30 个分组实验，学生的求知欲明显提高。化学老师董素英说："过去，到了高三，为了强化学生对仪器的熟悉情况，需要在教室的后面摆上一些仪器，让学生看。现在，实验仪器直接进入教室，学生随时能看到、摸到、用到这些仪器，他们对实验仪器的名称以及基本的操作规范和流程自然非常熟悉了。"

第五，课堂的趣味性和学生探究的欲望明显提高。仪器和实验让很多学生选择在科学类教室上自习，课下，经常能看到有学生在教室里做实验的身影。课堂和教室成为学生最喜欢的场所之一。学科教室的建设和使用，不仅盘活了资源，其本身彰显的学科文化和教师个人风格就是一个学习的环境，一种教育的力量。走进这间教室、这个课堂，就能感受到一种影响力量。学科教室真实地实现了学生与资源的互动。

（二）增加课堂的高度、宽度和厚度

在统一的课程内容、统一的进度、统一的方式、统一的规格和要求下，课堂的 45 分钟让人觉得可发挥的空间太小，怎么都演绎不出精彩的脉动。分层、分类、综合、特需的课程设置，能大大拓展课堂的空间，使课堂呈现从未有过的高度、宽度和深度。这主要表现在：

1. 课堂的高度、宽度和厚度明显拓展

过去，在统一课程的实施下，虽然一个班级的学生差异很大，但受制于班级平均水平的限制，课堂的高度只能限定在大多数学生能达到的水平，对于学有余力的学生的需求，只能在课下通过开小灶的方式和零散的学习材料的提供来满足，这些学生的大量时间浪费在课堂的"陪读"上。现在，理科设计了五个层次，从低到高，难度不断提升，每个层次都对应相应的难度和要求，从一个到五个，课程的难度和范围冲破了国家课程标

准的限定，其高度和宽度自然就增加了。尤其是从Ⅲ层到Ⅴ层的高层次课程，突破了高考的上限，拓展到大学的课程领域，为资优学生提供了较大的发展和探究空间。例如数学Ⅴ课程从初一就开始进行初中、高中和大学的贯通设计，在课程的每一个知识和能力点上都远远超出现在的课程标准。而低层次课程，尤其是人文方向的理科Ⅰ层次课程和工程与经济学、数理方向的文科Ⅰ类课程，由于只要求达到高中阶段的毕业要求，摆脱了高考的束缚，这些课程的探索空间大大拓宽了。分类的技术课程，带给学生一个行业最专业、最前沿的感知，其高度和宽度都超出国家通用技术的课程要求。综合艺术课堂搭建了学生交往、沟通、合作和妥协的舞台，学生在戏剧编排中的体会和感悟也远非分科的音乐和美术课所能达到的。此外，为了使学生有更广阔的交往空间，艺术课规定，必须跨年级组建教学班，初中的学生不能少于1/3，高中的学生不能少于1/3，男同学不能少于1/3，女同学不能少于1/3，这样一来，除了学生交往的跨度大了之外，还搭建了一个男生、女生健康、公开的交往平台。比如话剧《雷雨》一课，以舞台活动为切入点，将《雷雨》文本作为戏剧创作的一部分进行品读（戏剧文学），而非作为文学文本进行技巧分析，重文化、艺术而非技术。在这样的定位下，《雷雨》课堂形成了六个环节的实践探索形式：前期准备（充分）—常规管理（落实）—剧组进展（投入）—核心凝聚（资源）—舞美宣传（推进）—走进剧场（提升）。

2. 以课程带动课堂，真正实现学科思想方法的培养

课堂的高度不仅仅表现在学习内容的难度上，还体现在学科思维方法和学科素养的培养上。长期以来，受制于知识点的死记硬背，学科思想方法的培养一直是各学科教学的一个瓶颈。分层分类课程中的高层次课程，立足于学有余力这一类学生的发展需求，可以跳出同龄学生的年龄和认知局限，从学科自身的思想方法体系和结构设计着手，较好地落实学科思想方法和学科素养的培养。例如物理Ⅲ的课程，其适用学生的智力水平和思维能力已经超出了同年龄学生的平均水平，因此无法按照通常这个年龄学生的认知特点编写，于是，把课程内容回归到物理学科本身，从物理学科自身的原理和方法的逻辑顺序编写读本，让学生进入到真实的物理世界，从物理与实际生活的关系和物理现象出发，追根溯源，弄清楚每个概念产生的原因、过程，更有利于学生物理素养的快速提升，较好地满足了这部分聪慧学生的需求。再比如生物Ⅰ，以学科思维的培养和拉近生物与生活

的联系为原则，以实验为支撑，学生每节课都徜徉在奇妙无比的生物实验之中，真正体现了生物学科的本质属性。历史Ⅰ和政治Ⅰ的课堂则立足于学科思维方法，通过学生的大量阅读和讨论、对话等方式，找寻公民教育的立意所在。以批判性思维的培养为目标，历史课堂探索"创设情境—呈现矛盾—解决问题—反思升华"的教学模式。还比如英语实施主干必修课程和补弱类与提升类的自选课程相结合的课程设置，由于处于两头的学生由补弱和提升两类课程关照，主干课程尽管每周只有3课时，反倒确保了学生英语基本能力和基本素养训练的落实，课堂不用承担过多的东西，老师实施起来比较放心，因为两头的学生的学习需求由自选课程来满足。

3. 把每节课的课程内容放到整个课程链条上设计，帮助学生建构自己的学习系统

过去，老师们的关注点主要在每一节课的内容和环节的设计，教研组的备课也主要基于一个章节或单元，甚至是一节课的内容。而分层、分类、综合、特需的课程，需要把课程放在3年这样一个完整的时间段内规划、设计，从课程目标到内容到实施方式再到评价，每个环节都要想清楚，每个阶段之间的衔接和关联都要设计好，弄清楚整个课程内容中单元与单元之间、单元内部各个内容之间的关系，去进行整体设计。当把每一节课都嵌入到整个课程体系之中时，教师就可以针对学生在每个能力点上可能遇到的问题和难点，为学生的自主学习提供全程的、更系统的、更科学合理的铺垫和准备。在老师的设计、引导和帮助下，学生踩着每一个台阶，逐步建构起自己的学习系统。

（三）小班教学

教育的个性化程度决定着一所学校的办学高度，是教育现代化应有的要素。每一个新知识的学习，从学生的自主学习阶段开始，每位学生可能都是不一样的。课堂上的问题可能也是个性化的，教师只能根据每位学生的掌握情况，通过一对一的辅导，帮助他们完成自己的学习过程。对于同一个知识和能力点掌握层次的不同，决定了学生的诊断练习题乃至课下的作业都是不同的。学生学习的进度也不同。还有，必须通过见面、沟通、接触，才能实现个别化教育。课堂无疑是实施个别化教育至关重要的场所。

班级规模过大使得教师注意分配的广度和深入程度都受到影响，教师很难充分照顾到班级学生兴趣、能力、需求等方面的差异。为了实现课堂

上的个别关注和个别辅导，一个课堂同时上课的人数就不宜太多。通过对教学班人数的国际比较研究，同时立足于我国的实际国情，我们实施了24人的小班教学。根据学生的选课情况，每个教学班的学生数从12到24不等，最少12人（个别课程人数不限）。小班教学的优点表现在：

第一，教师用于维持课堂秩序、管理学生行为的时间减少了，实际教学时间明显增多。实践经验发现，在一个有22~24名学生的教学班里，对于每一位学生对每一个学习任务的掌握情况，老师基本上能够关注到，要抓一件事情，能够一抓到底。如果80%以上的问题、作业和辅导都在课上完成了，那么课下的辅导的和作业的批改任务就大大减少了。

第二，教师对学生关注的深度和广度增加。小班教学使课堂物理环境得以改善，课堂空间布局能够根据需要灵活变化，创设了有利于师生互动的心理环境，使教师对学生的了解程度增加。教师不仅关注学生的学习需求，还能关注到他们的社会需求和情感需求等，师生交往的深度增加。实践表明小规模班级使得师生间的互动更多，并且互动持续的时间更长。

第三，师生关系明显改善。《北京十一学校行动纲要》第26条指出："师生关系是教育教学质量的基础；亲其师，才会信其道。"第28条指出："良好的师生关系形成需要一定的相处时间。"课堂无疑是师生交往最密切的场所。大班教学中，课堂基本上被几个思维活跃、发言积极的学生"占领"，他们左右着课堂的气氛，久而久之，成为课堂的"霸主"，成为教师交往的主要对象，而其他同学则常常被边缘化，仅仅处于被动参与的地位。小班教学使师生关系得到明显改善：首先，小班教学使学生参与课堂的机会增加，课堂纪律问题明显减少，教师用于管理课堂秩序的时间减少，行政管理者的角色减弱，更易于学生接受和营造柔和的课堂氛围；其次，每一位学生得到老师关注、对话和辅导的机会明显增加，小班教学使教师能够做到与一个一个的学生展开对话，而不是以群体为对象进行对话，拉近了教师与每一位学生的关系；再者，小班教学不仅使教师能够更加关心学生，有更多的时间倾听孩子的心声，了解他们的生活和所关心的问题，对学生个体需要更加了解，并且能够使用多种教学方法对学生做出及时的应答，去满足学生的需要，得到教师及时应答和反馈的学生，情感愉悦，与教师的关系更加亲密，师生关系自然也在其中发生了微妙的变化；最后，小班教学使学生的课堂投入程度提高，学生的学业成绩明显提升，使良好的师生关系得以维持。

第四，更容易实现个别教育。小班教学使教师对学生的个别指导明显增加，使一对一的辅导、个性化作业甚至是个性化的试卷、个性化的家长会成为可能。

建立评价与诊断平台

分层、分类、综合、特需课程的建构与实施，也给课程评价带来了前所未有的挑战。多样化、可选择的课程，选课走班制的实行，使得学校课程生态空前活跃。面对日新月异、充满自由创新冲动的学校新生态，怎样保证课程实施的质量？怎样评估课程实施的效果？怎样保证课程的设计和实施支撑学校的育人目标？我们清晰地意识到，必须建立科学健全的、促进每个学生自主发展的课程评价体系。

《北京十一学校行动纲要》明确提出："评价最重要的目的是促进评价对象的进步。质量检测的目的是为了诊断教学中的问题，为改进教学服务。"评价的目的是为了引导学生进步，让学生认清努力的方向，明确前进的目标，落实学习任务，养成反思的习惯等。

（一）构建学校评价体系的原则

1. 多元化

评价应该是多元化的，既有学习内容的评价，也有学习态度、学习习惯的评价；既有过程性评价，也有终结性评价。不同的评价侧重点和要求不同。比如，过程性评价主要关注学生在学习过程中的学习态度、自主学习、提问与讨论、与人合作等方面的表现，同时还关注平时作业、研究报告、小制作、实验操作等的完成情况。

2. 针对性

哈佛大学有个经典的评价方法，每位学生在课堂结束时要回答两个问题：今天课堂上你学到的重点是什么？今天下课时你还有什么重要的未解决的问题？真正好的评价一定是针对具体内容而设定的，因而，应该以章节、单元为单位确定具体的评价方案。只有这样，评价才能突出重点，引导学生把注意力集中到应该关注的内容上面。

3. 层次性

一个好的评价应该是根据知识和能力点的掌握情况分层次设置的。例如，语文中的"诗歌鉴赏"可以分四个不同的层次进行评价：第一个层次——记住六种主要的鉴赏方法，并一一列举相应的例子；第二个层次——能够从给出的几种方法中选择适合的方法鉴赏教材中的诗歌；第三个层次——能够选择适合的方法鉴赏与教材所选诗歌难度相近的作品；第四个层次——能够比较自如地鉴赏有一定难度的诗歌。四个层次逐步递进，形成一个能力的梯度。

4. 易操作

比如，过程性评价需要关注到全体学生，一定要容易操作，才便于及时记录。可以根据评价指标和学生的表现情况，有的采取加分方法，有的采用减分方法（见表 2 – 28）。

表 2 – 28　课堂讨论环节过程性评价指标示例

正　　分	负　　分
2 分　对一个问题有一个坚定的立场	– 2 分　不注意或者分散注意
1 分　做出相关的评论	– 2 分　打断他人的注意
2 分　使用证据支持立场，或提出事实信息	– 1 分　做出无关的评论
1 分　吸引另一个人参加讨论	– 3 分　垄断讨论
1 分　询问一个清晰的问题或者让讨论继续	– 3 分　进行个人攻击
2 分　做类比	
2 分　识别矛盾	
2 分　识别不相关的评论	

5. 抓关键

要评价那些我们真正想要的东西，可以忽略其他事情的评价。如果我们什么都要，就什么都抓不到。不同学科、不同内容，关键点是不同的，我们要找到那些关键点，并提出不同的要求：有的要背诵，有的只要掌握个别字词，有的要写出准确的步骤，有的只要提出一个思路，有的需要提出有价值的问题，有的需要落在纸上。例如，语文中的《琵琶行》需要达到会背诵，而《小石潭记》只需要笔译出来。尽管存在着各种不同的情况和侧重点，但观察和口头提问对于全面评估学生来说绝对重要，因为其他方法都不能充分地帮助教师维持一种对有效教学来说至关重要的自觉性。

6. 很简单

好的评价一定是简单易行的，一方面，操作起来不影响学习和教学；另一方面，随时完成，不需延时，不拖延。如果能用一个方面评价，就不选择更多的，比如画一个网络图、提一个问题、背诵一段文字、从别人的实验报告里发现一个问题等。要避免重复评价，以免增加教师的负担。

以此为指导纲领，几年来，我们先后完成了过程性评价体系的搭建和基于学段终结性评价的质量诊断体系的建构，并借助网络平台和数据分析工具实现了质量诊断体系和过程性评价的数字化。

（二）过程性评价体系

我们所说的过程性评价，"立足过程，促进发展"，强调建立促进学生全面发展、教师不断提高和课程不断发展的评价体系。新一轮学校课改中，我们所实行的过程性评价究竟有什么新意？

首先，我们强调过程性评价落实在学生的学习过程之中。通过对学生学习方式、学习态度、学习习惯、学习内容等要素的评价，关注学生学习过程并施以管理，随时随地以评价结果激励学生，实现"让学生学会为自己的行为负责"。

在具体的操作过程中，突出如下特点。

1. 过程性评价方案作为课程研发的一个组成部分

在课程内容的研发阶段，同时研究过程性评价方案，并将其写进课程指南和学生的学习读本中，提前告诉学生，而不是在课程实施和学生学习的过程中，随着需求随时编制、不断修改。过程性评价方案要在每个课程开始前提前呈现给学生，通过评价指标引导学生的学习。例如，在技术学科机械技术Ⅱ的课程指南中，就明确呈现了本课程的过程性评价方案（见表2-29）。从这个评价方案各个指标的赋分权重中，学生就能认识到，这门课程首先注重学生的"学习态度"和"安全规范"方面，其次是学习技能。这样的评价方案，能对学生的课堂学习有一个明确引导。

表 2-29　机械技术Ⅱ过程性评价方案

评价项目	权重（%）	指标描述	加（减）分项	分值	得分
学习态度	25	上课积极认真思考，团结协作，主动查阅课外资料	能提出有价值的问题	+10	
			团结协作，帮助同学解决问题	+10	
			积极进行课外拓展	+5	
课堂纪律	10	按时上课，不迟到早退，不大声喧哗，不玩游戏，不打闹，不做与课堂无关的事情	玩游戏/次	-3	
			打闹/次	-2	
			迟到、早退/次	-1	
设备管理	15	按照5S管理方法的要求进行学习实验，工具摆放整齐，工位干净整洁，不浪费资源	按照5S管理方法的要求进行学习实验	+5	
			工具按要求摆放整齐 工作岗位干净整洁	+5	
			爱护设备，节约能源	+5	
安全规范	30	严格按照作品制作工艺流程安全规范工作，注意人身及设备安全，做到不伤害自己，不伤害他人，不被他人伤害	设备安全	+10	
			自身安全	+10	
			他人安全	+10	
学习技能	20	能按设计图纸安全并正确使用各种工具、量具、机械设备	设计制作方法合理，能完好地实现作品功能，制作精度达到设计要求	+10	
		技术运用	能综合运用所学的知识并拓展，灵活运用到不同情境，举一反三	+10	

2. 注重过程性评价指标体系的建设

过程性评价评什么？要什么就评什么。过程性评价的指标，应该是那些我们希望学生高度重视的关键因素。过程性评价指标要体现出学科特点，与学习内容相匹配，不同学科的评价指标有较大的差异，同一学科不同课程的评价指标也会因关注点不同而不同，同一课程的不同单元、不同学习内容，评价的指标也会有所变化。所以，过程性评价的途径、方式等都应该是多元的、灵活的，不是一个方案定终身。如数学学科比较重视平时的作业完成情况和平时的测验成绩；物理、化学、生物都是实验性学科，重视学生做实验的技能和表现。以物理Ⅱ过程性评价为例，评价指标包括自学自研、课堂表现、完成作业和实验探究四个维度，每个维度下面又进行了较细致的指标划分，共 18 项评价指标，其中的"实验"和"自学"指标正是这门课程有别于其他课程的评价要求（见表 2 - 30）。

表 2 - 30　物理Ⅱ过程性评价指标

物理ⅡB（2011—2012 学年第二学期第二大学段）过程性评价

学号	姓名	自学自研			课堂表现				完成作业					实验探究				随堂小测	单元检测	总成绩	备注
		完成情况(自学)	提出问题	前测成绩	专注程度	参与讨论	回答问题	提出问题(课堂)	按时完成	完成率	独立性	规范性	正确率	预习报告	规范性(操作)	参与程度	实验报告				
22381	生1	4	4	6	5	2	5	3	2	3	3	1	1	2	2	3	3	3	7	59	进步很大，继续向着更高的目标前进。
23186	生2	4	4	7	5	2	5	3	2	3	3	1	2	2	2	3	3	3	7	60	优秀已成习惯，继续向着更高的目标迈进。
22276	生3	3	2	4	4	2	4	3	2	2	3	1	2	2	3	3	3	3	5	49	赶快醒悟，将精力全用在学习上，不在高中三年留下的只有后悔和遗憾！
22296	生4	4	3	6	4	2	5	3	1	2	3	1	1	2	2	3	2	3	7	53	努力、进步，再努力、再进步！光有灵性是不够的，学习需要日积月累。
22461	生5	4	4	7	5	2	5	3	2	3	3	1	1	2	2	3	3	3	6	59	如果你能再努力一些，相信你一定会有更加卓越的成绩。
22412	生6	4	4	7	5	2	5	3	2	3	3	1	2	2	2	3	3	3	5	58	越来越好，也越来越稳定，还需坚持，再上台阶，争取更优秀
22306	生7	4	4	6	5	2	5	3	2	3	3	1	2	2	3	3	3	3	5	57	与你那么卓越的其他科相比，物理还需在拓展上提高。
22489	……	4	4	7	5	2	5	3	2	3	3	1	1	2	2	3	3	3	7	60	越来越有感觉了，物理的思维水平明显提升了，继续努力，特别是上高度。
22476	……	4	4	7	5	2	5	3	2	3	3	1	1	2	2	3	3	3	7	59	你很聪明，但不够努力，所以成绩还不够理想，希望看到你通过努力突飞猛进。
22283	……	4	4	7	5	2	5	3	2	3	3	1	1	2	2	3	3	3	7	59	克服粗心毛病，让思维更加严谨缜密。
22375	……	4	4	5	5	2	4	3	2	3	3	1	2	2	3	3	3	3	6	58	很有物理天赋，再踏实些。

续表

物理ⅡB（2011—2012学年第二学期第二大学段）过程性评价																					
学号	姓名	自学自研			课堂表现				完成作业					实验探究				随堂小测	单元检测	总成绩	备注
		完成情况	提出问题（自学）	前测成绩	专注程度	参与讨论	回答问题	提出问题（课堂）	按时完成	完成率	独立性	规范性	正确率	预习报告	规范性（操作）	参与程度	实验报告				
22387	……	4	3	5	5	2	5	2.5	2	3	3	2	1	2	2	3	3	3	7	57	物理的学习上进步不小，希望你能持之以恒地付出努力。
22288	……	4	4	6	5	2	5	3	2	3	3	2	1	2	2	3	3	3	7	60	优秀已成习惯，继续向着更高的目标迈进。
22314	……	4	3	2	5	2	5	3	2	3	3	1	1	2	2	3	3	1	6	52	学习要踏实投入，成绩才能不断进步。
22282	……	4	3	4	5	2	5	2.5	1	1	3	1	1	2	2	3	3	3	7	52	成绩有进步，还需再努力投入，争取更好。

史地政的Ⅰ类课程着重关注学生在课堂上思考问题和参与讨论的态度和表现。以历史Ⅰ和历史Ⅱ的过程性评价为例。历史Ⅰ是达到毕业要求课程，学习中注重出勤、学习用品准备、课堂学习态度、回答问题和提出问题、合作学习以及单元学习内容几个方面，这些指标赋分的权重代表着需要学生关注的程度，无疑，“回答问题”和“提出问题”是最需要学生重视的（见图2－2）。而历史Ⅱ是人文类的高考课程，由于需要参考高考，评价的指标又有不同，增加了参与讨论、预习、复习和作业质量等，从这个评价方案中，学生能感受到这门课程更侧重平时的作业落实情况和课堂上提出、回答问题和参与讨论的情况（见图2－3）。

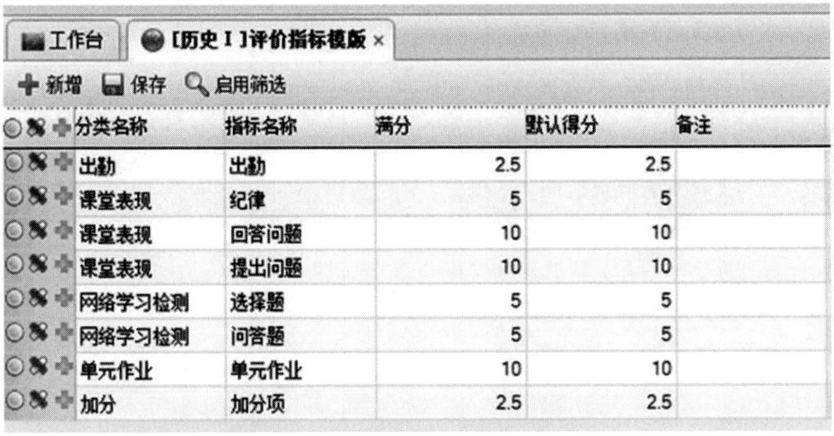

分类名称	指标名称	满分	默认得分	备注
出勤	出勤	2.5	2.5	
课堂表现	纪律	5	5	
课堂表现	回答问题	10	10	
课堂表现	提出问题	10	10	
网络学习检测	选择题	5	5	
网络学习检测	问答题	5	5	
单元作业	单元作业	10	10	
加分	加分项	2.5	2.5	

图2－2 历史Ⅰ过程性评价指标

工作台	过程性评价 ×	[历史II(B)-1]评价指标 ×			
+ 新增	保存	启用筛选			
分类名称	指标名称	满分	默认得分	备注
考勤情况	按时上课	5	5	
课堂表现	提出回答讨论问题	10	8	
课堂表现	预习情况	5	5	
课堂表现	复习情况	10	8	
课下表现	作业质量	10	8	
课下表现	完成及时	5	5	
课下表现	参与活动	5	4	

图 2-3　历史 II 过程性评价指标

技术课程以任务驱动实施，比较重视学生的学习态度、安全卫生意识、资源设备使用和作品的完成情况。以厨艺课程为例，"卫生"、"安全"和"任务考查"是这门课程学习最重要的关注点（见表 2-31）。

表 2-31　厨艺课程过程性评价指标

1. 过程性评价（占整个模块考核的60%）				
评价项目	要　求	赋分（每节课）		减　分
出　勤	不旷课	全部做到	1分	无故迟到或早退	−1分
	按时上下课，不无故迟到或早退			无故旷课	−5分
课堂纪律	专心学习，不做与厨艺学习无关的事	全部做到	3分	玩游戏或屡次违反课堂纪律	−5分
	团结协作，不大声喧哗、不打闹			喧哗及其他违纪行为	−1分
资源利用	爱护厨艺教室设备，不损坏，按要求使用各种设备，离开时按要求整理好操作台，物归原处，关好电源	全部做到	2分	损坏设备	−2分
				不按要求使用厨艺教室设备	
	注意清洁卫生，不浪费食材			没有整理好操作台，浪费食材	

1. 过程性评价（占整个模块考核的60%）				
评价项目	要　求	赋分（每节课）	减　分	
教室卫生	爱护教室环境，不随地扔垃圾，课后做好自己所在区域的环境卫生	全部做到	2分	课后自己所在的操作台脏乱	−2分
安全规范	注意安全，按规范操作设备，不伤人或自伤	全部做到	2分	伤害自己或他人	−2分
奖　　励	课堂积极表现	+1分		
	提出建设性意见和想法	+5分		
	帮助他人解决问题	+2分		

2. 任务评价：厨艺作品评价表（占整个模块考核的40%）			
评价项目	权　重	指标描述	得　分
色泽口味	40%	成品表现味道适口、颜色纯正	
营养搭配	30%	成品表现有营养价值、膳食搭配合理	
火候掌握	10%	成品火候适中	
展示摆设	20%	成品表现造型美观，展示有创意	
总　　计	优秀85～100分		
学生评委意见	签名：		

艺术课程侧重学生的表现力、与人合作情况；体育课程关注的是学生的安全意识、参与情况和基本体育技能的掌握情况。另外，由于技术、艺术与体育课程都是在远离教学楼的专门学科教室上课，因此，课程的出勤情况不可忽视。以艺术中的话剧《雷雨》课程为例，由于这门综合艺术课程是通过学生对不同剧务和角色的分工协同完成的，所以，"小组合作"和"表演"是七个指标中分值权重最高的指标（见表2-32）。

表2-32 《雷雨》（话剧）课程过程评价指标

序 号	指标类别	指标名称	指标占比（%）
1	课堂常规	考勤	10
2	课堂常规	课堂纪律	10
3	课堂表现	语音语调	10
4	课堂表现	语言流畅	15
5	课堂表现	表演	20
6	课堂表现	服装、道具的规范使用	15
7	课堂表现	小组合作	20

3. 过程性评价要科学、规范使用

为确保过程性评价的科学、规范，减少随意性、主观性，我们强调评价指标的描述要具体，可操作、可量化。评价采取定性与定量相结合，既有分数的评价，又有描述性语言的评价。以思想政治Ⅰ为例，这门课程是我们课程体系中人文领域的Ⅰ类课程，适合于工程经济学和数理方向的学生学习，达到毕业要求水平。由于摆脱了高考所需大量知识点的背诵和记忆，Ⅰ类课程有了较大的拓展空间，实施"话题"式教学，注重学生对观点的提取、呈现、辩论等能力的培养。"话题评价"占这门课程40%的权重，分四个层级的分值，每个层级从观点的创新性、论据的支持情况、语言的表述情况和书写字数4个方面赋分，形成各等级的评价标准（见表2-33）。当标准进行这样的描述之后，老师容易操作，学生也心中有数。

表 2-33 思想政治 I 过程性评价"话题评价"指标

项目	赋分		标 准
话题评价	40 分	40~35 分	有自己独到的见解与观点；支撑理由充分、材料翔实；有创意、有说服力；角度新颖；表达清晰、准确；语言深刻、流畅；字数不少于 500 字。
		34~30 分	有见解与观点；支撑理由充分、材料翔实、有说服力；表达清晰、准确；语言流畅；字数不少于 500 字。
		29~25 分	有观点但没创新；有支撑理由但不充分；表达清晰；语言流畅；字数不少于 500 字。
		25 分以下	观点模糊；支撑理由不充分、资料不翔实；表达不清晰；语言一般；字数少于 500 字。

4. 过程性评价需要网络平台的支撑

当过程性评价与每一门课程、每一堂课、每一位学生联系起来的时候，将是一个巨大的数据库，一定需要技术的支撑，才能够真正实现过程性评价的实施与管理。为方便教师的观察和随时记录，过程性评价应该简单易行，方便实际操作。每门课程确定过程性评价方案后，在平台上按照学年、学期、学段、单元、评价指标和分值逐级呈现。每门课程的过程性评价指标与每个教学班的所有学生对接。任课教师登录平台，就可以找到自己教学班的学生名单，随时记录每位学生的过程性表现情况。每位学生登录平台，可以随时查看到自己各门课程的过程性表现情况。为方便教师使用，平台上的数据可以直接由 Excel 表导入或导出。依托这个平台，过程性评价的结果可以及时记录、及时反馈，便于学生有针对性地调整自己的行为和学习状态，成为学生学习动力的推动器。同时，过程性评价平台具有记录保存和多维度呈现的功能，方便老师和学生分析、比较，也便于使成绩管理程序化、制度化。

5. 让过程性评价落实到每一位学生身上

一方面，这个评价体系中包含学校每一位学生各个方面的成长痕迹，包括他在每一个学习阶段中的每一门课程和每一项活动的表现记录，从这些记录中能看到他的成长趋势，还能够通过比较，看到他在一个群体中的位置。这些评价指标的合成，就形成了这位学生的"综合素质评价报告单"。另一方面，每门课程要通过过程性评价把每一位学生的内动力调动起来，就需要做好个别化的学生评价。每一位学生可以凭自己的学号和密码登录这个平台，随时查看自己在各门课程学习过程中的表现情况，哪些得到了较高的分数，哪些评价项目上出现了问题，以便在下一步的学习中进行调整。有的学生对老师的登录有疑义，还会找老师沟通，弄清楚自己的问题症结所在。尽管我们已经注重评价指标的多元化设计，但还是不能适合于所有的学生，比如，有的学生就是不善于课堂发言，那他写出来行不行？有的学生写出来的文字不如画出来的图更生动，对于他来说，是不是画漫画也可以？我们发现，当评价面对每一位学生的时候，评价指标的研究似乎是无穷尽的，因为只有适合这位学生的评价，才能对他起到真实的激发和启动的效用。我们使用定量评价和定性评价相结合的方法，对于有些个性化的表现，设法通过描述性的评价语言展示出来，比如，历史Ⅱ过程性评价中的"备注"一栏中，把学生的一些特殊表现用描述化的语言呈现（见表2-34）。下一步，个性化的评价将向每一位学生一个评价方案的深度推进。

表2-34　历史Ⅱ过程性评价示例

学号	姓名	按时上课	提出问题讨论问题	预习情况	复习情况	作业质量	完成及时	参与活动	总成绩	备注	评价时间
		5分	10分	5分	10分	10分	5分	5分	50分		
300005	学生1	5	10	5	10	10	5	5	50	单元学习过程中各项均表现优异；期中后落实有进步	2013-05-24
22502	学生2	5	8	5	10	10	5	5	48	落实有进步	2013-05-24
1105180	学生3	5	10	5	10	10	5	4	49	作业全班展示	2013-05-24
1105179	……	5	10	5	10	10	5	5	50	期中进步明显	2013-05-24
22615	……	5	10	5	10	10	5	5	50	学习自主性增强，落实有进步	2013-05-24
22725	……	5	8	5	10	10	5	5	48	学习自主性增强	2013-5-24
1105183	……	5	10	5	10	10	5	5	50	勤学好问，广泛阅读，平时落实好	2013-05-24
……											……

6. 组建过程性评价项目组，加强过程性评价的研究、督导和落实

新课程体系下过程性评价与以往有很大不同，又缺少可供借鉴的经验，我们只能在实践中边摸索边研究。由历史学科主任贺千红老师牵头成立了"贺千红过程性评价工作坊"，每个学部成立过程性评价项目组，项目组负责人进入工作坊，针对实践中的需求和问题，集中大家的智慧，逐渐摸索出一套过程性评价实施系统。

（三）学业质量诊断体系

学业诊断，主要指每学段一次的学段质量检测，也指学段评价的最终结果，包括各种形式的练习或测验，也包括小论文、研究报告、演出汇报、实验操作、动手制作等个性化的作品成果。

与过去不同的是，我们对终结性评价的定位从过去的以分数高低论英雄，转化为强化考试的诊断功能，通过对学生个体的诊断分析，查找问题，改进教与学。在这里，我们采用的是基于标准的学生学业评价模式。崔允漷（2008）教授强调这种评价模式"以促进学生的学习为中心，强调逆向设计和事先的规划（意思是评价的设计先于教学实施）以及评价与教学的融合"。

1. 实施考、教分离

高考科目、部分会考科目的学段质量检测实行专家命题制。2011 年秋季，我们在有关专家的帮助下，组建了由校内外命题专家共同组成的评价专家项目组。学段质量检测的试题由评价专家项目组负责命制。随着参与课改的年级越来越多，课程类型越来越多，考试命题工作面临的挑战也越来越大。目前，我校每个学段考试的各种课程试卷在秋季学段和春季学段已经达到 70 套左右，夏季学段和冬季学段则超过 80 套。以物理学科为例，仅 2012—2013 学年度第二学期期中的试卷就达到 11 套，每套试卷都有由命题人、初审人和终审人三人组成的命题专家组负责。随着进入课程改革的年级和学生不断增多，这个数字还会增加，因此，保证考试命题的质量也成为学校课程评价的关键。

2. 形成了一整套学业质量诊断的标准化工作流程

命题的关键环节为：制订命题计划、研制命题蓝图、命制试卷、考务管理、考试结果的诊断分析。每一个环节都有专人负责，在操作细节上都

努力做到标准化。学段诊断定于每学期的第九周和第二十周，诊断命题工作一般从第四周和第十五周开始启动，命题教师用四周时间完成命题、研讨、审核，于考试前一周提交给教导处，专人负责试卷保密、印刷、监管。同时，考试结果的精细分析是本次评价改革中新增的环节，以实现质量诊断、改进教学的目的。

3. 建立每一位学生学业成绩管理系统

当评价、诊断与每一门课程、每一位学生挂钩时，就会形成一个庞大的数据库，就需要一个数字化的平台，为此，我们建立了学生学业成绩管理系统。这个系统包括学生学业成绩的构成、会考机制、补考办法、课程重修办法，还有每位学生每个学期的学习情况报告单，包括学生在校的选课和修课情况、学习过程中的表现、学业成绩、学分以及其他表现情况，通过网络反馈给学生及家长。

（四）个别化的学业诊断与考试成绩分析系统

为确保教学质量诊断分析量化、科学化，我们与有关方面合作研发了"学生学业诊断与考试评价分析系统"。该系统通过一个功能多元的平台实现，主要功能包括：

1. 学生学业状况多角度的个性化呈现

图2-4是一位学生在一次阶段诊断中各门课程的学业水平能级情况。从图中可见，他的语文、生物和物理很好，高于平均水平，数学与平均水平持平，而英语则远低于平均水平，是他下阶段需要特别关注的学科。

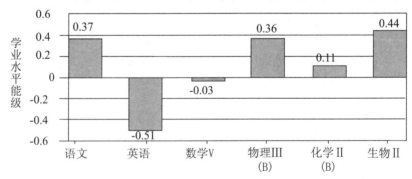

图2-4 学生各学科学业水平能级柱状图

通过各种不同的图示，学生可以直观地看到同一门学科在几次段考中的变化情况，各科学习是否稳定、是否进步或退步等，如图 2－5 所示的学生各科发展情况。

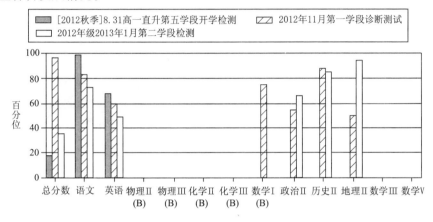

图 2－5　学生各学科发展情况百分位柱状图

2. 提供个性化的学生学业诊断分析及参考建议

学业成绩诊断分析平台还可以针对一次段考分析成绩背后的东西，包括每一科掌握比较好的知识组块和能力组块，以及存在问题的知识和能力组块，能够为学生针对这一科的复习和下一阶段的学习规划提供参考依据。表 2－35 是平台对一位学生一次段考后各学科知识和能力组块掌握情况的分析。

表 2－35　一次段考后某学生各学科个性化分析示例

学　科	表现有一定优势的学科知识组块和能力组块
语文	2.1 病句的辨析和修改　6.1 古典诗歌内容的理解和作者情感的体察 10.0 现代文鉴赏评价 B 理解　C 分析综合　D 鉴赏评价
英语	其他词义辨析能力　识别搭配的能力　议论文文章逻辑　语法　完形填空　阅读理解
数学Ⅰ（B）	柱、锥、台和球的体积　空间中的平行关系——线线平行　空间中的垂直关系——线线垂直 A 识记　B 理解

续表

学　科	表现有一定优势的学科知识组块和能力组块
政治Ⅱ	真正的哲学都是自己时代的精神上的精华　理解绝对运动与相对静止的辩证关系　阐释意识对改造客观世界具有指导作用，对人体生理活动具有调节和控制作用 运用分析　描述和阐释事物　论证和探讨问题
历史Ⅱ	1.1 知道诸子百家，认识春秋战国时期百家争鸣局面形成的重要意义 2.2 知道薄伽丘等人的主要作品和马丁·路德等人的主要思想 4.3 以蒸汽机的发明和电气技术的应用等为例，说明科学技术进步对社会发展的作用
地理Ⅱ	疆域与行政区划　地形　人文地理 调动和运用知识　描述和阐释事物　论证和探讨问题
学　科	表现不足的学科知识组块和能力组块
语文	3.0 文学文化常识　3.1 中外作家作品文化常识的掌握　6.2 古典诗歌语言、表达技巧 A 识记　E 表达应用
英语	对主人公情感的把握能力　议论文寻找并理解论点　议论文概括论点及论证方法　词汇　写作
数学Ⅰ（B）	平面的基本性质与推论　空间中的平行关系——线面平行　利用导数求函数的最值 B 理解　C 应用
政治Ⅱ	理解哲学与世界观和方法论的关系　理解意识是人脑的机能，是客观存在的反映　阐释意识活动具有目的性和计划性，主动创造性和自觉选择性 识记　理解　获取和解读信息
历史Ⅱ	3.3 了解京剧等剧种产生和发展的历程，说明其艺术成就　4.2 简述进化论的主要观点，概括科学与宗教在人类起源问题上产生分歧的根源。 4.5 以网络技术为例，理解现代信息技术对人类社会的影响
地理Ⅱ	河流　南方地区　青藏地区 获取和解读信息

3. 为每一位学生下一步的学习提出有针对性的建议

下面是英语杜燕昭老师针对一次段考，对一位学生做出的成绩对比分析，并为他下一步的努力提出了非常详细的建议。这样的段考成绩分析反馈表将在每一次段考后发到每一位学生手中。

【资料链接】杜燕昭老师的英语成绩分析及个性化的学习建议示例

命题情况：

本次英语考试，试卷满分100分，考试时间90分钟，试卷不分文理。

语法、词汇、造句考查学生基础知识的掌握和运用（均为本阶段的所学知识，给定了复习范围）；完形、阅读、（选择＋七选五）考查学生较高的英语理解能力、逻辑判断能力、分析能力等；写作考查学生语言表达运用能力和思维能力。

13 班成绩	语法（10）	完形（20）	阅读选择（30）	阅读七选五（10）	词汇（10）	造句（10）	作文（10）	总分
平均分	8.6	15.4	25.9	7.8	7.6	8.4	5.1	78.7
直升班平均分	8.1	14.6	25.0	7.1	7.6	8.0	4.8	75.3
学生甲	10.0	12.0	26.0	8.0	8.5	9.0	4.0	77.5

针对成绩，老师给出如下建议：

◆语法7分以下的同学：有可能是因为没有认真自学学科教室里的《英语语法新思维教程》，对要求掌握的语法项目理解不透彻，总结做得不好，还需多做语法练习题，反复练习，加以巩固。

◆完形15分以下的同学：对文章的理解、上下文逻辑应多关注，还应注意积累词汇用法搭配。建议阅读《心灵鸡汤》，并在阅读的过程中积累更多的词汇搭配，进行词语辨析。

◆阅读30分以下的同学：加强阅读训练，除认真完成我们的《阅读分册》之外，还应阅读一些稍有难度的文章（不低于高考难度），可选择原版书、高考阅读训练题等。每天应保证有一定的阅读量。要每天坚持接触英语。

◆词汇8分以下的同学：请认真背课本上和阅读分册上要求掌握的词汇，要阶段性地复习。在此基础上，有能力的同学可以继续背四级托福词汇。

◆造句8分以下的同学：认真完成每个单元的造句练习，认真改错。积累单词的时候也积累例句，多查字典关注用法。

◆作文7分以下的同学：加强思维训练，多读多思考。多动笔，认真完成造句、写作甚至口语任务，练习语言的准确表达。

学生层面的调查也显示出考试后有针对性的反馈对学生学习的帮助。调查表明，超过87%的同学认为考试"能帮助我诊断出学习中的问题"和"能够通过比较，知道自己目前的位置"，将近2/3的学生认为考试的作用还体现在"考试后的分析与反馈很到位"和"考试能使我及时了解自己的学习情况，并帮助我调整"（见表2-36）。

表2-36 学生层面关于考试的调查

选　项	吻合（%）	一般（%）	不吻合（%）
A. 能帮助我诊断出学习中的问题	87.4	10.3	2.3
B. 能够通过比较，知道自己目前的位置	87.4	9.4	3.1
C. 考试安排得太多，正常的学习生活常常被打断	33.0	28.0	39.0
D. 考试能使我及时了解自己的学习情况，并帮助我调整	64.1	22.1	13.8
E. 考题过难或过易，很难把握	34.4	28.2	37.4
F. 考试后的分析与反馈很到位	65.5	27.0	7.5

4. 同时实现了教学质量分析、试卷命制质量分析、教学情况分析功能

针对学科考试情况，该分析平台可提供学科难度曲线、学科总分分布、学科结构分析、学科试题分析、学科试题难度和区分度分析等，可从多角度全方位了解每一门课程的考试情况，便于教师分析学情，有针对性地采取改进措施。同时，我们可以通过试卷难易度、区分度分析，了解试卷命制的基本情况，对试卷的质量做出评估，以便进行有针对性的改进（见表2-37、表2-38、图2-6）。

表 2-37　某学科某次试卷各个题目难度区分度分析

题号	满分	最低分	最高分	平均分	标准差	差异系数	难度	区分度	鉴别指数	IRT 参考 a 参数	IRT 参考 b 参数	IRT 参数曲线
T1	4	0	4	3.80	0.88	0.23	0.95	0.30	0.16	0.314	-1.78242	IRT 参考曲线
T2	4	4	4	4.00	0	0	1.00	0	0	0	-3.2	IRT 参考曲线
T3	4	0	4	3.67	1.11	0.30	0.92	0.22	0.09	0.227	-1.67787	IRT 参考曲线
T4	4	0	4	3.90	0.63	0.16	0.98	0.16	0.06	0.166	-0.0150973	IRT 参考曲线
T5	4	0	4	3.43	1.40	0.41	0.86	0.34	0.31	0.364	-1.9263	IRT 参考曲线

表 2-38　某学科某次试卷不同组块统一指标的表现差异分析

结　构	满分	最低分	最高分	平均分	标准差	差异系数	难度	区分度	鉴别指数
客观题组块	40	24	40	36.43	3.80	0.10	0.91	0.65	0.14
主观题组块	60	23	60	43.59	7.60	0.17	0.73	0.92	0.29

结　构	满分	最低分	最高分	平均分	标准差	差异系数	难度	区分度	鉴别指数
等差数列前 n 项和	8	0	8	6.73	2.07	0.31	0.84	0.37	0.23
两条直线的位置关系	8	4	8	7.97	0.37	0.05	1.00	0.07	0.02
等差数列通项公式	8	0	8	5.63	2.35	0.42	0.70	0.44	0.28
等比数列的性质	16	0	16	11.57	3.31	0.29	0.72	0.63	0.30
过定点的圆的切线方程	4	0	4	3.80	0.88	0.23	0.95	0.15	0.06
等差数列的性质	12	0	12	8.13	3.02	0.37	0.68	0.53	0.30
数列的概念	4	0	4	3.50	1.33	0.38	0.88	0.18	0.19
等比数列前 n 项	7	1	7	6.44	1.41	0.22	0.92	0.29	0.11

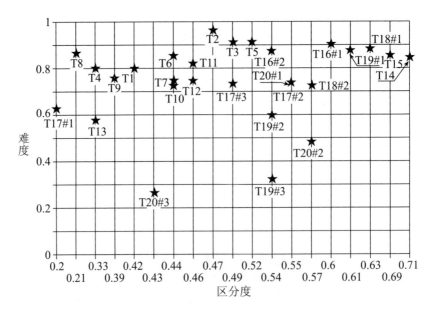

图 2-6 高一物理Ⅱ（B）第三学段段考区分度难度坐标图

让学校步入"云端"

自 20 世纪 90 年代以来，以信息技术为核心和先导的新技术革命迅速发展，不仅带来人类社会生产方式、生活方式的深刻变革，而且对学校教与学的方式、课堂组织、资源配置、教学模式等都产生了很大的冲击和影响。随着移动设备的发展和普及，手机将取代个人电脑成为个人信息中心，借助移动设备，学习者可以获得更广泛的学习机会，更丰富的教与学的互动，从而拓展、丰富和强化课堂内的教学，更好地实现随时学习、自主学习；而平板电脑的应用，颠覆了教科书的定义，向我们进一步展示了学习资源丰富的内涵和形式。技术在迫近我们、改变我们的生活和思维方式的同时，也在帮助我们向理想的教育迈进。为此，我们从一开始就很重视技术的领航和支撑作用，加强学校数字技术建设。目前实践中的，除了一般的数字化办公系统、搭建教学辅助平台和网络资源平台之外，最突出地体现在如下几个方面：

（一）云端分享

当前，网络资源已经成为最大的资源平台，一种以资源配置动态化、个人需求自主化为主要特征的"云计算"悄然兴起，被看作继个人计算机变革、互联网变革之后的第三次IT浪潮。Google首席执行官埃里克·施密特预言"90%计算任务都能够通过'云计算'技术完成"。随着技术的成熟，云计算正叩开学校大门，为教育提供服务。移动设备和云计算辅助教育共同构筑了未来教育信息化的框架，我们要为此做好准备。

为此，我们首先建设了全校覆盖的无线网，保证学生机和教师机可以随时连接到因特网。面对移动应用铺天盖地的浪潮，我们以学生为中心，从学生、教师、管理者、家长的实际需要出发，按照课程与教学、师生关系、同伴关系、管理、资源、文化六大维度，结合云计算技术构建"综合数字化校园云平台"，囊括教育信息化所必需的所有数字资源，经虚拟化后，为学校的个性化教育提供各项云服务，充分实现教育资源的共建共享。

（二）翻转课堂实验

真正的课堂变革关键环节是要让每一个学生参与、互动、表达、思维、合作、体验，让学生的学习有质的提升，立足于每一位学生的理念，这需要一个强大的技术平台的支撑。"为了每一位学生的发展"并不是新鲜的理念，之所以一直未能取得令人满意的效果，除了传统的惯性思维外，没有现代化信息技术平台的支持，实际操作很难实现也是一个重要原因。

当前，智能移动终端、云计算、大数据等概念下的信息技术正在引发新的教育革命，而翻转课堂（The Flipped Classroom）[①]便是其中的典型范

---

① 翻转课堂的基本模式是，教师为每天的教学准备7~12分钟的在线视频，学生需先在家看完这些视频，然后回到课堂上，学生在老师和同伴的帮助下完成作业和开展讨论。与传统的教师每天在讲台前讲课，学生回家做作业的传统模式正好相反，因此被称为"翻转课堂"。翻转课堂让每一位学生能够根据自身情况来安排和控制自己的学习，成为实现学生个性化学习的推动器。

例。早期的翻转课堂实验研究，主要在美国高校进行。2006 年，美国科罗拉多州林地公园高中（ Woodland Park High School ）的科学教师伯格曼（J. Bergmann）和萨姆斯（A. Sams）成为翻转课堂落地实践的先行者。之后，可汗学院①的视频省去了教师录制教学视频的环节，降低了学校和教师实施翻转课堂的门槛，推动了翻转课堂的普及。随之，翻转课堂实验在美国中小学不同学段、各种课程以及不同发展水平学生中的实践成果，赢得了学生、家长和教师的广泛赞誉。2012 年 6 月美国教育咨询公司 ClassroomWindow 发布的一项调查报告，揭示了翻转课堂的应用价值，报告显示：88％的受访教师表示翻转课堂提高了他们的职业满意度；67％的受访教师表示学生标准化考试成绩得到提高；80％的受访教师声称他们的学生的学习态度得到改善；99％的受访教师表示下一年将继续采用翻转课堂模式。②

选课走班背景下的课堂需要对此做出应对。我们配置了电脑车，上课时，推进教室，学生人手一台笔记本或平板电脑，开始了新技术领航和支持下的"翻转课堂"实验，率先在数学、语文的文言文基础阅读以及历史等部分学习内容的课堂上进行了探索。

在一些数学课上，课堂展现出如下的结构和流程。

前奏：老师把编制好的学习材料（学习读本和课程标准细目）提前提供给学生，做好不同难度等级的练习题库。学生在家通过阅读读本等相关资源，先进行自主学习。

第一步：自学检测环节。对学生自主学习的情况进行检测，学生找到自己自学中存在的疑惑和问题。自学检测没问题的同学，直接进入第三个环节。

第二步：小组讨论或教师答疑环节。通过小组内讨论，寻找解决问题的办法；个别问题，老师在巡视过程中进行个别辅导点拨；共性的问题或

---

① 可汗学院（Khan Academy）是一个非盈利教育组织，通过在线图书馆收藏了 3500 多部可汗老师的教学视频，向世界各地的人们提供免费的高品质教育。

② 详见张渝江编译的关于翻转课堂的相关博文（http：//blog. sina. com. cn/s/blog_587bce050101f4kj. html）。

比较重要的难点，老师进行集中点拨。

第三步：巩固练习环节。学生通过练习巩固所学知识。由于对于同一个知识和能力点，每位学生掌握的情况不同，学生根据自己的掌握情况，从平板电脑中选择不同难度等级的练习题练习巩固。

第四步：核对、讨论环节。验证学习情况。

第五步：检验或拓展学习环节。巩固练习没有错误的同学可以选择难度高一级的练习题挑战；巩固练习出现错误的同学，从平板电脑中选择相同难度的试题再次练习，直至正确掌握。

课下：针对个别学生的情况，进行一对一的个别辅导。

《文言文基础阅读》是一个补弱类的课程。文言文的字词掌握是个难点，对于同一篇文章，学生掌握的情况差异很大，为了关注到"每一位学生"的起点，文言文基础阅读课堂引进了平板电脑。首先根据学习要求，建立字词题库；然后实现教师机与平板电脑的无线连接。课堂流程表现为：学生开始课前起点检测，使用平板电脑或读本自学—使用平板电脑或工具书解惑或同学之间探讨—教师解惑（教师集体讲解错误率高的部分）—从平板电脑中选择练习，巩固落实—使用平板电脑中的题库进行课后终点检测。文言文的学习在多样化的资源支持下，使用便捷的工具书，完全可以实现自主学习。平板电脑的引入，拓宽了学习资源和学习渠道，实现人机、师生的互动，不仅为枯燥无味的学习内容注入了现代的因子，激发了学生的学习兴趣，而且减少了教师在课堂上统一的讲授，实现了学生的自主学习、个性学习。同时，平板电脑还拓宽了课堂学习的空间，学生可以课上学，也可以课下学、回家学、随时学，只需网络、一台平板电脑甚至手机就可以完成。

在这样的课堂里，学生完成了知识的吸收、掌握和巩固，课下的作业量明显减少；而把知识的学习（传授）放在了课堂外的自学环节。这正好把知识传授和知识内化的环境颠倒了过来，实现了传统课堂的翻转。现在，这种课堂正在向更多的课程领域延伸。

（三）一位学生一套课程

技术无疑为我们实现个别化教育的理想提供了无限的可操作空间。理论上，选课走班实现了让每一位学生有一张自己的课表，一套自己的课程，但在实际的操作中，面对全校200多门课程、4174名学生，课程怎么选？怎么排出4174张课表？而且每个学期需要选课、排课一次，这样的工作量和信息量在纸质时代是几无可能之事。移动互联使这种教育梦想得以成真。

我们首先建设了选课、排课平台。新的个性化、多样的可选择课程给学校排课工作带来了巨大挑战，学校每学期一次的排课工作都是一次繁复的计算工程。目前我们的选课、排课平台承担的功能主要有：其一，把每个学科的课程设置表和学科教室的资源使用情况登录平台，向学生开放，学生在规定的时间内在网上完成选课；其二，汇总每位学生的选课意向，形成每位学生的课程表，学生可以随时上网查阅、下载；其三，对全校课程进行资源调配，形成每位教学班任课教师的课程表；其四，对个别学生的课程进行微调；其五，对全校的选课情况进行数据汇总，形成本学期的全校课程图谱。通过选课、排课，形成每位学生拥有自己的一套课程。经过两年的探索，最早进入课程改革的学生已经形成了自己高中两年的课程体系。

（四）以激发内动力为主旨的个人信息平台

随时了解自己的学习状况，这是启动学生内动力非常重要的条件。技术平台的及时性、交互性、综合性无疑能助我们一臂之力，而实际上这也是未来"云端学校"实现每个学生个性化学习与教学的核心技术。信息技术平台大容量地储存每位学生各方面的信息，包括他选择的课程、每门课程的学习过程、获得的学分和学分绩点等全方位的信息。该平台不仅通过过程性评价平台记录了学生每一门课程的学习过程情况，还包括学生各门课程的学习终端，学段和学期评价，并且每个学期形成一位学生在本学期的综合信息，以"综合素质评价报告单"的形式，通过网络反馈给学生及家长（见表2-39）。

表 2–39　学生综合素质评价报告单示例

学生综合素质评价报告单（2011—2012 学年　上学期）

姓名：　　　　　　学号：

	课　程	语文	英语	数学	政治	历史	地理	物理	化学	技术	体育与健康
学业成绩	第一学段分数	97	100	92	100	98	96				
	学　分	2	2	2	2	2	2				
	学分绩点	6	8	6	8	6					
	第二学段分数	95	100	100	100	99	99	98	99	97	100
	学　分	2	2	2	2	2	2	2	2	2	4
	学分绩点	6	8	8	8	8	8	8	8	6	16
	平均学分绩点	3.71									
	竞赛获奖情况										
	研究性学习成果										
综合课程	课　程	名家讲堂	电影欣赏	社团活动	社会实践	社区服务	艺术技能	体育技能	奖励学分	行圆得分	
	学　分	0.6	1	1	1	1	4	6	6	100	

信息技术平台能够提供每位学生在同一课程中的相对位置和进步信息，让学生通过与同伴的比较，从不同的角度准确把握自己的学习情况。

技术平台还具备查询功能，为学生提供便捷、及时的服务。尤其是具有名师讲堂、校长有约、学生社团、社会实践、职业考察、社区服务、学生管理学院、学长有约等各类综合课程的发布、申报、审核、学习进程和学分情况查询功能，以及对技术、艺术、体育技能认定活动报名、审核和查询功能。这些课程即时性强、信息量大，需要学生随时上网查询。学生如果对信息有疑义，可以及时找老师沟通。而且信息平台呈现的是一个动态的过程，学生可以根据信息平台的反馈，对自己的选课和学习进行及时调整。

建设真正挂在"云端"的学校是我们的理想。现在对一些教师而言，未来"云端"学校究竟是怎样，还有点难以想象和理解。但是，经过这一轮课改，我们已经知道，而且已经习惯，变革一旦发生，就不会停止它前进的步伐，与其被动防守，不如主动出击。

叁

教师转型：
为学生的成长服务

2001 年，中国被批准加入世界贸易组织的时候，其中的文件里把教育定位为"服务"。也是在 2001 年，教育部启动了第八次课程改革，这一轮改革与以往的课改有着根本的不同，其中一个突出特点就是增加了课程的选择性。明显的道理摆在那里，选择性的课程必然造就有选择权的学生，而有选择权的主体，是不是可以认定为我们的服务对象？

当教育为学生的成长服务，学校育人模式下的很多要素都要重新定义，其中教师无疑面临最强烈的震荡。当学校的价值取向落实到学校的教育教学实践中，并通过改革实践与每一位教师发生关系时，学校的变革就与教师发展成为一个不可分割的有机整体。所以，学校转型，核心要素之一是每一位老师的转型。正像联合国教科文组织（1996）[108] 在《学会生存》中所描述的那样："教师的职责现在已经越来越少地传递知识，而越来越多地激励思考；除了他的正式职能以外，他越来越成为一位顾问，一位交换意见的参与者，一位帮助发现矛盾论点而不是拿出现成真理的人。他必须集中更多时间和精力去从事那些有效果的和有创造性的活动：互相影响、讨论、激励、了解、鼓舞。"转变角色后的教师和学生，曾给我们很多遐想，杰罗姆·大卫·塞林格的《麦田里的守望者》描绘了这样一幅图景："有那么一群孩子在一大块麦田里玩。几千几万的小孩子，附近没有一个大人，我是说——除了我。我呢，就在那混帐的悬崖边。我的职务就是在那守望，要是有哪个孩子往悬崖边来，我就把他捉住——我是说孩子们都是在狂奔，也不知道自己是在往哪儿跑。我得从什么地方出来，把他们捉住。我整天就干这样的事，我只想做个麦田里的守望者。"

迈克尔·富兰曾经说过："我们应该重新思考教师究竟如何工作，否则，我们不会前进。"（王建军，2008）在新的育人模式体系中，教师究竟如何工作？在学科教室里上课的不同，教育力量与每一位学生互动中的不同，教学班只有 24 人的小班课堂的不同，走到前台的学科教师应该承担的教育职责的不同……挑战无处不在，我们必须做出应对。

在痛苦中蜕变

自 20 世纪 90 年代以来，教师的情绪日益受到教育改革者的普遍关注。对教师而言，教育是一种情绪实践，不仅需要教师投入大量的情绪理解和情绪劳动，而且教育变革会给教师带来大量潜在的压力、焦虑和担忧。在我们教育工作者传统的词典里，我们赋予了教育太多的责任和压力，压力一旦过度，我们就全然忘记了目标，全力以赴的说教便成了常态。当教育成为服务业时，教师就要从一位教育者转变为一位服务人员，相比较传统的教师岗位，这种全新的职业定位和工作方式，必然给教师带来前所未有的挑战。

在学校课改的进程中，这样的疑问和困惑几乎伴随着每一位教师。

1. 我已经做得很好了，还需要改革吗？

学校有这么一位优秀的高中特级教师，她的课堂很受学生欢迎，其专业能力、敬业乐教精神和个人独特的魅力吸引着学生来到她的课堂，学生的考试成绩也不错。学生、家长和同行的认可，使她总能获得一种职业的成就感和自豪感。在传统的育人模式下，她感觉自己做得很不错了，新的课程改革初期，她不解地自问："我已经做得很好了，还需要改革吗？"

2. 这课到底该怎么上？

还有一位拥有丰富教育教学经验的优秀教师，选课走班的课堂变革伊始，她一直在"怎么都找不到感觉"的纠结中。她很眷恋课堂那种"教师尽情释放自我的专业能力和个人魅力，把一个知识点讲熟、讲透，赢得学生瞠目结舌"的感觉，那种"学生在老师亦步亦趋的引导下，踊跃发言，高潮迭起"的感觉，但改革后这样的感觉都找不到了。现在的每一节课自己上得都不尽兴，都是学生自己在学习——这课到底该怎么上啊？

而实际上，被迫放权给学生之后，她发现："学生太厉害了！以前怎么没有发现呢？"

通过课程标准细目将课程标准进行可操作化的分级分解，再配以相应的自学检测练习和诊断题库，给学生提供能抓得住的"拐杖"，让学生自主学习时心中有数，课堂自然就变成了学生自查、练习、讨论等自主学习和讨论学习了。一旦放手给学生，老师的讲自然就会减下来。那老师干什么？在学生遇到困难和问题时，老师要随时提供咨询和建议。学生的问题可能是不同的，所以，教师的辅导常常是一对一的。这样摸索着走过来，她一直苦恼的基于教育个别化的教学班的建设也终于找到了抓手。做学生自主发展的服务者、陪伴者和守护者，经过痛苦的摸索，她似乎找到了做教师的另外一种成就感和信心。

3. 这样的事情，该不该我管？

"一位男生和一位女生互有好感，为了讨好这位女生，男生挖空心思地准备了一份礼物，想在女生生日那一天给她一个惊喜，没想到，这位女生的反应让他失望至极。那天，这位伤心的男生找到我，诉说着这份心事，也希望我能给他一些指点。过去，这样的事情，学生是断断不会主动告诉老师的，即便显露出来，也都是由班主任出面解决，而我只是一位任课教师，这样的事情，该不该我管？"

过去，教师主要负责教学内容的实施，管好自己的课堂就行了，其他的都可以推给班主任。现在没有了班主任，很多教育责任都没有办法推卸，必须自己承担，所以，我们提出全员育人，人人都是导师。导师跟班主任有什么不同？导师工作的边界在哪里？哪些事情归导师管？管到什么程度？在最初的摸索中，大家还是经历了从迷茫到逐渐清晰的过程。导师不是班主任，不负责学生日常事务的管理，主要对学生进行人生与职业引导、心理疏导和学业指导，在起始年级更侧重对学生的选课指导、陌生环境的心理适应辅导，搭建伙伴交往的平台，让学生尽快找到志同道合的伙伴。每位教师还是教学班的任课教师，既要承担自己的教学工作，还要设计和研发不同层次、不同类型的课程，编写相关的学习资源，建设学科教室。在年级的管理岗位上，教师还要承担分布式领导的角色。多重角色下教师的素质模型建构和专业发展路径对教师素养提出了更高的要求。

4. 学生自由了，老师着急地哭了！

没有了行政班的樊篱，学生的所作所为大部分逃离了老师的眼睛，他们在校园里显得很自由了，可是，当老师的却害怕了。有一位做了十几年班主任的女教师，想找两位同学聊聊，可从早到晚整整找了一天，竟没见到他们的踪影。他们离开老师的视线后到底在干什么？会不会放任自流？有没有谈情说爱？这一切都没有办法找到答案。这位有着强烈责任感和事业心的女教师越想越怕，以至于哭着回到了家里。

"你们取消行政班，不要班主任，不就是为了给学生一些自由吗？现在学生自由了，你们又害怕了？"爱人的诘问让这位女教师心中一颤。我们已经习惯了让孩子们始终在自己的眼皮底下做事情，把他们的一举一动、一言一行全方位置于我们的监管之下，这样下去，我们什么时候才能放心？他们什么时候才能长大？

裴多菲"生命诚可贵，爱情价更高，若为自由故，二者皆可抛"的名篇尽管有些悲壮，但却淋漓尽致地写出了人类对自由的追求。自由是值得人类倾力追寻的生存理想，可是，如果连引领孩子们长大成人的校园里也缺少自由的氛围，如果我们当老师的都恐惧自由之后的孩子们，我们就难以培养出具有责任感的社会公民，更不可能造就追求自由甚至可以为自由献身的新一代。而且，也只有在自由的状态下，孩子们才有可能真正形成自律意识、自主能力，进而形成对自己负责、对社会负责的责任心和使命感。

当然，自由的校园对教育和管理的挑战大大增加。查一下词典便知，自由是由自己做主，在法律允许的范围之内不受限制和约束。我们在校园里到底能在哪些领域、哪些环节，多大程度上给学生更多的自由？如果不能够在新的思维模式下架构学校的各项规章制度，不仅同学们无所适从，校园的秩序也会出现新的问题。因而，学校制度的重建，尤其是在学生参与下的制度建设就显得特别重要。

自由的校园对每一位学生的挑战也同样很大，他们必须学会享受自由后的校园生活，自主能力亟须提升，自我管理成为必须，关心别人才会赢得同伴，弘扬团队精神才能寻找集体的力量。

马克思说过，自由是闲暇时间的自主支配状态，是物质需要得到基本满足的情况下，人的一切发展创造潜能迸发而个性张扬的状态。尽管充满自由的校园生活给师生同样带来巨大的挑战，但令人欣慰的是，我们看到了孩子们越来越凸显的个性和充分释放的潜能。

面对这些问题、困惑的挑战，我们陷入纠结和争论的同时，也在积极思考和研究应对的方案。尤其是产生的很多新问题，没有可以借鉴的经验，于是，一路走来，我们一直在研究状态下工作。在这场变革中，教师需要应对的变化主要有以下几点。

（一）观念之变

我们在学校推行这样的思想：课堂是学生成长的地方，是学生自主发展的舞台。这样的定位就让很多老师不得不改变过去的教学方式，即便是一些课上得很精彩的老师也不例外。有些老师多年来被认为教学很出色，学生喜欢，学生满意度很高，教学质量也很高，但如果换个价值来判断，就会提出另一个问题：当学生走出学校，进入社会，没有人教他的时候，他如何去工作，如何去学习？用这样的价值观定位我们今天的课堂就是：不是教会学生，而是要让学生自己学会。如此反思自己过去的观念，生物特级教师王春易说出了自己的心路历程："不是学生不爱听的课要改，不是成绩不好的老师要改，任何一个以自我为中心的老师都要改，越是爱讲、会讲的老师越要改；教师讲得越多，学生自主学习得就越少，教师讲得越清楚明白，学生自主钻研、思考、探究的意识就越弱。"但是，要舍掉自己驾轻就熟的教案、多少个不眠之夜熬出来的课件、积累多年的素材以及站在讲台上获得学生的认可与欣赏的感受，谈何容易？经历痛苦的思考，在国外看到的生物课重启了王老师在新的理念下的生物课堂建设。王老师先后经历了生物学科教室的建设和《高中生物学习规划书》的编写使用，由课时教学改为单元整合教学，节约了课时，为学生的自主探究提供了可能。一个学期下来，学生完成了 16 个实验，自主学习意识自主学习能力明显增强。生物学科教学正在慢慢回归它的本质：师生通过观察、推理、测量、预测、调查、分类、建构模型等科学方法一起做科学。

（二）思维方式之变

改革更多的是对旧的思维习惯的挑战，在挑战中必然会面临很多意想不到的问题，或者短时间内看不到改革的效果，怎么办？习惯的思维是退回去，因为退回去最简单，过去的那套轻车熟路。面对问题，尤其是我们面临的很多问题几乎没有可以参考借鉴的经验，我们提出，要用改革的方式解决改革过程中出现的问题，不能用退回去的方式。什么样的方式是改革的方式？

项目研究便是完成思维方式裂变的表现之一：和志同道合者组建一个项目组，集中大家的智慧，从最"痛"处着眼，通过头脑风暴，排出大家认为最关键的几个要素，再以"鱼骨图"的形式，对每个要素的影响因素进行分析、排序，最后找出解决这个问题的几个途径，然后分别展开研究，最后形成研究成果。一个项目一般由 3~8 位老师组成，以一个学期为最佳研究期限，特殊情况可以申请延长结题。学校每学期都有研究项目的立项和结题工作，项目研究成果纳入教师的学术积分系统，共同构成教师的激励机制。项目研究不仅让学校的教科研"顶天立地"，而且让研究真正贴近了实践一线的需求，帮助老师解决了实际问题。更重要的是，经过几年不同层面的参与，老师们尝到了甜头，项目研究成为他们解决问题时的一种思维惯性。现在，一遇到难题，老师们首先表现的不是退缩、抱怨，而是组建一个项目组，研究研究，积极寻找解决的办法。例如，当班主任消失后，我们提出了导师的概念，导师工作的职能到底是什么？导师工作的方式是怎样的？这是一个全新的问题。通过组建项目组进行研究，最终形成了现在导师、咨询师的一系列工作规范。还有，过程性评价怎么操作？没有了行政班，学生怎么管理？……面对这些问题，我们都是通过项目组的方式，研究出了各项工作的职责和规范。

过去，教师仅仅是在课堂的操作层面上，考虑某个具体内容怎么处理、教法怎么设计等，这都是课程中比较微观的问题；而现在，当进行一门课程的整体设计时，教师必须从微观课堂中走出来，常常需要站在课程的各个环节，乃至于学科的宏观层面上思考整体架构。从微观到中观到宏观，其本质就是一种思维方式的变革。

（三）专业素养之变

过去，教师只是单纯的任课教师一个角色，现在则要承担任课教师、导师、咨询师和分布式领导多种角色，每种角色都需要一定的素养支撑。多重角色下教师的素质模型建构和成长发展路径对教师素养提出了更高的要求。过去，教师主要负责教学内容的实施，管好自己的课堂就行了，其他的都可以推给班主任，而没有了班主任之后，很多教育责任只有自己承担，真正实现学科教学与学科教育的融合，每位老师教育和管理的责任大大加强。过去，教会学生就行了，而现在要教学生会学，要学会管理和领导学生的学习，帮着学生做计划，指导学生学习方法，检测其学习成绩，还要帮助学生描绘愿景、确定目标。这些工作的内容、职责和要求都是对老师很大的考验和挑战。过去，教师只是课程的实施者，不用考虑"教什么"，只需要在自己的一亩三分地里，在教学方式上探索"怎么教"才能达到更好的效果，而现在，教师不仅要研究教与学的方式，还要设计和研发不同层次、不同类型的课程，编写相关的学习资源，这需要老师具有相当的课程研发能力和专业学术能力。

（四）管理与教育方式之变

过去，我们是以"警察"的身份，靠行政权力，以我们认为合理的方式去管理学生，学生看似服服帖帖，但真正的教育是让行政力量退后，让学生与我们平起平坐之后发生的。失去了行政力量之后的教育，怎么发挥作用和影响力？首先要挖掘学生自我管理的潜力。自己支配时间、空间的扩充、自主学习材料的使用、小学段的学习规划与管理等，都能帮助学生培育自我管理的能力。当学生有了自主发展的愿望和动力后，他们需要的不是"管"、"堵"、"罚"，而是咨询、服务、引导和陪伴。过去，我们总是对学生不放心，不敢放手，而真正给学生提供空间之后，学生表现出的能量又让很多老师感叹。这样的看法在慢慢改变着过去我们对学生很多固有的认识，并让我们重新思考教与学的关系。

（五）职业尊严之变

过去，我们的职业尊严来自课堂上的侃侃而谈，教学设计的环环相扣、引人入胜，精妙的问题设计，以及多年的教学经验积累的个人魅力等，这些基本上都是来自于课堂和讲台上。当讲台"撤"下来，把课堂还给学生之后，长期建立的那种假的"尊严"被打破了，我们再从哪里寻找职业尊严？其实，互联网的普及、信息资源的开放已经让我们时时体会到曾经的职业权威的危机感，而现在，怎么样在平等的状态下，在失去了过去传统权威的情况下，重新找回自己的权威？老师没有权威肯定是不可以的，但是传统的权威学生是不买账的。过去我们靠行政的力量——我是班主任，我管着你，我怎么样给你扣分，今天不能这样了。那今天新的权威是什么？新的权威需要从了解走向理解，从理解走向信任。如果我们仅仅只是了解学生，而不是深深地理解他，他也不深深地理解你，那就没有信任。没有信任就没有教育。我们的职业成就感还存在于：对国家课程标准进行可操作化的分级分解，给学生提供能抓得住的"拐杖"，让学生自主学习时心中有数；帮助学生唤醒沉睡的潜能，厘清未来的发展方向；在学生遇到困难和问题时，提供随时有用的咨询和建议。我们，是学生成长的陪伴者和看护者。

创造属于教室的力量

日本著名的学者佐藤学（2003）[13]先生在其《静悄悄的革命》一书中，提出要建立"润泽的教室"。他很重视教室里的"风景"，他说："忽略教室的多样性和在其中发生的事情的固有性，仅一般性地议论教学是非常空洞而没有意义的。"他认为改革教室是课堂改进非常重要的环节。相比传统的行政班教室，选课走班中的学科教室需要承载更多的育人功能。建设和使用这样的教室对教师提出了很大的挑战。

选课走班倡导学生在内动力驱使下的主动学习，以服务于学生学习为宗旨的学习资源的配置就显得尤为重要。与国家统一的课程标准和统一的教材不同，分层、分类、综合、特需的课程体系，要求学习资源进入每一门课程之中，系统设计，而不仅仅是作为课程之外的辅导资料。为方便学生使用，学习资源要放在离学生最近的地方，随时对学生开放。这些认识和思考，要求把传统的教室"变脸"，建设成为学科教室，承载更多的育人功能。

（一）规划和建设学科教室

1. 撤掉讲台

这是学科教室建设的第一步。讲台是教师演讲的地方，作为知识霸权的角色，教师需要一个高于学生的平台来确立自己的身份。讲台的消失意味着教师知识霸权的地位开始动摇，教师降低了身份，从人格上更好地体现出与学生平等对话的意识。

2. 制订学科教室的建设方案

学校分批组织各学科骨干教师到国内外的名校参访，让他们对选课走班背景下教室的布置、学习资源的配置和使用等有一些直观感受。各学科组依据学科特点和要求，经过讨论，制订出本学科学科教室建设的框架方案。在学科教室的框架方案下，以每一门课程为单位，任课教师针对课程需求，制订出本课程教室的建设方案。

【资料链接】语文学科教室的建设方案

1. 需哪些必备的工具书？每组至少有一套。
2. 需哪些可供了解的工具书？（比如《康熙字典》《辞源》《辞海》《说文解字》等）
3. 需哪些文学名著？
4. 需哪些动态变化的书？（随学习进程而变动）
5. 需哪些报刊？

3. 规划和设计学科教室内的资源

学科教室内的资源大致包括：

（1）各课程配套的学习指南、学习读本。这些资源有的每天学习都需要用到，要求学生人手一本，发到每位学生手中；有的仅仅是在课堂上使用，例如人文领域的Ⅰ类课程，像思想政治Ⅰ、历史Ⅰ和地理Ⅰ教材，学生上课使用，用后放回去，可以循环使用。

（2）配套的学习材料、教具。包括语文和英语需要阅读的材料、书籍，学校编写的练习题，大部头的工具书，数学课堂常用的工具、挂图，地理课上使用的地球仪，等等。不同学科、不同课程，教室内的图书资料是不同的。在不同的学习阶段，随着学习内容的变化，阅读材料需要配套设置、规划设计。例如，高中楼214语文教室共有三个书架，现在已上架图书200种（见表3-1）。

表3-1 高中楼214语文教室图书目录

序号	书　名	作　者	出版社	数量
1	唐诗三百首	蘅塘退士　编	人民文学出版社	15
2	边城	沈从文著	中国青年出版社	15
3	老人与海	[美]海明威著，吴劳译	上海译文出版社	15
4	大师的72堂作文课	夏丏尊、叶圣陶著	湖南教育出版社	15
5	古文观止	吴楚材、吴调侯编	中华书局	15
6	论语今读	李泽厚著	生活·读书·新知三联书店	15
7	古汉语常用字字典	王力等编	商务印书馆	10
……	……	……	……	
17	简·爱	[英]夏绿蒂·勃朗特著，祝庆英译	上海译文出版社	2
18	生如夏花：泰戈尔经典诗选	[印]泰戈尔著，郑振铎译	江苏文艺出版社	2
19	论语故事	[日]下村湖人原著，王进祥译著	中国人民大学出版社	2
20	最后一片叶子：欧·亨利短篇小说选	[美]欧·亨利著，黄源深译	上海译文出版社	2
……	……	……	……	
53	基度山伯爵	[法]大仲马著，蒋学模译	人民文学出版社	2
54	普希金抒情诗精选集	[俄]普希金著，穆旦译	当代世界出版社	2
55	猎人笔记	[俄]屠格涅夫著，力冈译	浙江文艺出版社	2
56	少年维特的烦恼	[德]歌德著，杨武能译	人民文学出版社	2

续表

序号	书 名	作 者	出版社	数量
57	茵梦湖	[德] 施托姆著, 施种等译	上海译文出版社	2
……	……	……	……	
85	菊与刀	[美] 本尼迪克特著, 吕万和等译	商务印书馆	2
86	瓦尔登湖	[美] 梭罗著, 徐迟译	上海译文出版社	2
……	……	……	……	
131	现代汉语词典	中国社会科学院语言研究所词典编辑室编	商务印书馆	5
132	新华字典	中国社会科学院语言研究所编	商务印书馆	5
133	古代汉语词典	《古代汉语词典》编写组编	商务印书馆	5
134	现代汉语规范词典	李行健主编	外语教学与研究出版社, 语文出版社	2
135	左传（春秋经传集解）	左丘明撰, 杜预集解	上海古籍出版社	2
136	三国志	陈寿著	中华书局	2
137	唐诗鉴赏辞典	俞平伯等撰写	上海辞书出版社	2
138	宋诗鉴赏词典	缪钺等撰写	上海辞书出版社	2
139	唐宋词鉴赏词典	周汝昌等撰写	上海辞书出版社	2
140	宽容	[美] 房龙著, 胡允恒译	生活·读书·新知三联书店	2
141	约翰·克利斯朵夫	[法] 罗曼·罗兰著, 傅雷译	人民文学出版社	2
142	新编高中文言文助读	杨振中著	东方出版中心	30
……	……	……	……	

作为语文的自选课程，高中楼405鲁迅主题研究教室又有不同的图书清单（见表3-2）。

表3-2　高中楼405鲁迅主题研究教室图书目录

序号	书　名	作　者	出版社	数量
1	鲁迅全集（1-18）	鲁迅著	人民文学出版社	5
2	被亵渎的鲁迅	孙郁编，梁实秋等著	贵州人民出版社	3
3	鲁迅译文选集（全二册）	鲁迅著	上海三联书店	5
4	我也是鲁迅的遗物：朱安传	乔丽华著	上海社会科学出版社	2
……	……		……	……
11	鲁迅美术年谱	萧振鸣著	北京图书馆出版社	3
12	中国文人的守夜人——鲁迅	王富仁著	人民文学出版社	4
……	……		……	……
74	鲁迅的最后十年	林贤治著	复旦大学出版社	3
75	民国老课文（第三辑）	戴克敦、沈颐、刘传厚等著	辽宁教育出版社	5
76	亡友鲁迅印象记	许寿裳著	广西师范大学出版社	3
77	鲁迅回忆录	许广平著	长江文艺出版社	3
78	我的朋友鲁迅	［日］内山完造著，何花译	北京联合出版公司	3
79	鲁迅与我七十年（新版）	周海婴著	文汇出版社	3
80	鲁迅评传（修订版）	曹聚仁著	生活·读书·新知三联书店	2
……	……		……	……
358	胡适杂忆	唐德刚著	广西师范大学出版社	3
359	此时此地	艾未未著	广西师范大学出版社	2
360	人的文学	夏志清著	福建教育出版社	3

不同的学科有不同的学科特点，提供给学生阅读的资料也不同，表3-3是高中楼415历史教室的图书。

表3-3 高中楼415历史教室图书目录

序号	书 名	作 者	出版社	数量
1	全球通史（上、下）	［美］斯塔夫里阿诺斯著，吴象婴等译	北京大学出版社	2
2	现代世界史（上、下）	［美］R. R. 帕尔默等著，孙福生等译	世界图书出版公司	2
3	世界文明史（上、下）	马克垚主编	北京大学出版社	2
……	……	……	……	……
26	中国通史	吕思勉著	凤凰出版社	2
27	国史十六讲	樊树志著	中华书局	2
……	……	……	……	……
70	菊与刀	［美］鲁思·本尼迪克特著，陶红亮译	辽宁教育出版社	2
71	近距离看美国之一：历史深处的忧虑	林达著	生活·读书·新知三联书店	3
……	……	……	……	……
77	民主的细节	刘瑜著	上海三联书店	4
78	美国知识分子：40位影响美国社会发展的思想家	陈安著	当代中国出版社	2
……	……	……	……	……
138	论语译注	杨伯峻译著	中华书局	2
139	漂泊航程：历史长河中的明清之旅	王家范著	北京师范大学出版社	1
140	海外文摘	郇金伏主编	新世界出版社	2
141	中外历史重大话题	魏勇主编	十一学校内部资料	38

（3）实验设备、材料。科学类科目的教室里配备了各种实验所需的仪器、药品、防护用品等设备和材料，如高中楼 301 物理教室配备的仪器设备见表 3-4。

表 3-4　高中楼 301 物理教室仪器设备清单

序　号	名　　称	备　注
1	玻璃棒　丝绸	教师演示
2	滑动变阻器	学生分组实验
3	原副线圈	学生分组实验
4	学生示波器	学生分组实验
5	枕形导体	教师演示
……	……	……
20	感应起电机	教师演示
21	各种二极管	学生分组实验
22	油膜实验器	学生分组实验
……	……	……
48	简易双缝干涉实验器	学生分组实验
……	……	……
113	游标卡尺	学生分组实验

（4）电教设备资源。有教师用和学生用的电脑、投影仪、白板等。

（5）其他带有不同学科或课程文化特色的挂图、墙壁装饰等。例如语文教室里的毛笔水写纸、历史教室里的历史人物挂图、数学教室里的几何图案、生物教室里的动植物标本等。

学科教室以任课教师的名字命名，教师可以按照自己的理解和意图，像布置自己的家一样建设学科教室，从书架、图书、挂图等教学用品的配备、购买、摆放、管理到教室电脑的管理、使用，再到教室桌椅的摆放、教室卫生环境的保持等，都是教师需要思考的内容。学科教室要建设成什么样子、凸显什么样的功能和文化、怎么展示个人的风格等越来越成为在这里办公的每一位教师的职责。为此，有的教师组建了项目组，有的教师发动学生一块儿研究这些问题，共同建设教室。对此，语文老师朱则光的感受是："我们完全可以按照学科的特点和自己的喜好，来布置装扮自己的学科教室，让教室具有更多的学科因子和更浓郁的学科氛围，从而使学科教室成为孩子们最爱待、最向往的一个熏陶濡染的教育'场'。"目前，各学科教室的资源配备，根据不同年级学生的学习需求，正向着标准化建设迈进。

(二) 盘活学习资源

学习资源要通过使用，进入到每一门课程，与每一位学生联系起来，才能起到育人的作用。否则，只能是一个摆设或装饰。如何使用这些资源，让它们在教室里活起来？这是广大教师面临的另一个挑战。为此，有的老师感慨："过去是到一个固定的地方去'找'、'抓'学生，现在是我坐在一个固定的地方等着学生来。要使自己的学科教室拥有高的'回头率'、'占有率'，'找'、'抓'都不管用了，教室必须要有吸引学生不请自来的魅力。"

把学习资源设计进每一节课之中。任何一门课程的终点是要转化为"学的课程"。佐藤学（2003）[101]先生坦言："所谓课程，一言以蔽之就是'学习的经验'。是'学习的轨迹或履历'。"因此，"课程并不是在办公室里或教研室里创造出来的，而是在教室里一天天地慢慢创造出来的。"从这个意义上讲，教室承担着创造课程的任务，通过教室的实践，把"教的课程"转化为"学的课程"。例如，高中英语侯敏华老师的教室里有她为学生准备的阅读资料，课堂设计中就有学生阅读这些资料的环节。她很注重学生英语能力的培养，而能力要在大量的阅读中才能形成，尤其是一些理工科方向的学生，平时的数学和科学课程占据了他们大量的时间，布置课下或回家阅读的英语作业，常常收不到效果，所以，课堂对他们来说非常重要。每节课拿出一段时间，坚持下来，这些并不以英语见长的学生，英语学习能力和成绩获得了显著的提升。

历史的学习同样也需要书籍的熏染，表3-5是高中楼408历史Ⅱ教室里的书架上推荐学生阅读的图书书目，为了推动学生的读书活动，历史Ⅱ课程第一大学段第一单元的过程性评价方案之中增加了"读书及心得"的指标（见图3-1）。

表 3-5　高中楼 408 历史 Ⅱ 教室图书

序号	书　名	作　者	出版社
1	国史十六讲	樊树志著	中华书局
2	万历十五年	黄仁宇著	中华书局
3	中国历史十五讲	张岂之主编	北京大学出版社
4	中国近代史	蒋廷黻著	上海世纪出版集团
5	李鸿章与晚清四十年	雷颐著	山西人民出版社
6	中国近代史：1600—2000 中国的奋斗	徐中约著	世界图书出版公司
7	苦难辉煌	金一南著	华艺出版社
8	梁漱溟问答录	汪东林著	湖北人民出版社
9	问学余秋雨：与北大学生谈中国文化史	余秋雨著	陕西师范大学出版社
10	交锋三十年：改革开放四次大争论亲历记	马立诚著	凤凰出版传媒集团
11	激荡三十年：中国企业 1978—2008	吴晓波著	中信出版社
12	欧洲文明十五讲	陈乐民著	北京大学出版社
13	美国历史十五讲	何顺果著	北京大学出版社
14	国际关系史	袁明主编	北京大学出版社
15	老师的谎言：美国历史教科书中的错误	［美］詹姆斯·洛温著，万马利译	中央编译出版社
16	通往奴役之路	［英］哈耶克著，王明毅等译	中国社会科学出版社
17	近距离看美国之一：历史深处的忧虑	林达著	生活·读书·新知三联书店
18	近距离看美国之二：总统是靠不住的	林达著	生活·读书·新知三联书店
19	近距离看美国之三：我也有一个梦想	林达著	生活·读书·新知三联书店
20	近距离看美国之四：如彗星划过夜空	林达著	生活·读书·新知三联书店

学年学期:	12-13学年 下学期 ▾	第一大学段 ▾					

课程/单元: 历史 ▾ 历史II-2 ▾ 第1单元 ▾ 教学班级: 高二历史II-2(贺千红) ▾

班级已有学生: 28人   查 询

学号	姓名	班级	学习态度	作业	回答问题	提出问题	合作学习	读书及心得	单元学习内容考查	总成绩	备注	评价时间

图3-1　历史 II 第一大学段第一单元过程性评价方案

原来学科教师并没有意识到或者也不大可能进行可沉淀的文化建设，因为教室是动态的，而现在，教室是固定的，学生是动态的。于是你尽可以随心所欲地建设符合自己学科特点的教室文化，还可能长久地积淀下去。有的教室呈现了独特的课程文化风格，例如黄娟老师的教室是语文自选课程"鲁迅主题研究"教室，教室彰显了"反思与批评"的精神，以大量的资料，还原一个真实的鲁迅，成为很多学生自习的最爱选择（见图3-2）。

图3-2　鲁迅主题研究教室一角

学科教室建设纳入了每一个学科、每一个教研组、每一位教师在课程研发时必须思考的任务中。从课程指南、学习读本、课程标准细目的编写到拓展学习资源的选择、改编，再到教室的规划、布置，对教师的素质提出了很高的要求。一方面，需要教师具有相当的专业学术能力。仅仅有经验是不够的，不足以承担分层、分类、综合、特需课程的设计和研发。教师不仅要熟悉"是什么"。更多的是需要追问"为什么"，尤其是一些高层次课程的设计，为了满足那些学有余力的学生的需求，课程的难度、高度和宽度常常超出中学的课程体系，例如数学 V 就是融合了初中、高中和大学的内容，教师仅仅把握中学那点知识体系已经不够用了。又如在高二开设的微积分、线性代数、普通物理学、普通化学等大学先修课程，本身就是大学的课程，这些课程对学科的专业学术能力要求很高。另一方面，教师要有合作研究的能力。分层、分类、综合、特需课程体系下每一门课程的研发都不是个体能独自完成的事情，尤其是当缺乏可借鉴的经验时，更需要组成一个研发团队，集中大家的力量，共同攻坚。我们实施"课程首席教师"制度，每门课程由一位骨干教师领衔，组建一个课程项目组，大家分工合作，负责这门课程的研发、设计、相关学习资源的开发和任课教师的培训。为确保实施过程与课程的设计保持一致，学校又实施了课程教研组长制，课程教研组长带领教研组，主要负责这门课程实施过程的督导，针对课程实施中出现的问题，对课程进行修订完善，实现了跨年级纵向上的课程实施督导和评价。大家职责明确，分工协作，从研发到实施、修订、完善形成一个良性的循环，确保这门课程科学、规范。有的时候，我们还需要借用校外的专业力量和技术手段，合作研发，例如进行诊断平台的建设。这些举措，让教师们围绕研究内容，组成一个个的研究共同体，不仅确保了研究内容的质量，也让每一位参与研究的教师在集体的翅膀上腾飞。同时，在学科教室的建设过程中，还需要调动学生的力量，了解学生的需求、喜好，让教室里留下每一位学生的痕迹，把学科教室建设成为学生最喜爱的场所之一。

（三）形成教学班的基本规范

所谓无规矩不成方圆，学科教室里生活着教学班集体，集体就需要规范。学生走进这间教室，需要遵守一定的规范，否则，这个集体就会乱成一团。比如交送作业的规范：每天什么时候交作业？作业放在哪儿？怎么交送？为此，有的教室专门放置了盛放作业的篮筐。还有的教室建立起了图书管理的规范，谁负责图书管理、怎么借阅、找谁登记、逾期不还回图书怎么处理、遗失了图书怎么办等，都有明确的规定。下面展示的是历史教室的"图书阅读使用公约"以及使用记录本。其他的还有电脑使用规范、学习用具管理规范、自习课的规范、桌椅使用的规范、教室的卫生打扫规范等。过去，往往是学校层面上制定一个全校适用的管理规定，但在实施中出现很多问题，例如初一学生和高中学生不同、住宿生和走读生不同等，如果把这些制度再进一步细化，就会产生很多的制度，如果一直这样制定下去，学生就被圈在这些密不透风的管理制度下，没有一点施展的空间，这显然跟我们的教育价值观是相对立的。现在，我们以教学班为单位，在建设这个教室和教学班时，教师自然就承担了基本规范的建设，而且因为这个规范是面对这个团队所有成员的，所以往往是师生共同建设的成果。正像海伦·帕克赫斯特（2005）[16]在其《道尔顿教育计划》中所描述的，"这种法规不是强加的，而是约定俗成的，就像社区人们呼吸的空气那样到处发散着。社区生活的价值在于它提供的服务，这种服务使组成社区的每个自由人都永远意识到，作为社区的一员，他是一个合作者，他也要为整个社区负责"。

【资料链接】历史教室图书使用公约

1. 自由取阅，阅后自觉把图书归到原位；
2. 阅读使用图书，请在"登记本"上登记；
3. 原则上不准把图书带出教室，若特殊情况确需带出，必须经教师同意；
4. 阅读后，总结心得，与同学教师分享；
5. 图书属于大家，爱护图书人人有责；
6. 对学科教室图书的建设提出自己的建议。

还有的公约由学生提出来，经过大家的讨论，形成集体共同遵守的公约，充分显示了学生的责任意识。例如生物教室的公约就是由高一的左烜晅同学提出的，这份公约是对大家的自我约束和警示。

【资料链接】生物功能教室公约

让自己自习的环境安静。

将自己制造的垃圾带出。

让自己待过的场所恢复。

将自己用过的物品归位。

（三次违约者不受欢迎）

个别化，启动每一位学生的内动力

选课走班带给教师的另外一个挑战，就是个别化教育的实现。过去，在大班额的教学组织形式下，教师的精力更多关注到两头的学生。为了实现关注每一位学生发展的思想，我们实施了小班教学，教学班人数不超过24人。在一个24人的小班中，探索个别化教育的实施有了客观的基础，但真正要启动每一位学生的内动力对每一位教师都是新的挑战。

（一）走进每一位学生心灵深处

有人说，每位学生都是一本书，都是一个世界，实施个别教育的前提是了解每一位学生，走进每一位学生，关注和记录每一位学生的成长足迹。过去，老师关注更多的是学生的学业成绩，其他因素是被成绩拉进了我们的视野。现在，当我们追求分数之外的东西时，对每一位学生的关注，既包括他的学习基础、学习习惯、学习方法等学习品质，也包括他的学习需求、学业成绩水平等学习现状，还包括他的同伴关系、家庭关系、成长经历、情绪心理等社会需求，还有每一位学生发展变化的过程。要想对每一位学生的情况都如数家珍，且能走进他们的内心世界，谈何容易！在过去，我们按照行政组织的构架，把学生划分在一个个行政班里进行管理，管理过度而教育不足的状况就时常会出现，当我们手里挥舞着"警察"的大棒时，布道的牧师形象便"丧失殆尽"。在威严的"大棒"面前，每一个人首先想的就是保全自己，于是，孩子们表面上变得很乖，而内心想的到底是什么，却再也没有人追问。学校就这样把一批又一批看上去规规矩矩的孩子送出了校门，任由他们在社会上释放自我，教育也因此失去了绝佳的机会。

真正的教育需要面对真实的学生。他们说的话来自于他们的内心，他们做起事来不必分人前人后，他们的思想随处可以自由而真实地表达。这些真实的东西不一定都是对的，但恰恰如此，也才有了教育的机会。在真实的学生面前，教育可以寻到真正的起点；在真实的学生面前，教育可以在每一分耕耘里有着相应的收获，即使这份真实的耕耘远比过去辛劳；在真实的学生面前，方能锻出教育智慧的利剑。

然而，要想让真实的学生出现在校园里，却不是一件简单的事情。一个重要的前提便是师生平等的校园氛围。尊重、包容、倾听弥漫在课堂里，爱、帮助、欣赏在校园内绽放，以最少的管理和最小的行政权力推动着教育的巨轮，平等的师生关系才会姗姗现身，真实的学生才会放飞在校园。

一位曾做过二十多年班主任的老师说，没有行政班之后与一位同学谈话用了整整一个下午的时间，自己使出了浑身解数，但还是没有多大效果，这位同学仍然没有想通，或者说，他仍然不以老师说的为然。于是，他们约定第二天再谈。这位老师说，这在过去他做班主任时是不可能的，那个时候的谈话一般 15 分钟解决问题，没有什么学生想不通的事，现在看来，那时的教育并不真实。许多时候，学生在我们班主任的行政权力下被迫"想通"了，其教育效果的真实性却大可怀疑。当几天后他与学生再一次谈心时，他做出了一个令学生惊诧的举动。他首先向那位学生道歉，理由是他不该在第一次与学生谈了两个半小时之久，因为其中他带着一定要说服他的先入之见，对话应该平等，不能够还未沟通即带着结果与学生对话。不承想，老师的姿态有了立竿见影的效果，这位学生竟立刻向老师赔礼，因为他不该在老师与他谈话时出言不逊，他也为此致歉。尽管该生并没有就原本那件事情让步，但他们之间有了一条通往融通的道路。

（二）找到每一位学生的动力点

以启动学生内动力为落脚点的课程改革，要求我们还要把关注的侧重点放在每一位学生内动力的开启上。学生的内动力深埋在他们的内心世界里，不会自己产生，要给每一位学生建立他们的动力机制。启动每位学生的内动力，要通过个别教育实施。过去任课教师进行学科教育更多通过"一刀切"的方式实施，考一样的题目，讲一样的课。而学生的表现却是复杂多样的：有的学生浮躁，有的学生基础不好，有的男女生交往过密……只有关注这些差异，个别教育才能够落到点上，也才能够让教育的甘露播洒在每个学生身上，这才是真正的学科教育。不同的学生，内动力的启动时机和敏感点是不一样的。有的时候需要借外力：这个孩子不听我的，但他有可能听另一个老师的；这个孩子不听家长的，可能听他同伴的，或者听他崇拜的那个人的。学科教师要帮助每位学生找到这些力量。2013届的陶泽平同学本来一直是一位很平凡的学生，2010年6月他受邀参加"海峡两岸杯"高中辩论赛，从此点燃了心底里的梦想。高中三年，他跟随着学校辩论队一起成长。他很感触地说："我觉得口才、演讲能力都是次要的，最重要的是使我有了一种发自内在的自信。这种自信使我敢于与任何人对视，为不公正和不合理的事情而奔走疾呼，在随波逐流与坚持自我之间选择后者。"而在HCC社团两年和在校园里参加各种活动的经历，又使他获得了组织能力和管理能力上的提升，更重要的是，他遇到了许多以前不曾认识过的优秀的人。他谈及成长感受时说："细细想来，十一学校对我最重要的影响，并不在于教给我多少知识，而是提供给了我许多的机会和平台，让我能根据自己的需要和选择来成长，让我认识了许多优秀的、有独特想法的人。她不像一些学校如同监狱一样把你'囚'在教室里背书、做题、考试，让你在单一价值观里活着，她是一条河流，带你走出'山重水复'的境地，转过山脚，发现一片平原一望无际，广袤的大地任你耕耘——世界原来是这样。"

有的时候，可以借助教育方式方法和途径措施的改变来推动学生的内动力。过程性评价平台和个性化的学业诊断与分析平台，不仅把每位学生每一门课程的学习过程记录下来，及时呈现学生在这个群体中的位置，让学生在与同伴的比较中认识自我，还能够为每一位学生提供每一次段考各学科学业成绩的状况和发展趋势，帮助学生找到自己的优势学科和劣势学科，以及每一个学科中掌握较好的与存在问题的知识和能力组块，并为每一位学生提出合理化的改进建议，为学生的发展助力。调查表明：在过程性评价的使用中，得到学生认可率最高的是"老师执行得很严格，是有力的管理手段"和"评价结果反馈很及时，我能随时看到自己的表现情况"，这两个方面的认可率都超过70%；其次，超过2/3的学生认为"评价指标很清楚，我能通过评价知道现在自己在哪儿，下一步要往哪个方向努力"和"能够帮助我进行自我反思与总结"（见表3-6）。

表 3-6　学生对过程性评价的评价

选　项	吻合（%）	一般（%）	不吻合（%）
A. 评价指标很清楚，我能通过评价知道现在自己在哪儿，下一步要往哪个方向努力	68.3	21.3	10.4
B. 老师执行得很严格，是有力的管理手段	73.1	20.8	6.1
C. 评价结果反馈很及时，我能随时看到自己的表现情况	71.3	19.5	9.2
D. 能够帮助我进行自我反思与总结	67.7	23.1	9.2
E. 评价指标不清晰，我不知道老师到底想要什么	25.7	19.2	55.1
F. 不同的老师标准要求不一	52.5	22.6	24.9

（三）找到每一位学生的"最近发展区"

20 世纪 30 年代，苏联杰出的心理学家维果茨基提出了"最近发展区"的概念，在教育界引起很大的反响。最近发展区（Zone of Proximal Development）是指"儿童独立解决问题的实际发展水平与在成人指导下或在有能力的同伴合作中解决问题的潜在发展水平之间的差距"。（王文静，2000）最近发展区理论认为，学习与发展是一种社会和合作活动，它们是永远不能被"教"给某个人的，而适于学生在他们自己的头脑中构筑自己的理解。正是在这一过程中，教师扮演着促进者和帮助者的角色，帮助每一位学生找到他的最近发展区，在适合他的难度上设置目标，激励他"跳一跳摘到桃子"。这个目标还需要从低到高依次设置，让学生不断在"跳一跳摘到桃子"的成就感中，向着更高更远的目标迈进。它还为我们设计适合每一位学生自主发展的学习支持系统提供了依据。学生的学习发展需要拐杖。"脚手架"的概念让我们知道，学生的学习是一个过程，在这个过程中需要帮助，要通过支架，把管理学习的任务逐渐由教师转移给学生自己，最后撤去支架。"脚手架"要在学生的最近发展区内搭建，才是最有效的。

"最近发展区"理论让我们在进行课程设计时，更多从发展心理学的角度，循着学生的发展规律去做。例如，有一些选学数学Ⅱ的学生想向更高层次的数学Ⅲ挑战，为了给学生提供更多挑战的机会，我们一方面在每次段考时，将数学Ⅱ和数学Ⅲ安排在不同的时间段内考试，学生可提前申请参加多门课程的考试；另一方面，把数学Ⅲ的学习读本等资源放置在数学Ⅱ的教室里，有需要的学生可以随意选读。又如，在学校有一些这样的学生，他们选择了工程与经济学和数理方向，不重视英语学习，英语基础薄弱，为帮助这些学生找到他们学习英语的最近发展区，学校英语学科组给他们提供了有针对性的课程。下面是英语老师为一位高一年级学生所设计的、在其自己最近发展区内的英语课程。

【资料链接】某高一学生的个性英语课程

学生：×××，英语基础薄弱，需要加强，尤其是强化词汇的积累和阅读能力的提升。

英语课程设计：英语主干课程＋补弱类的"基础英语阅读"＋每周一次的词汇辅导。

● 必修英语主干课程（略）

● 自选补弱类的"基础英语阅读"课程——《中学英语阶梯阅读3》示例：

Unit 1 Reading for Information

Lesson 1 The Cu Chi Tunnels

Ⅰ. Vocabulary learning

  1. New words

    （1）reside [ri'zaid] *v.* 住，居住

      The family now resides in southern France.

    （2）locate [ləʊ'keit] *v.* 找出，位于，设于；定居

      Police are still trying to locate the suspect.

    （3）normal ['nɔːməl] *adj.* 正常的，标准的，正规的

      It's normal for couples to argue now and then.

    ……

  2. Notes

    （1）masterfully *adv.* 熟练地；巧妙地

    （2）tunnel ['tʌnl] *n.* 隧道，地下道 （3）troop [truːp] *n.* 军队，部队

    ……

II. Passage understanding

Questions and answers

1. Why was it hard for the American soldiers to locate the tunnels?

2. What is Paragraph Two mainly about?

3. Did the Vietnam War last long? How do you know that?

4. Why were vents installed in the tunnels?

III. Conquering long and complicated sentences

1. ... and entertainers would give performances for those living underground.

2. The tunnels became a virtual city and whole populations of towns would live and hide in them while the American troops were marching above ground—these troops had no idea that whole towns existed below their feet.

3. The local villagers would dig out the tunnels by hand, making a progress of about one or two meters a day.

4. They would transport the dirt into craters made by bombs the Americans had dropped close by.

IV. Language in use

1. Fill in the blanks with the proper forms of the proper words given below.

construct   deliver   march   locate   transport   detect   exist   via

(1) The crowd of demonstrators （游行者） _____ along the main street.

(2) The general tried to _____ the enemy's site.

(3) Mr. Smith _____ the opening speech.

......

(8) Poverty still _____ in this country.

2. Complete the following sentences.

(1) This kind of music was popular _____ （在20世纪80年代）.

(2) We have concerns about whether the government will be able to _____ （给贫困家庭提供必要的社会服务）.

......

(5) He _____ （没有给予我们充分的时间） finish the test.

● 英语词汇积累辅导——《3500 词汇周计划》如下：

Lesson 1　用时：_____分钟　　　　　　自评：_____星

阅读写作常见词汇	阅读常见词汇
1. a（n）　*art.* 一（个，件…）	1. abandon　*v.* 放弃；遗弃
2. ability　*n.* 能力；才能	2. abnormal　*a.* 反常的；变态的
3. able　*a.* 能够；有能力的	3. aboard　*prep.* 在船（或飞机、车上）
……	……

● 英语学习落实情况自查练习：

单词周计划试题（第五学段）

Lesson1　用时：_____分钟　　　　自评：_____星

练习一：语块中的目标词汇（词汇在语块中的积累与巩固）

Ⅰ. 阅读写作词汇（根据中文提示，完成下列短语）

1. to _____ alcohol/drugs　　　　饮酒无度/ 滥用麻醉药品

2. be _____ from school with a cold　因感冒没去上学

……

Ⅱ. 阅读词汇（请将与英文表达对应的中文释义标号写在左侧的括号里）

（　）1. an abstract painter　　　　　　A. 绝对多数

（　）2. abnormal behaviour　　　　　　B. 矿产丰富的土地

（　）3. a road with many abrupt turns　C. 一位抽象派画家

（　）4. a land abundant in minerals　　D. 说英语带外国腔

（　）5. What an absurd suggestion!　　E. 异常行为

（　）6. to accelerate the rate of growth　F. 提高生长率

（　）7. absolute majority　　　　　　G. 一条有很多急转弯的路

（　）8. to speak English with a foreign accent　H. 多么荒唐的建议！

练习二：语境中的目标词汇（词汇在语块中的理解与运用）

Ⅰ. 阅读写作词汇（依据语境和提示要求，选择三会、四会单词的适当形式填入横线上）

1. The books about Harry Potter are very popular now, both at home and _____（国内外）.

2. I was _____（正要）to leave when it began to rain.

……

Ⅱ．阅读词汇（依据语境，选择合适的词组填入横线上）

> aboard the ship; in the teacher's absence; abolished slavery;
> academic performance; (be) absorbed in books; abandoned
> their idea of

1. The monitor is in charge of the class _____ .
2. Children spend too much time on sports and they do not have enough time left for their study, which influence their _____ .
3. With great efforts, Abraham Lincoln _____ in the United States.
4. _____ , she didn't notice that the roads outside were absolutely covered with snow.
5. A powerful storm wrecked Crusoe's ship and drowned everyone _____ .
6. Because of the fog they _____ driving.

待达标词汇：_____

（四）帮助学生从不同的角度立体地看世界

每一个人都是立体的，从不同的角度看是不一样的，要让孩子学会换位思考，学会站在不同的角度去看待一件事情，这是看问题的方法，也是一种思维方式。每每听到"某某大学的学生自杀"的消息，都让我们为花季生命的消失而扼腕叹息。不就是毕业论文的答辩没有通过？不就是一时找工作受挫？不就是同学的交往遇到点问题？……至于吗？当我们把这些案例摆在面前时，发现的一个共性是，他们钻进了牛角尖，没有换个角度看问题。学会换个角度看问题，学生就能够看到不同的世界，能够真正扬起自信的风帆。

选课走班之后，每一位学生都有着各个学科不同的教学班集体。在难度最大的数学教学班里，一位学生可能是全校瞩目的"学霸"，但在《歌舞青春》音乐剧里，他可能是一个跑龙套的角色；在生物学科教室里，某学生已经俨然成为学科助教，而在机械技术的课堂上，他却不过是一位初级学徒。当每一位同学在每一个学期里都选择在近10个不同的同伴群体里学习、生活时，他在每一个团队都需要重新寻找自己的位置，扮演不同的角色，贡献自己的努力，承担自己的责任。他在每一个团队中的位置如此不同，谁都不会以他在另一个团队的地位而确定他在本团队的位置，因为现在的教学班，已经不是那个天天厮守在一起的行政班，已经没有了官方赋予的地位和光环，一切需要重新努力，一切全凭实力证明。

台湾的一位校长交流时给我们讲了这样一件事：在学校里他每年都要带着同学们打扫厕所，以培养学生乐于做小事的品质，不想，有一天一位同学向他说："校长，今后我永远不可能轻生自杀的，因为我连厕所都可以打扫，没有什么事可以让我灰心。"如此看来，多一些经历可以少一些人生的危机。同样，一个人只有敢于也能够在云谲波诡的人生中扮演不同的角色，他的人生才是安全的，也才有可能是丰富多彩的。

（五）个性化的家校沟通

家长是学生成长中不可忽视的重要力量，是学生成长的助推力。个性化教育在关注每一位学生的同时，无疑也要落实到每一位家长身上。取得家长的认同和积极配合，让每一位家长准确而细致地了解孩子的发展状况，为孩子的发展助力，自然成为学校教育的任务之一。个性化的家长会便是这种个性化家校合作的表现之一。表 3－7 是 2011 级高二学部一次个性化的家长会安排，根据学生的学业水平，分 A、B、C、D 四类，针对每一类学生，向家长进行专门分析，提出个性化的解决建议。

表 3－7　2011 级高二人文与社会方向家长会安排

类别	姓名	语	数	英	史	地	政	总分	总排名	家长会时间	召集人
A	生 1	79.0	94.0	93.0	90.0	86.0	87.0	529.0	1	1.24 上午 9：00—10：00	刘　梅
A	生 2	71.5	92.0	88.0	86.0	87.0	88.5	513.0	2	1.24 上午 9：00—10：00	
…	…	…	…	…	…	…	…	…	…	…	…
B	…	73.0	88.0	85.0	71.0	79.0	75.0	471.0	15	1.24 上午 10：30—11：30	贺千红
B	…	77.5	81.0	82.0	71.5	79.0	78.0	469.0	16	1.24 上午 10：30—11：30	

续表

类别	姓名	语	数	英	史	地	政	总分	总排名	家长会时间	召集人
…	…	…	…	…	…	…	…	…	…	…	…
C	…	62.5	70.0	82.0	74.0	76.0	69.0	433.5	31	1.24 下午 13：30—14：30	赵 青 张美华
C	…	69.0	78.0	71.0	65.5	79.0	68.5	431.0	32	1.24 下午 13：30—14：30	赵 青 张美华
…	…	…	…	…	…	…	…	…	…	…	…
D	…	73.0	75.0	59.0	60.5	65.0	66.5	399.0	44	1.24 下午 13：30—14：30	赵 青 张美华
D	…	66.0	75.0	60.0	57.0	69.0	63.5	390.5	46	1.24 下午 13：30—14：30	赵 青 张美华

个性化分析及建议举例——B 类学生

B 类学生存在的主要问题	1. 目标不坚定、不清晰； 2. 良好学习习惯不能始终保持； 3. 不能积极主动与老师沟通； 4. 缺乏主动反思总结的意识，如题型归类、框架构建、规律思考等； 5. 有些懒惰，成绩不太稳定。
给 B 类学生的对策建议	1. 思考近期、中期、长远目标，寻找发动机； 2. 一定脚踏实地，扎实掌握基础知识； 3. 主动与老师约谈沟通； 4. 紧跟老师，不打折扣地完成任务，并逐渐形成主动反思总结的品质； 5. 定期召开家庭会议，既有底线，又有高期待，总结得失，补充正能量； 6. 利用高中最后一个完整假期调整、充实、提升。

立德树人，人人都是班主任

没有了行政班和班主任，每一位学科教师都走到了教育的前台，但走到前台的教师却面临着前所未有的挑战。一位年轻的教师在一次发言中，坦言他在学生常规管理中遭遇的挑战——

挑战 1：学生在觉醒，他在成长的过程中需要得到老师、家长的帮助，管理变成了服务。失去权威的老师应该如何服务学生？

挑战 2：学生个性千差万别，我们再也不能拿一个标准规范所有学生了。管理需要个别化，喜欢整齐划一的我们，如何才能实现管理的个别化呢？

挑战 3：学生分布在校园的各个角落，我们如何发现学生发展过程中的不当行为？

挑战 4：家长习惯从班主任处了解自己孩子在校的情况，取消了班主任制，但家长仍然在找我们要班主任。我们如何转变家长对选课走班的认识，调动家长的积极性？

经过艰苦的探索，我们逐步形成了"人人都是班主任"的教育网络。这里的"班主任"更强调的是教师应该承担的立德树人的教育职责，而不是传统意义上班主任的管理方式。经过探索，我们实施了导师、咨询师和教育顾问制。

（一）人人都是导师

为了防止学生从过去那种班主任管理、被动学习的习惯中进入选课走班时可能出现的忙乱和心理不安定，给学生一个缓冲和适应的过程，学校在高一的第一个大学段实施导师制作为过渡。导师由年级的任课教师担任，所有的任课教师都有担任导师的任务。导师主要对学生进行人生与职业引导、心理疏导和学业指导，开始时更侧重对学生的选课指导和陌生环境的心理适应辅导，搭建伙伴交往的平台，让学生尽快找到志同道合的伙伴，但并不负责学生日常事务的管理。开学初，各年级把任课教师的情况向学生一一展示出来，学生根据自己的意向，自主选择导师。一位导师带领 10~15 名学生，组成一个亲密的团队。导师要定期组织所带团队的学生进行一些集体活动，或座谈解惑，或分享经验，或外出实践等，增加团队成员的接触和交往机会；除此之外，导师还需要建立一对一的关注机制，了解每一位学生的情况，与每一位学生谈话。当学生还不熟悉导师和同学，主动性还不够时，导师更多采用主动的方式，走近团队的每一位学生。

导师制把教师从原来班主任琐碎的工作事务中解放出来，让他们能够有精力和时间进行更多一对一的工作。任教高一的语文特级教师曹书德是刚从高三下来的老班主任，谈及与传统班主任工作的不同，他的体会更加深刻："导师是对教师的解放，把教师从烦琐、不必要的事务中解脱出来。以前在高三，天天早上 7：20 进班，中午还要进班看一下，有自习课时，还要进班看一下，晚读时要去，晚自习第一节课要去看，第二节课还要再去看一眼。一般早上 6：30 从家出来，到晚上 10：00 以后才能到家，总感觉很忙。现在，做了导师，没有这些事了，学生也没出现很多问题。于是自己就在想：我以前那些时候到底都干什么了？那么不断地到教室里去看，好像也就只是一种心理安慰吧。"

（二）实施咨询师和教育顾问制

当学生已经相互熟悉，已经适应了高中环境之后，他们有了一定的自主管理和调控能力，自主的要求会更高，对学业规划、生涯方向的考虑也会更多，更需要一对一的咨询和指导，这时，需要将"导师"过渡到"咨询师"。在国外，咨询师是一个专门的职业，由专职人员担任，当我们的学生发展指导制度尚没有完全建立起来的时候，只能由年级有教育经验的教师担任。咨询师由年级聘任，确定后，向学生公布基本情况，学生根据自己的需求选择。咨询师需要做好各方面的储备，随时对学生的需求做出回应。如果说导师强调的是工作的策略方法，那么咨询师则大大超出了中学教师原本意义上的工作范畴，从升学志愿到就业方向，从国内大学专业的设置情况到国外大学的基本情况，他们要做好各个方面的储备，为学生的学业规划和生涯方向提供有针对性的咨询和指导。有时候他们甚至需要了解学科研究的最新进展和最前沿的职业发展动态，才能驾驭学生来自各方面的咨询问题。咨询师制下，主动权完全在学生，通过一对一的咨询和服务，解决一个个具体的需求和困惑。

冯骥才先生说过："风可以吹起一大张白纸，却无法吹走一只蝴蝶，因为生命的力量在于不顺从。"处于青春期的高中生，情绪和心理变化不定，不时会出现一些认识和行为问题；还有一些学生存在着家庭问题、男女生交往过密、学习挫折、同伴缺失、过度自卑甚至是攻击性行为等各种问题。这些被扣上"问题生"、"后进生"帽子的学生天天处在尴尬的生存境地，日复一日忠于职守地"陪读"。当他们被忽视、被冷落甚至被敌视的时候，有多少教师能真正走进他们的心灵世界，去善待他们、研究他们、帮助他们？关注每一位学生的教育，要求我们必须正视这些孩子，为此，我们设置了"教育顾问"岗位。教育顾问由学部聘任，一般由在管理和教育学生方面非常有经验的任课教师担任。一个学部设 1~2 名教育顾问。学生出现的一般行为问题，由各个管理岗位的分布式领导负责人解决；课堂上的问题，由教学班的任课教师解决。当这些解决都不能见效或发生重大的行为问题时，才会由教育顾问出面。所以，教育顾问的工作是与学部制定的学生最低基本行为规范、惩戒条例和各个项目的分布式领导工作相互协作、共同展开的。

学生的各种行为问题，有的时候是更深层次的认识问题。在选课走班背景下，教师需要克服传统的惯性思维模式，丢弃传统的权威性"说服"，学会蹲下身来，与学生平等对话。在这样的师生对话中，老师把自己和学生都看作平等的一方，将自己的想法与学生的想法放在一个天平上权衡，自己的道理与学生的道理也用同一个眼光去审视，自己的逻辑与学生的逻辑也用同一个标准去判断，这样一来，教育就变得理性了，教师可以淡定从容，学生也可心平气和。

经过实践探索，在对话中我们还找到了一些有效的工作方法。其一，倾听。专注地倾听既是沟通最有力的武器，也是解决问题的有效方法，许多时候，倾听完了，问题也就解决了。其二，等待与陪伴。《北京十一学校行动纲要》强调，"在老师的心目中，不应该有坏学生，只可能有心智发展不成熟的学生；学生成长道路上的错误，就像学习走路的幼儿跌跟头，绝大部分跟道德品质没有多大关系"。有的时候，当学生在一个特殊发育时期，一时半会儿转不过来时，我们就需要等待和陪伴，等着他长大，等着他想通。一位学生到一个教室上自习，顺手拿了另一位同学遗留在桌上的 iPad，让这位学生还给人家，比较容易，但让这位学生真正认识到这样做的错误并承认错误，却并不容易。教育顾问先后与他进行了 6 次谈话，历时两个多月，终于转变了他的认识。其三，唤醒、发现与引导。通过多次推心置腹的交谈，以情动人，让学生感受到老师和学校的苦心，唤醒他的良知；通过对话，发现学生想法中那些闪光的地方，去打造它，把他闪光的地方变得越来越大，掩盖那些不好的一面。例如，为了共同面对选课走班带来的很多困惑，高一设置了公共邮箱，有的学生便经常利用这个阵地发表一些过激的言辞，造成了一些不好的影响。以这个问题为契机，年级教育顾问曹书德老师在公共邮箱里，发表了一封回应的公开信，引导成长中的学生如何正确地发表自己的看法，如何使用公共邮箱这个大家共同的阵地。

导师、咨询师和教育顾问向我们展示了学校转型中一幅最真实的图景。没有功利之心的教育，才具有最强大的穿透力，她能够打开学生的心门，真正走进学生的内心世界，在这里播下一粒种子，还能经常进来施肥、浇水，让这个世界在阳光雨露的滋润下，慢慢长大。而教育者就像那个"麦田里的守望者"那样，从容而淡定。

提供每位教师可选择的专业发展课程

教师是育人模式体系的重要支撑，在选课走班背景下，新的育人模式对教师素养提出更新、更高的要求。学校转型的关键是每一位教师的转型，教师的专业素养决定学校课程建设的高度、宽度和深度，为此，搭建教师专业成长的平台，为每位教师提供可选择的专业发展课程，保持教师持续的专业成长是必不可少的。而且，教师获得持续的专业成长也是一所学校不断发展的保障。

我们对教师专业发展的期许来自于我们对教师的职业定位。《北京十一学校行动纲要》第9条明确提出："教师的职业定位在于，在学生未来对社会的贡献里发现自己的人生价值，在学生今日之爱戴与未来的回忆中，寻找富有乐趣的教育人生。"这是我们每一位教师成长发展的一个高度，一份追求。在新的育人模式体系下，我们对教师专业发展的思考是：

其一，教师是存在差异的。不同群体、不同学科、不同年级、不同发展阶段的教师的学习认知与实践状况存在着较大差异，他们对自己专业成长的祈求也是不同的。学校应充分考虑到这些需求，提供每位教师可选择的专业发展课程，以便为教师的专业成长提供有针对性的帮助。

其二，让教师的专业成长成为一种自觉的行为。教师的发展不单单具有相对于学校课程改革或学校改进等目标的工具价值，它本身就具有重要的内在价值：唤醒教师的专业自觉，促进教师的职业认同，提升教师的追求，激发教师的动机。这本身是优质学校教育不可缺少的构成要素。所以，对待教师发展，要更着眼于其自身的职业规划和发展内驱力。

基于这样的思考，我们设计了教师发展课程。

（一）教师发展课程设计的原则

1. 通过民间的力量而非行政力量，推进教师发展课程的建设

2009年，学校成立教育家书院，负责教师发展和专业培训工作，意在用学术的力量推进教师专业成长。这样，一方面不让教师有太多的压力，避免抵触情绪；另一方面，教师按需索取，每个人能得到更有针对性的帮助，增强个体发展的效果，也在一定程度上提升教师发展的自觉意识。教育家书院秉承"商榷、求真、民主"的工作风格，用一种无形的力量将教师的专业发展凝聚起来，形成教育的合力。把课程的设计和实施与每一位教师的发展需求对接起来。

2. 整体规划，构建教师专业发展课程体系

学校重新梳理学校组织和开展的各种校本教研和培训活动，从课程的层面进行系统建设，形成基于不同发展阶段、不同发展水平、面对不同问题的专业发展课程体系，帮助教师突破各个成长阶段的瓶颈，力图让每一

位教师由初入职走向成熟，由成熟走向优秀，由优秀到卓越，逐步成长为教师教育家。

3. 通过成立工作室、工作坊等形式，形成发展共同体

通过工作室、工作坊等平台，通过优秀教师的引领，带动教师群体的快速成长。斯坦福大学的教授格鲁斯曼（P. Grossman）等以案例研究为基础，对教师专业共同体的内涵、特质及组建过程进行了较为详细的描述与说明，明确指出了"教师专业共同体"和"一群教师"之间有着本质的区别。发展共同体内共同的目标愿景、自觉自愿的宽松氛围、面对的共同的问题以及优秀引领者的影响，更能够帮助广大教师站在集体的肩膀上飞翔。

（二）教师发展课程设计

我们从目标推动、经验分享、问题解决、教研活动和亮点推介几个方面对传统的校本教研和培训活动进行了系统梳理，同时，依据现在学校正在进行的课程改革的需求，增加了课程建设方面的教师发展课程，逐步形成 6 大类、16 个领域、40 门教师专业发展课程（见表 3 - 8）。

表 3 - 8　教师专业发展课程

类别	领　域	课　程	适用对象	目　标
目标推动类	教师教育家成长工程	导师引领课程	14 名优秀教师	让优秀教师成长为教育家
		学术论坛课程		
		教学思想研讨会		
		自主阅读课程		
	卓越教师研究室	王春易课程变革研究室	具备 5 年及以上教龄、有比较优异的教育教学成绩、经验能够推广的教师	能够在两年到三年的时间完成，并且能够培养一批学科研究骨干
		方习鹏教学评价研究室		
		周志英自主探究研究室		
	工作坊	贺千红过程性评价研究工作坊	各年级负责评价项目的老师	对过程性评价平台和学生诊断数据系统进行探索、研究
	青年教师助理岗位	学部主任青年教师助理	入职五年以下的青年教师	帮助青年教师快速成长

类别	领 域	课 程	适用对象	目 标
目标推动类	青年教师成长工程	有效课堂的组织管理课程	新入职教师	促进新入职的青年教师快速成长
		师生相处的艺术课程		
		青年读书沙龙		
		管理学常识课程		
		实践活动课程		
		师徒结对课程		
		青年教师基本功大赛		
经验分享类	名师大讲堂	由在某个学术领域有深刻思考或有独到见解的教师主讲。每周周三下午	全校师生	体验优秀教师的人生感悟和学术思想
	教师读书会	读书征文	全校教师	交流读书感悟和人生心得，营造书香校园氛围
		读书分享会		
	购书活动	购书、推荐图书、借阅书籍	全校教师	推荐新书，拓宽知识视野，培养阅读习惯
	文化传承与交流	老教师经验传承会	全校教师	传承老教师的优秀经验
	中外教师教学论坛	中外物理教师课堂教学论坛	全校教师	围绕某一个专题，各抒己见，开阔视野
		世界未来教育研讨会	境内外教师	

续表

类别	领域	课程	适用对象	目标
经验分享类	教学沙龙	导师工作分享会	全校教师	选课走班实施过程中的经验分享
		过程性评价分享会		
		学生日常管理分享会		
		课程标准细目编写分享会		
		优秀学生培养分享会		
		教育顾问工作分享会		
答疑解惑类	教师互助中心	沙龙会谈式	全校教师	针对工作难题，提供专业咨询，答疑解惑
		专家引领式		
教研类	教研组活动	各学科教研组备课活动	同一教研组教师	课程实施的质量监控
课程建设	研发课程	编写教材	全校教师	确保课程研发和教育教学质量
		编写课程标准细目	同一课程任课教师	
		研磨学段诊断试题	出题人	
亮点宣传类	青年才俊、月度人物等	贺词贺卡颁奖典礼	全校教师	发现教师日常工作的闪光点，不断放大教师工作的优秀细节
		月度人物		
		青年才俊		
		党员风采		
	学术积分	学术积分奖励		提升业务素养和学术能力

这些课程经过系统梳理，汇编在《教师手册》中，供教师根据不同的需求选择。

肆

组织转型：

从"管理"到"领导"

选课走班带来了教学组织形式的变革，同时，也对学校的组织结构和管理制度提出了与之相应的变革要求。以管理重心下移和结构开放为重要特质，现代型学校的组织结构需要从封闭走向开放，实现从"管理"到"领导"的转变，这样才能真正实现"成事"与"成人"的统一，才能为新的育人模式体系的运行提供保障，确保现代学校实现整体转型。

长期以来，学校组织一直采用德国著名社会学家马克斯·韦伯的科层制组织理论。这种以"成就事"为价值取向的组织理论，兴起于工业化效率为先的年代，关注的是提高组织效率，减少组织的混乱，注重的是照章办事和维持日常运作。随着社会的发展和进步，学校发展面临重大的环境变化，传统学校管理方式在管理理念、管理模式、管理过程、管理策略和管理方法等方面暴露出明显的不适应，面临着各种严峻的挑战。与此同时，现代通信技术尤其是网络技术已成为一种日常生活方式，从根本上改变了人类生存的空间状态。从学校管理的角度看，它既实现了知识和信息的开放、交流、共享，也使学校与外部世界的分隔和屏障得以消除。可以说，面对现代技术的发展，学校管理整体性地陷入了制度盲区，面临着社会和大众的严峻挑战，转型任务迫切。（彭钢，2010）

"领导"一词出现于19世纪上半叶，大家对它的理解非常不一致。根据国外学者的研究，半个世纪以来，关于"领导"的定义已经形成了多达65种体系。仅仅在教育文献中，"领导"的概念就有130种以上之多。多数学者认为，与传统的"管理"概念不同的是，"领导"关注的是组织的战略性问题。美国通用电气公司（GE）前任总裁杰克·韦尔奇的观点是："把梯子正确地靠在墙上是管理的事，领导的作用在于保证梯子靠在正确的墙上。"简言之，"管理者是做事正确的人，而领导者是做正确事情的人"。（欧文斯，2001）

领导更注重愿景的作用，通过不断描绘形象化的、具有激励性的组织发展目标，启发和激励同事把愿景变为现实，并能够扎扎实实地对结果进行控制。而管理倾向于按照机构的规则实施已有的程序，注重的是组织中的具体活动。

如果仅仅从管理的角度进行计划、执行、检查，开展工作，大家就会感到乏味，感到被控制。美国的歌德斯坦说过："如果员工的行为都受制于一些准则，他们就丧失了自己的尊严，而这个组织也丧失了自己的灵活。"正像星巴克的首席执行官霍华德·舒尔茨信奉的那样："所有的人都渴望在工作和生活中体验到满足感，对一个组织来说，没有员工的参与和创造力，它就不会取得成功，然而，一个组织也可能会扼杀员工的创造力，把他们边缘化，并总是告诉他们应该做哪些事情，与员工真正的需求相比较，按照规章手册办事总是显得太过简单。"

当前的学校管理中普遍存在着领导不足、管理过度的问题，迫切需要从"管理"走向"领导"，实现学校结构与组织上的转型。

在一个变革的时代，我们更需要领导者而不仅仅是管理者，带着大家一起寻找未来的发展方向，并使这个组织保持沿着这个方向前进。因此，作为学校变革的"领导"，从带领组织成员建立愿景到制定策略，从建立激励机制到激发每一位成员的创造力，无处不彰显出他的影响力。从这个意义上说，"领导"又是一种影响力。

明确愿景，实现价值领导

　　带领全校教职员工，描绘出学校未来发展的愿景，确立学校在重要领域的价值取向，实现价值领导，是从"管理"学校转变为"领导"学校最重要的一环。

　　那么，如何才能最大限度地把过去的管理行为转变为今天的领导行为？

（一）需要建构学校的价值体系，制定学校的发展战略，确立学校领导的思想基础

　　学校每年都有一次战略年会，一般放在暑假，在一个安静封闭的场所，由学校的一些骨干教师，集中一周的时间，来集中研究学校今后五六年的发展战略。从 2007—2009 年，经历两年的讨论，在梳理学校传统文化的基础上，我们形成了北京十一学校的价值体系，并以《北京十一学校行动纲要》的形成呈现。纲要包括学校战略、培养目标、组织结构、教师、学生、师生关系、课程、教育教学、教育科研、决策、管理、管理者素养、评价、资源和家校合作与社会责任 15 章，共 100 条内容。我们到底提倡什么、反对什么，怎么定义成功、怎么定义失败等，都通过比较具体、生动的语言做了清晰的界定。为了清楚地呈现纲要中各个部分的作用和相互关系，这十五章内容构成了愿景—关键成功因素—关键成功因素指标—战略改进领域—价值观与行为准则五个层级的"组织战略图系"（见图 4-1）。五个层级从宏观到微观，从高到低，从抽象到具体，不断深入、具体，形成相互支撑的金字塔结构。

　　在这个结构中，我们首先确定了学校发展的愿景，包括学校的使命和发展战略目标。十一学校的使命是"创造适合学生发展的教育，将十一学生塑造成卓越的品牌，把十一学校建设成受人尊敬的、伟大的学校"；战

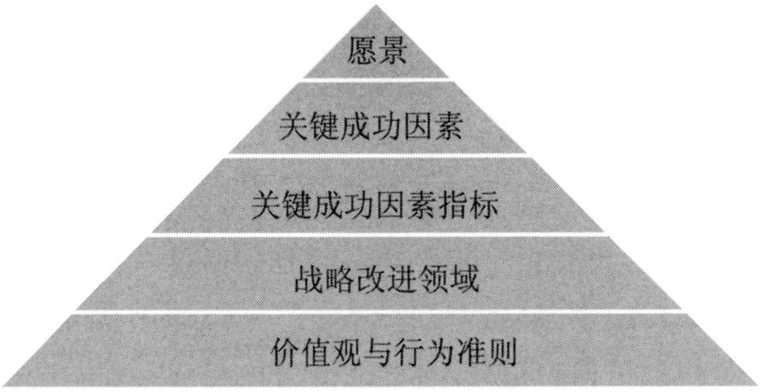

图 4 - 1　学校组织战略图系

略目标包括：一流的质量，卓越的队伍，能够让教师过上体面生活的收入，成为教师精神家园的和谐学校氛围。其次，为了实现学校的战略目标，我们需要找出学校的关键成功因素。我们靠什么成功？使用"头脑风暴法"，通过对历史的回顾，我们找出了8项成功因素，即教师、生源、决策、校风、经费、配置、机制和创新。为了使这些关键成功因素能够实现，我们对它们进行了最大可能的细化，形成关键成功因素指标，使之具有可操作性。再次，通过对学校外部的机会和风险分析以及对学校内部的优势和劣势分析，我们认识到，为了完成关键绩效指标，学校内部要对一些重要领域进行改进，这就是我们的战略改进领域。通过分析当前的学校发展现状，结合我们在教育实践中的思考和分析，我们认为，要突破当前普通高中发展的"瓶颈"，只能从国家课程的校本化入手，创新育人模式，于是，我们把课程和课堂作为战略改进领域，提出："课程是学校最为重要的产品，也是学校的核心竞争力，必须着眼未来，立足实际，通过对国家课程的开发和学校课程的建设，系统开发满足学生需求、充分落实学校培养目标的校本课程。""课堂改变，学校才会改变；课堂高效，教育才会高效；课堂优质，学生才会卓越；课堂创新，学生才会创新；课堂进步，教师才会成长。课堂教学要突出学生的主体地位，通过课程与教育教学改革，实现教学方式与学习方式的转变。"最后，价值体系阐明了我们的培养目标和组织结构，明确了我们在教师、学生、课程、教育教学、教育科研、决策、管理、评价、资源以及家校协作等各个重大领域的价值观和行为准则。

我们希望，在每一个领域形成共同价值，使我们遇到一些事情时不再去追问，少了一些彷徨和犹豫，多一分坚定和坚守。尽管走得很慢，但是我们一直走在正道上，一直没有把方向搞错，所以会越走越快。所以，确立大家都认同的基本办学价值观，使之成为日后大家行为的思想基础，是领导一所学校发展非常重要的基础。

（二）让价值体系的形成过程成为全校师生价值认同和思想统一的过程

要实现对学校的价值领导，仅仅靠确立一套完美的价值体系是远远不够的，还需要得到全校教职员工的认同，内化为大家的价值观，让这些价值观深入到每个人的骨髓和血液中，真正成为教师实际教育行为的思想基础。为此，北京十一学校价值体系的诞生经历了不同寻常的过程。

1. 前后历时两年形成价值体系

2007 年暑期工作会上，我们开始系统梳理学校的文化传统。首先在一定层面、一定范围内以先自上而下、再自下而上的程序与方式提出《北京十一学校行动纲要》（简称《行动纲要》）。要使之成为师生员工共同的行为准则，表达每一位十一人的意愿，还需要了解更多的情况。因此，在正式实施之前，我们在全校范围进行了更加全面、深入的调查研究，发动全体教职工参与大讨论，谁都可以提意见，谁都可以提建议，并对优秀建议进行奖励。三个轮次的大讨论活动，共有 475 人次参与，收到各类建议和意见 684 条，我们逐一分析，为《行动纲要》的修改、完善与试行奠定了坚实的基础。

从 2007—2009 年，《行动纲要》的初稿在学校发展中经受着不同人群、教职工的品评。2008 年暑期工作会之后，我们确立了《行动纲要》的基本框架，之后又经历了两个月教代会的充分讨论，最终完成了《行动纲要》的修订。2009 年 11 月，学校召开了十一学校第十届教代会第一次全体会议，对《行动纲要》的试行进行了表决，最后以 97.4% 的赞成率获得了通过。

2. 通过年度主题活动，把价值观与具体的教育教学行为联系起来，使之成为一种学校的执行力

为了推动战略改进领域中课堂的改进，我们把 2009 年命名为"课堂成长年"，进一步明确了课堂改进要遵循的原则：（1）课堂是学生学习的地方，是学生的舞台，并非老师展示自我的地方；（2）获取同样的成绩，我们主张让学生自己获取，而不提倡由老师灌输；（3）良好的师生关系是

有效课堂的基础；（4）从再造教学流程与删除无效教学环节中寻求课堂变革的抓手；（5）将落实进行到底。

在 2010 年的"课程建设年"中，我们进一步提出：（1）树立处处是课程、时时有课程的意识。学校所有的教育教学活动和管理工作都要作为课程进行系统设计和深度开发。（2）确立系统的课程观。课堂教学只是教学工作的环节之一，课程的实施应该通过明确教学目标、选择适切的教与学的方式、组织丰富多样的学习资源并实现学科教室资源标准化，落实过程评价和终结性诊断，提高教学效益。（3）指导学生学会管理自己的学习。帮助学生进行人生规划，让他们理清职业目标和学习目标，启动学生内在动力；通过分类型、分层次的选择性课程实现因材施教和个别化教育；构建每一位学生为自己负责的教育机制。（4）多元化、个性化的课程实施策略。反对"一刀切"的教学模式，通过形成我们的教学方法体系，帮助学生建构学习方法体系。课堂是课程实施的主阵地，要不断优化课堂教学，立足课堂解决问题。

3. 通过系列活动，使价值体系深入每一位教师和学生心中

形成《行动纲要》的文本之后，我们并没有将它束之高阁，反而加快了使它走近全校师生的脚步。2008 年 12 月，学校根据教师和学生的关注点和阅读习惯的不同，分别出台了教师版本的《行动纲要》和学生版本的《行动纲要》。教师版本的《行动纲要》张贴在每一个办公区、教师休息室以及师生答疑室最显著的位置，让老师们走进这些场所不由自主地就会关注到这些内容；学生版本的《行动纲要》张贴在每一间教室的墙上。2009 年新学期开学伊始，为了促进大家对纲要的了解、熟悉，学校成立了"行动纲要'入脑入心'教育"工作小组，制订了教育实施方案。3 月份开始，全校各学部、年级、班级积极行动起来，发挥师生智慧，先后开展了主题班会、师生征文比赛等多种形式的教育活动，促进纲要精髓"入脑"和"入心"，实现全体师生对学校的培养目标、师生成长目标以及学校的未来发展战略均有深刻的思考和认识，为全体十一人齐心协力奔向更高更远的目标，奠定了坚实的思想基础。为确保活动的效果，根据"行动纲要'入脑入心'教育实施方案"的评比标准，工作小组对各个学部、年级、班级的参与情况和效果进行了评比，在班级层面评选一、二、三等奖，在学部、年级层面评选最佳组织奖和优秀组织奖。

这些活动促进了大家对《行动纲要》的了解和认识，从这些活动的征文中，可以看到学生对学校倡导的价值观的感受。2008 级的何晴在征文中写道：

我们思维开阔，喜欢创新，热爱出新出异。运动会开幕式，联欢会，各个社团活动，甚至每堂课，每次个人展示，我们都极力把它们当作体现自己个性的舞台，我们大胆地向别人传达自己的想法，从不害怕被人拒绝，所以校园中充满了年轻人才有的朝气与活力。记得有次历史课，老师向我们讲述老子的"幸福观"，原本只是老师一方的陈述，谁料想随着某某同学的发言之后，历史课竟然变成了辩论会，人人都参与其中，刚有一人提出，马上被另一个人反驳，最后老师只能无奈地微笑着"观战"，争论一直持续到下课。这样的氛围让我们无拘无束地成长着，我们不是如印章下的纸一般相同的个体，而是充满活力与思想的年轻人。尽管思维活跃，但是我们敬于原则，规则类的事情我们从不嬉笑以对之。记得刚来这所学校时，参加升旗仪式，唱国歌时每个人都声音洪亮。从那刻起我就相信这是个好学校。原来的学校唱歌就如同听音乐，同学们都觉得声音大难为情，可是，这里却不一样。这虽然是个细节，却从此以后成为我心中评判一个人乃至一个团队的标准之一。还有，我们开会时的准时到场，听报告时的安静，生病时的关心，遇到困难时无私的帮助，对待老师的尊重……规范做人一直铭记我们心中。我们是这样特殊的一群孩子，我们有着现代人的开放，同时也有着古老中华文化所蕴含的做人准则，古与今的融合，注定了我们的与众不同。

（三）把愿景划分为一个个小的目标，分步实施

愿景和方向无疑是领导一所学校发展至关重要的一环。对于很多学校来说，提出愿景和方向似乎并不难，最困难的是在变革的过程中，如何实现愿景和价值观的领导作用，使组织成员在遭遇困难和挑战时，也能保持持续的斗志，向着这个愿景前进。我们的一个做法是，将宏大的愿景分解为一个个小的目标，让能看得到的目标引领大家一步步地努力付出，并始终坚持不懈。如果目标太大，反而会使大家感觉到遥远，总够不着，于是

它就变成奢想了。

2007 年暑期工作会议上，我们总结了 7 大成功基因。到秋天教代会上又梳理了 20 条学校特色文化，作为我们未来几年改革发展的基础。从成功基因中，我们找寻到了未来所需要的东西，找到了关键成功要素的突破口。

2008 年，对学校要培养什么样的人的问题，我们确立了"志远意诚、思方行圆"的培养目标。

2009 年，我们开始了教学组织形式的大变革，把行政班教室改造成多功能的学科教室，最先在数学、英语、技术和体育等学科开始进行分层、分类课程实验，实施选课走班。我们在原有的基础上对学校发展的关键要素进一步明确定位。例如对"教师"这一职业进行全新定位：教师不是一个发财的职业，也不是一个当官升迁的职业，当一名教师，只能在学生未来对社会的贡献中，发现自己的价值。还有对"课程"的理解，当我们不再把学生当产品，而把课程作为产品时，就会提高服务意识，当我们提供产品为学生的选择和成长服务的时候，我们就能明白教育是服务于学生成长的。

2010 年，各学科全面进入选课走班。学校形成分层、分类、综合、特需的课程体系，更加丰富的学习资源进入学科教室，选课排课、分布式领导、导师制、过程性评价、质量诊断、学生自主成长机制的建设等一系列全新的形态呈现在了大家的面前。

2011—2012 年，随着选课走班的深入推进，诸多制度必须重建，我们又开始了各项管理制度的建设。从课程形态到学生的状态再到教师的情态，都在悄然发生着质变。学生的责任意识在增强，个性化和标准化又提到大家的面前。

2013 年，基于个别化教育的落实和教育教学质量的把控，我们又挑战着"课程标准细目"的编写任务。

……

在创新育人模式的过程中，随着学校各个方面的全面转型，挑战不断。我们面临的任务不断变化，这些任务和目标像一串串珍珠，把我们迈向远大愿景的每一段历程串起来。尽管目前，我们还在路上。

建立师生导向的扁平模式

学校是一个社会组织，将其成员以某种方式聚集在一起，赋予各自职责、确立联络沟通的方式和原则，使他们各安其所、分工合作，共同完成学校的育人任务。我国学校内部的组织机构形式脱胎于科层制行政管理体系，整个学校系统中有不同水平的决策层。组织构成中处于最下端的是教师和学生个体，然后逐级到年级组、教研组，再到各职能处室，再到副校长，最高层是校长（见图4-2）。（杨小微，2012）

校长
副校长
处 室
年级组、教研组
师 生

图4-2 科层式学校组织结构

科层制的组织管理模式在学校组织中的应用日益暴露出三大弊端：学校政府化、组织官僚化、管理经验化。学校组织的日常运营如政府行政组织一样，上级对下级层层下达行政命令，下级照搬执行。教师和学生没有足够的发言权，民主得不到有效的保障。特别是在超大规模的高中，由于机构和人数的增加，这一行政化模式愈发严重。从"管理"到"领导"的变革正是要克服这些弊端，领导通过经常与成员在一起、与组织成员建立关系、注重个体关怀等措施使成员获得满足感，调动组织成员的积极性和创造性，激励成员全心投入，从而产生组织变革的动力。为此，我们变革学校组织形式，变"金字塔"式的结构为"扁平式"的结构，形成多个集决策、管理、执行于一体的低重心的组织系统。从管理学上说，就是扁平化的管理机制。我们认为，一个好的管理结构中直接向领导汇报的下属应该是6~8位。如果过少，容易出现越级管理。为此，《行动纲要》提出，"学校将尽可能压缩学校组织结构层级，减少无效劳动，让师生的需求以最快的速度得以反映；学校将通过调整组织结构，使各层级的管理跨度处于一个合理的范围"。实施"扁平化管理模式"，副校级的干部都要兼一个年级或部门的主管，不是分管，分管就容易增加层级。这样，教师、学生的事可以直接进入决策层面。图4-3为北京十一学校扁平化管理结构图，与上述科层制下的金字塔式的组织结构相比，管理的层级明显减少。

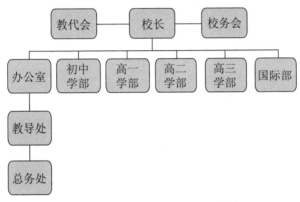

图 4-3　学校扁平化行政组织结构

这种扁平式的组织结构有如下几个特点：

1. 强调"服务第一"、"师生导向"

我们倡导管理者就是服务者的理念，以服务为导向，充分尊重教师与学生的发展需求，把服务教师和学生发展作为学校组织变革的出发点和落脚点，使得教师和学生积极参与到学校组织建设中来，并为其发展提供足够的支持与服务。为此，我们提出"学校组织结构的构建必须以师生为导向，有利于简化程序，快速响应师生教育教学的需求；有利于创造以学生为本、以教育教学为中心、以质量为目标的文化氛围"。例如，在资源建设中，我们提出"学校资源建设应该把钱更多地花在离学生最近的地方，教育教学最需要的地方"，为了"让最需要资源的人员能够及时方便地获取资源，尽量让使用资源的人有权利合理管理资源"，我们让资源走进教室，建设了多功能的学科教室。在决策方面，我们坚持"哪个层级获得的信息最充分，就在哪个层级做出决策，或者由哪个层级的人员参与决策"的决策原则。在管理者的素养中我们强调"客户意识"，每一位干部和职员都要明确自己的服务对象，强化服务意识，并注意从服务对象的角度思考问题、处理事情，要有马上行动、立即解决的作风、对需要解决的问题不拖不推、不等不靠。为落实服务导向的思想，我们在实际的工作中探索了很多具体的举措。例如，每学年，学校的食堂、教导处、保卫处、办公室、人事处、财务室、医务室等各个部门、处室都要进行满意度调查，主要从客户的满意度上去审查自己，查找工作的问题。为满足学生的需求，我们还把原来的学校教育处更名为"学生成长服务中心"，利用网络搭建了一个学生学习生活中的咨询、查询和建议的平台，服务内容包括各项德育课程的学分查询、书柜损坏报修、到达学校的交通线路查询等。选课走班后，面临的新情况很多，为增加学生之间的经验分享和互助，我们增设了"学长有约"、"校长有约"、家长互助中心等，多渠道、多方式为学生的自主发展提供咨询服务。为满足出国学生的需要，我们成立了"学生咨询中心"，为出国留学方向的学生对国外大学的申请和学业成绩单的准备等提供咨询、服务。

2. 以"舒适"为取向

什么样的管理才叫好？优秀的领导者能让人感到自由而不是感到受控制。让每一个人都感到很舒适，这样每个人的潜能都有发挥的空间。每一个人都是管理者，每一位管理者追求的一定是让被管理者感到舒适，这时候被管理者的创造性才能得到发挥，他的创造力才能迸发。

领导应更多关注群体之间良好关系的形成与互动，所以，学校领导者首先要营造一个开放的工作环境，给团队成员自由宽松的氛围，让他们能自主工作并有效解决工作中的问题，充分发挥主动性和创造性。使多数学校成员在创造性的工作中获得满意和愉快的感受，让大家感觉到"舒适"，是我们一直以来的主张。只有在这种状态下，教职工的创造力才能得到最大程度的激发。

3. 营造"简单"的学校文化

"简单"主要是在各项制度和人际关系方面的体现。学校本来是育人的场所，教师的教和学生的学应该是学校本质而核心的工作，学校的一切活动和资源都应该围绕教与学来安排，但在过去金字塔式的管理结构下，最权威的决策和指令来自最顶端的塔尖，一些简单的事情，要经过中间几个层次如迷宫般的曲曲弯弯，常常就变得复杂了。有的时候一线的需求或面临的紧迫问题，等传达到具有决策权力的领导手中，再经过层层审批传递回来时，老师们早就精疲力竭了。很多的时间和精力都消耗在各类部门的应对和跑腿上。而从"管理"走向"领导"是以响应和服务于一线教学为取向的，这样的价值取向本身就去除了很多传统管理的官气，扁平化的组织结构降低了管理重心，能够让一线的需求信息直接传递到最高层的决策者手中，得到最迅速的响应，让老师们感觉到办事简单、方便多了。

　　"简单"更重要的还体现在人际关系上。学校里的教师是专业人员，中国传统中"文人相轻"的毛病很容易在这个场所传播，而以"升学率"为唯一标准的导向机制又加重了这些，时间久了，让很多学校的老师之间生出处处防范、讳莫如深的人际关系。建设"简单"的文化，首先需要打破教师之间的壁垒，营造开放、分享的平台。扁平结构在降低管理重心的同时，增强了组织成员以及不同职能部门之间的沟通、合作和交流，营造了合作、共享、学习等组织文化氛围。为此，学校加快了数字化校园的建设，建设学校办公 OA 系统，方便教师及时收发和分享信息；加强学科资源库建设，以学科为单位，通过收购机制，把分散在每位教师手中的资源集中起来使用、分享；在选课走班教学组织形式的变革中，搭建教育教学沙龙等经验分享平台，让成功的经验在更多的年级落地生根。其次，要改革评价机制，通过评价引导充满"简单"意蕴、和谐的人际关系文化的成长。例如，学校的很多评价都是以评价团队的形式进行，以一个年级的教研组为单位进行评价，而不是评价一位教师，这样自然就去除了教师个体之间的竞争和嫌隙，人际关系也就轻松和简单了。

形成行政力量与学术力量各司其职的组织结构

　　正像美国心理学家斯托格迪尔在《领导手册》中提到的，领导的要素之一是"通过人际关系的建构和问题解决的过程，形成正式或非正式的组织、机制与组织成员间个体遵守的规范和价值观"。（于泽元，2006）[110]为此，我们在学校领导团队中不断培育非制度性的领导要素，主要是各种类型的学术领导和专业领导，充分发挥学术领导的作用和功能。制度化领导和非制度化领导相结合才能形成一个卓越的学校领导团队。

当课程成为学校的产品，开发成为流行语，课程的研发便成为学校课程建设无法回避的内容。面对学校整体课程体系和各学科课程的顶层设计任务，校长、教师便成为产品设计师和产品工程师，因此，学校管理结构必须重组。在学校的组织结构中，我们新增了一个研发部门——课程研究院，希望学校的教育教学更加科学化，更加适合学校的学生。但这不是一个管理层级，只是一个学术的、民间的力量。当我们的课程体系完全建立起来后，还会增加销售部门，让更多人分享我们的产品，包括课程、管理、评价等产品。

在实际的运行过程中，我们成立了学校课程委员会这一最高学术机构领导下的"课程研究院—教导处—学部"三位一体的组织架构。在这个组织结构中，"课程研究院"是技术部门，是学校的头脑，主要负责研发；"学部"主要负责各课程的具体实施，立足各学科教研组长带领下的教研组和各分布式领导项目组展开工作；"教导处"主要负责全校课程的实施督导和推广，为课程研究院的课程研发工作和学部的课程实施工作提供服务。为落实扁平化管理，确保各部门工作的职责和效率，学校课程委员会主任由校长兼任，课程研究院院长由副校长兼任，学部主任由副校长或校务委员兼任。

各学科课程的研发则由学科委员会负责。学科委员会由各学科主任和学科下各课程开发小组负责人组成，以岗定职，动态构成，各构成人员以承担相应的课程开发项目而定，岗位变动，人员自动调整。学科委员会主要负责学科课程的整体规划与课程模块的设置，各课程模块之间的协调，课程模块研发人员的组成，各课程模块课程标准的制定及相关课程资源的建设，课程模块实施过程的听评课等督导，以及课程模块的修改完善等。

学科委员会下设课程负责人项目组。当课程开发是以满足学生的个性发展需求为宗旨时，它就是无止境的。当前，这些课程的研发几乎全部由学校教师承担，为确保各门课程研发的科学性、规范性，并使责任落实到具体个人，我们实施了"课程负责人制"。课程负责人对本课程和相关资源研发的质量全权负责，把控课程研发的进程。其主要职责包括：其一，确定本课程的目标和课程内容，紧密联系服务的对象，及时听取学生以及相关专家的意见，准确把握这门课程的定位；其二，负责本课程新任教师的培训；其三，有计划地组织任课教师进行课程教学诊断；其四，组织本课程任课教师完成相关课程资源的编写工作，包括课程指南、学习读本以及相关的拓展阅读材料和自学检测、阶段诊断试题，并在教学工作开始前完成。为确保这些任务的落实，课程负责人牵头组建项目组，各成员合作完成。

在育人模式创新和学校转型期，很多工作是崭新的，积极寻求学校组织结构的变革，能够及时灵活地解决很多问题。例如，面对大量的课程研发工作，学习资源的编写与印刷任务也被提到日程上来，这项涉及很多部门、每一位教师和每一位学生的工作，不仅工作量大，而且对质量和时间的要求都很高，我们为此构建了课程研究院与教导处相互支撑的组织结构。课程研究院负责组织，课程负责人负责课程资源的研发、编写，而教导处负责联系印刷，并在规定的时间内发放到每一位教师和学生手中。这样的组织架构分工明确，发挥了每个部门的特长，两条腿走路，充分发挥了"民间"学术力量和行政力量。

让每一位教师都成为自己的 CEO

从管理的角度看，管理者往往是与权力、地位、身份、职务联系在一起的，强调的是"一个好校长就是一所好学校"的管理理念，过分依赖权威性、制度化的校长"个人领导"。而"领导"则是与现代国民素质、现代民主社会的公民素养相联系的，更关注领导权力的下放与分享，注重"团队领导"。

学校领导要确立每一位教师都可能成为领导的理念，相信每一位教师都具有参与学校管理的自觉性、主动性和创造性，能够承担相应的权力并担负相应的责任。学校领导的过程，就是一种不断提升全体教师的领导素养、努力增强教师的教育责任感、建构教师实际领导才能的过程。这样的民主管理理念也不新鲜，关键是如何实现与落地。美国的戴维·奥斯本和特德·盖布勒两位学者撰写的《改革政府》一书中，有一章叫"把旅客放在驾驶员的座位上"，给我们很大的启发。书中指出，在美国这样的民选国家里，任何一个政府首先要考虑的就是怎么服务于他们的选民，但慢慢地他们发现，仅仅靠服务解决不了所有的问题，有的时候，必须从机制上寻找解决办法，把选民放在掌握权力的位置上。

学校何尝不是如此？我们提倡服务的职能，但有的时候，服务并不能解决所有的问题。例如，图书馆购书为老师提供尽可能丰富的资源，来满足他们的教育教学需求，但这个看似尽心尽力服务的事情，常常引发老师们的不满，因为图书馆的购书无法满足每一位教师的需要，而且往往"远水解不了近渴"。学校是一个知识型的组织，在这个组织里，每一位教师都是思想者，都有自己的想法，每个人的工作都富有个性，于是就产生了不同的需求，这些个性化的需求甚至不同的个性化发展方向，学校怎么满足？尤其是在选课走班的背景下，我们面临很多从来没遇到过的新问题，更需要发挥每一位教师的创造性，让教师当学校的主人翁，靠授予他们权力来开展各方面的工作。另外，校园里生活着的是成长中的学生，他们精力旺盛、生机勃勃，因而，学生的任何工作，都不宜运用整齐划一的行政手段。于是，淡化行政管理，让更多的优秀教师参与学校管理，让更多的事情通过协商、协调和协作来解决，成为我们学校管理的重要原则。

（一）让优秀教师承担一定的管理任务

选课走班在要求学校的资源发挥最大效用的同时，还需要对这些资源的建设进行更专业的引领。为此，我们在学校里设置了一些专门的岗位，比如负责学校图书的规划、购买以及对学生开放等职责的是图书馆馆长，负责学校高端科学实验室建设职责的是科技馆馆长，负责学校艺术课程和艺术馆建设等任务的是艺术馆馆长，负责教师专业发展的是教育家书院院长。还有一些学生由于其特殊的成长道路和专业方向，学校分层、分类、综合的课程体系不能满足他们，需要为他们专门设置一对一的特需课程，这一类课程的组织和管理由枣林村书院的院长负责。这些院长全部由学校的优秀教师担任。而对于一些临时性的工作，我们采取优秀教师领衔的项目制管理方式，如课堂教学展示活动、学校视频资料库的建设等。这些工作一结束，项目组解散，其项目的质量评估则纳入全校统一的激励机制之中。

我们认为，在一个组织里，并不是所有的事情都要靠行政力量。如果组织成员的权力和地位差异缩小，交流公开，大家一起参与决策，团结合作，共同发挥所有组织成员的潜力，那么这个组织的有效性就会得到提高。

（二）学部实施"分布式领导"

面对选课走班的挑战，学校的管理制度需要重建。一方面，班主任的管理模式被完全打破，原来由班主任承担的管理职责谁来负责？另一方面，面对处于流动和自主选择中的学生，管理的工作量陡然上升，仅仅靠年级主任一个人的力量已经无法做到位，需要有人分担管理的职责。本着从"管理"到"领导"的理念，我们借用了"分布式领导"的概念。管理大师加拿大人明茨伯格（H. Mintzberg）2006 年在英国《金融时报》上撰文指出，"所谓分布式领导是指组织的不同成员根据自己的能力和环境条件的变化动态地分享领导角色"。（张晓峰，2011）其主要特征是：第一，领导角色由多个组织成员共同承担。不再是所有年级的事都由年级主任管了，这个项目由这位老师领导全年级，那个项目是那位老师领导全年级，大家都是领导者，而不是管理者。第二，领导角色更替的依据，是任务特点和成员能力的匹配程度，就是谁能干这件事就让谁领导。第三，领导角色是动态更替的。分布式领导的岗位都是根据需要灵活设立的，高一上学期我们为一个特别重要的事情设了一个项目组，设了一个主管，可能到高二就没有了，但是新的项目新的主管可能又诞生了，因为学生在成长，学生在变化，管理也必须变化。

目前高中学部设置的分布式领导岗位主要有：学生管理学院、咨询师、自习管理主管、课程管理主管、小学段与研究性学习主管、诊断与评价主管、教育顾问（负责特殊行为问题）、导师等。图 4－4 是高一学部第一学期的分布式领导岗位。

从这个结构图中我们能够看出：第一，每一个岗位的主管都是领导，都主要负责一项事情。为了使这些工作顺利开展，各个岗位采取项目组负

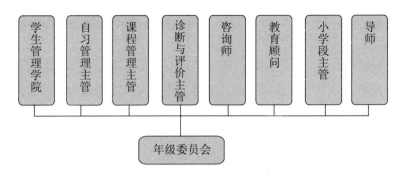

图4-4　高中学部分布式领导岗位设置

责的方式，由主管领衔组建一个项目组，项目组的成员由本年级的任课教师组成。第二，分担了年级主任的工作负担。过去仅仅依靠年级主任长期做不到位的事情，现在分成若干个岗位，让有这方面管理特长的教师专心做一件事情，不仅事事有人做，而且还能够提高工作的效率。一位刚刚毕业的研究生，精力充沛，教的课又少，所以他就承担了400个学生考勤管理的工作，所有学生请假请找他。有些老师说：他能管得过来吗？400多个学生，其实可能有两天时间都没有一个学生请假，事实证明他能管得过来，通过信息化技术手段来管理整个年级的考勤。第三，使班主任"消失"后的学部管理有了一个很好的对接。过去压在班主任身上的一些琐碎的事务性的工作，分解到各个项目组，由专人负责。例如，过去学生的过程性评价是由班主任负责的，一个班级40多个学生的过程性评价，班主任很难做到位，并没有真正实现过程性评价的功能和价值。现在学部设立了过程性评价主管，加上技术的支持，通过网络平台就可以很好地实施过程性的分析、诊断和监控。第四，改变了管理过度、教育不足的问题。过去，在"管理"的控制下，校园里到处都是"警察"，每一双眼睛都在盯着学生，盯着学生的毛病，学生几乎无处藏身。现在，我们让老师最大限度地从"警察"队伍中退出来，当学生的问题不再和老师的班级业绩挂钩时，当学生的迟到、早退跟教师的考核没有关系时，教育就变得纯粹了，学生也更容易接受教师的"说教"，因为他知道，你这样做不是为了你的业绩，不是为了你的班级，而是为了他的成长和进步。第五，年级委员会支持各分布式领导项目组的工作，发挥服务、沟通、协调的作用，而不再是过去的领导关系。

（三）让每一位教师都成为领导者

每个人都有追求成功的内动力，都愿意在自己喜爱、擅长或关注的方面有所成就，或者在自己所负责的领域有所作为。只要给予机会，每位教师都能在特定领域、特定时段成为领导者。比如，传统的实验室管理机制中，实验管理人员的岗位设置是为了更好地为师生服务，但在实际的运行中，却因为使用资源的人与管理资源的人分离而出现了很多问题，学科教师常常因为不断"麻烦"实验管理人员而"于心不安"，实验管理人员也会因为实验的功效、教学的质量与自己关系不大而缺乏主动为实验服务的积极性和责任心。针对这种情况，我们把原来的实验室改造成为学科教室，既是做实验的地方，又是上课的地方，每位教师负责教室里面所有的仪器、设备、药品、教具、挂图、图书的购置和摆放，成为建设和管理自己学科教室的领导者。

再比如，为了引导学生思考和规划自己的未来，走进社会，了解目前社会上的各种职业，我们设置了职业考察课程。职业考察课程一般在周末、小学段或寒暑假进行，由学生自主申报。学校在每个学年开学前，将下学年可能提供的职业考察课程在网上发布（见表4-1），同时编入学生的《课程手册》之中，学生根据自己的需求，在网上申报。每一门职业考察课程由一位教师负责。学校通过双向选择，由在某个行业有特长又爱好它并且拥有一定资源的教师担任这门课程的职业考察顾问。同一个行业每个年度负责组织4次考察活动。

还有，不同类型的学生研究性课题指导教师、学校课程研究院的学科兼职研究员、教育家书院的兼职助理等岗位，需要专家型教师引领或者优秀教师运用智慧来破解随时可能遇到的难题，有的工作需要他们以自己的人格魅力去影响和带动他人。这些岗位需要由各学科学术拔尖又有很高思想境界的老师来负责。

表4-1 职业考察课程（2013—2014学年度）

学期	编号	职业名称	考察基地	考察顾问
暑假	1	环保工程	北京天普太阳能工业有限公司	窦向梅
	2	环保工程	北京市朝阳循环经济产业园	周国华、陆江涛
	3	中医医疗	中国医史博物馆	李建英
	4	天文地理	中国地质博物馆	周国华
	5	军事体育	人民解放军军体大队	樊勃
	……	……	……	……
	15	建筑设计	北京建筑材料科学院	王伟
	16	建筑设计	北京建筑设计院	杨静
	17	信息技术	英特尔公司	徐绍辉
上学期	18	电力	北京四惠东电动汽车充放电站	公茂杰
	19	农业	中国农业博物馆	李艳芳
	20	农副食品制造业	天津伊利酸奶厂	窦向梅
	21	新兴产业	天普太阳能集团榆垡工业区	窦向梅
	22	航空航天	中国航空博物馆	周国华
	23	天文地理	中国地质博物馆	周国华
	24	建筑设计	北京市龙顺城家具有限公司	周国华
	25	汽车设计制造	北京汽车博物馆	王磊
	26	金融	中信银行媒体村支行	杨静
	……	……	……	……
	38	影视制作	中国电影博物馆	袁朝阳
	39	环保企业	福瑞至控股公司	陆江涛
	40	金融	信达证券股份有限公司	杨静
	41	汽车设计制造	现代汽车（中国）投资有限公司	王磊、张琦

学期	编号	职业名称	考察基地	考察顾问
寒假	42	工业和自动化	北京工业设计促进中心	王伟、李建英
	43	工业和自动化	北京可口可乐饮料有限公司	周国华、韩英
	44	建筑设计	北京市规划展览馆	周国华、韩英
	45	建筑设计	北京城市建筑设计院	周国华
	46	人文艺术	北京励志堂科举匾额博物馆	王伟、窦向梅
	47	医疗卫生	301 医院	窦向梅、李艳芳
	……	……	……	……
	53	新闻出版	中国人民大学图书馆	杨静、黎琦琦
	54	法院	北京市第一中级人民法院	伊胜华
	55	法院	北京市丰台法院少年庭	赵华、伊胜华
	56	检察院	北京市人民检察院一分院	伊胜华
	57	工业和自动化	北京天强创业电气技术有限责任公司	周国华、王磊
	58	建筑设计	北京建筑大学	王志娟
下学期	59	文化交流	欧盟驻华大使馆（根据开放时间确定）	韩英
	60	印刷制造	中国印刷博物馆	徐绍辉
	61	气象预报	国家气象局	林燕
	……	……	……	……
	69	航空航天	中国科学院国家空间科学中心	王伟
	70	科学研究	中国科学院力学所	王志娟
	71	科学研究	中国科学院声学所	杜卫斌
	72	天文观测	国家天文台沙河基地	南小军
	73	机械设计	北京四方继保自动化股份有限公司	黎琦琦
	74	天文地理	国家天文台	王伟
	75	航空航天	中国科学院遥感与数字地球所	周国华

让大量的问题在沟通、对话、协商中解决

与传统意义上上传下达、由上而下的"命令—执行"式的单一直线"管理"不同，领导型的组织结构注重通过创生一些新的机制搭建各种沟通的平台，通过与组织成员建立关系，运用这种人际影响力去达成目标。在学校里，我们一般不太主张提"执行力"，因为学校的事情大多需要商量着来做。

（一）建立与教师的充分沟通机制

面对选课走班这样一场前所未有的课程改革，仅仅靠行政力量自上而下地推行是绝对行不通的。行政命令式的推行，可能起到暂时的作用，但无法从根本上解决问题，容易造成说和做两张皮的情况。因为教师是课程与学生之间的桥梁，课程改革的每一步都需要教师参与，是他们带着学生在一步步的摸索中前行，教师的认识和自觉的参与精神直接关系到课程实施的广度、深度和效果。如果得不到老师们的认可，课程改革必然是失败的。因此，在课程改革的初期，我们建立了沟通式的民主协商机制。其一，立足于解决老师们实践中的痛苦，让老师们感觉到课改是在帮助自己解决问题，而不是强加给他们的负担，从教师的内部启动改革的需要。其二，沟通要覆盖到绝大部分教师，而不只是少部分人。其三，因为每一位老师的认识水平和期待解决的问题是不一样的，所以，课程实施第一阶段常常是一对一的沟通。其四，不是一次沟通就能解决问题，需要多次沟通，有时沟通甚至达几十次之多。其五，沟通贯穿课程实施的全过程。随着课程实施的推进，在不同的阶段可能会遇到不同的问题，随时与老师们保持顺畅的沟通与交流，会让他们感受到信心和安全感，并让课程实施保持正确的方向和合适的节奏。其六，在这种机制中，沟通不仅是一种工作方式，也是对老师们一对一的课程培训过程，用这种方式达成了老师们对学校课程改革价值取向的认同。

（二）在选课走班背景下，与学生打交道更需要平等的对话和沟通

传统的校园里教多育少，我们早已构筑起一个个学生成长的范式，将我们面前那些千姿百态的学生一一地"嵌"进去，如果其中哪一位不肯或不愿"就范"，说服便成为我们的重要工具。

这个说服的背后有一些不容置疑的味道，只要听到或看到与我们心目中早就塑造起的那个范式不一样的东西，我们的第一反应便是说服他们，既不去以同理心换位思考背后的原因，也不去探讨其中有无合理合情的成分。经验、权力并交织着一些教育的机智，最终使每一位学生几乎无一例外地全被说服。这种说服使孩子们无力还手，我们把自己的想法生硬地嵌入孩子们的脑际而替代了他们的想法，于是，教育一次次获得"成功"，校园里却越来越没有了孩子们的异想天开。

其实，今天的校园里应该少一些说服，而多一些对话。师生间的平等对话从表面上看可能耗时费力，但教育效益却大大增加，其持续性、持久力也非同平常。更为重要的是，由此生长起孩子的思想。当我们在对话过程中始终把孩子们的想法作为交流的前提，尊重就不再是一个抽象的概念，而是对孩子来说切实可感的存在。当他们的想法时时处处得到呵护，创造的幼芽随时得到浇灌的时候，他们的想法便如雨后春笋，于是，对话的机会在校园里便随处可遇。当我们放弃一定要说服别人的习惯，便会欣喜地发现，在孩子们坚持的观点里，正有着我们的追求，在孩子们追求的理想中，正有着我们的坚守，师生不仅在同一条壕沟，甚至本来握着同一挺机枪，装着同一颗子弹，射向同一个目标，只是过去我们从没有认真审视过孩子们的想法罢了。

构建师生对话的氛围，首先要扩大学生在校园里的话语权。我们定期征集学生的意见、建议，并将其中一些意见和建议提交到校务会上审议，尽力为学生做事情，满足学生的成长需求。我们设立奖学金，奖励学生的策划创意，奖励课堂里的"金思维"，奖励日常学习、生活中的"金点子"。其次，我们通过机制建设，引导干部和教师尊重学生的想法。我们让各个年级、各个部门的教师明确自己从学生那里得到了多少建议、获取了多少灵感，也看一下自己身边成长起了多少学生领袖。最后，我们还构建了学校、年级、部门不同层次的师生对话平台，一些事关学生利益的事情的决策和建议，一律来自学生，从学生身上吸取营养。当然，一些网络对话平台、学生报刊、以建言献策为目标的学生社团等，对营造师生对话的良好氛围也起着重要作用。

要准确地把握学生的脉搏，了解学生的真实需求，就必须有一个在常态下与学生保持沟通的渠道，"校长有约，共进午餐"就是渠道之一。学校每天中午确定一位校级领导与学生共进午餐，学生则自愿报名，由一个学生社团按学生的报名顺序负责选定每周、每日赴约就餐的学生。在赴约的学生中，有些是带着自己的困惑，希望校长能够指点迷津，这里面尤以职业规划与人生规划中的迷茫居多；有的是因为与父母或老师发生某些冲突或摩擦，希望从校长这里寻求帮助；有的则是带着给学校的建议或意见；也有不少是希望校长帮助他们解决一些实际困难；还有一些完全是为了能见一见校长，与校长面对面吃一次饭是许多孩子很好奇的事情。由于共进午餐具有非正式的特点，所以气氛显得轻松自如，学生可以在很放松的状态下畅所欲言，而校长也可以与之进行比较随意的沟通，在不经意间发现学生真实的内心世界，这样就非常有利于增强学校教育的针对性和实效性。

教导处每月要对学生反映的情况进行汇总、梳理，组织学校有关领导、各部门的主管和老师一同进行分析研究，既要力所能及地帮助学生尽快解决问题，又要从中发现学生的思想动向，为学校教育提供有效信息。对于带有普遍性的问题，则发布到网络上，让更多的学生、老师参与讨论，这样，既可以找到更多更好的问题解决方案，又可以让有着同样困惑或问题的学生从中受益。

（三）处罚学生更需要充分的沟通

特别要注意的是，处罚和惩戒学生时，更需要充分的沟通，才能让学生心服口服，从认识上解决问题。我们提倡"以学生能接受的方式处理学生"，当一位学生出现了必须处理的问题时，也要以学生能接受的方式处理。例如，有一位学生犯了错误，在网络上对老师出言不逊，学校要给他处分，但他的爸爸脾气特别暴躁，当时他的妈妈正在住院，这位学生提出能不能晚几天，等他的妈妈出院了再进行处理，经过商量，最后就是按照学生的提议处理的，这位学生接受了处理，还心存感激。其实，教育中没有不能商量的事情。

我们强调，在过程性评价的实施过程中，对于给学生扣分的项目，一定要在分数旁边附上文字的说明，解释扣分的理由。通过这种方式，让学生心中服气。比如表4-2是历史教师张美华给一位学生的过程性评价记录。在这里，张老师对这位学生每一次的特殊表现都给予了文字说明，让学生一看心里明了，也对老师的评价打分心服口服。通过这些方式，平和地实现了"微笑着解决问题，进行必要的惩戒"。

表4-2　对某位学生个别化过程性评价记录示例

姓名	教学班	学习态度	作业	回答问题	提出问题	合作学习	读书心得	单元学习内容考查	总成绩	备注
学生一	高一(7)班	1.0	4.0	10.0	4.0	8.0	4.0	53.0	84.0	3.15和3.16病假；3.19取书迟到；3.20和3.26两次迟到；3.29玩手机扣2分；3.30因前一天打篮球手受伤，由其口述，教师整理完成作业

让每一位学生都能够得到激励

传统上的班级和年级的管理模式是一种行政命令式的。班主任、任课教师、年级主任职责清晰，以一个一个的行政班为单位，学生的言行被约束在各项管理制度之中。行政命令强调对学生的控制和管理，力求学习生活的规范有序，追求管理的效率，因此，带有明显的强制性，习惯于通过一系列的控制手段，减少实施过程中的偏差，以实现预期的目标。这些管理规定、条例往往以一些"不许"、"禁止"字眼出现。然而，这样的管理有效吗？我们很痛苦地发现，这样的管理，要么造成学生与教师、学校的对峙；要么造成学生心口不一，表面一套，背后一套，表面上中规中矩，私底下暗流涌动。再"严苛"的制度，再无缝隙的管理，也无法达到长治久安的效果。因为，当学生把真实的自己藏起来的时候，真实的教育便无法产生。

选课走班赋予了学生选择的权利，激活了学生自主发展的内动力，管理上也需要让出空间，从"管理"走向"领导"，不再靠严苛的制度和至高无上的权力实现目标，不再把精力更多放在管理条文的制定和细化上，而是通过激励机制，引领每一位学生的发展。这些激励机制主要表现在：

（一）改革"评优机制"

一直以来，我们对学生的优秀评选比较"吝啬"，设置项目单一，往往只有"三好学生"这一个项目，而且标准很高，条件十分苛刻，并限制了名额，每年能达到这个标准的学生微乎其微。对于大多数学生来说，这个评优项目跟自己一点关系都没有，起不到激励的作用。为此，我们进行了如下改革：

1. 改革评选项目

为鼓励更多的学生在自己的个性特长领域进取，让具有不同潜质和能力、特长的学生展露出来，学校改革了"三好学生"单一标准的评选制度，出台了"卓越学生"、"优秀学生"和"专项优异学生"的评选办法。每学年对各学科学习优异以及在声乐、器乐、舞蹈、书法、绘画、手工、篆刻、摄影、棋类、广告设计、影视编导、动漫、语言类（话剧表演、小品、主持）、体育、科技创新以及社团等领域学有所长的学生，进行评优表彰。各项评比均不限定名额，鼓励符合条件的学生自己主动申报。

2. 改革评选标准

过去的"三好学生"尽管是强调"德、智、体"三方面的综合素养，但在实际的运行中，评选主要是注重学习成绩和分数这个单一标准。从引导学生各方面综合素养成长的角度，我们改革了评选标准，从学业课程、综合实践课程和技能课程三个方面综合评定（见表4-3）。针对不同的评选项目，三个方面的标准侧重不同。这个评选标准有两个特点：一是以学分评定。学校参考国际标准和国家课程方案精神，制定了学分等级和绩点折算制度，按照学分绩点的折算标准，不同的学业成绩将获得不同的学分绩点，学业成绩越高，学分绩点就会越高，各项优秀的评选标准中，对学业成绩的要求均以学分绩点的方式呈现，这样实施，使得学生不再纠结于一分一分的斤斤计较之中。二是每个评选项目不受名额的限制，学分达到相应的标准，都可以获得这一类的荣誉。这样就减弱了学生之间为了争夺优秀指标产生的竞争和矛盾。

表4－3　"卓越学生"、"优秀学生"、"专项优异学生"评选标准

评选种类	评选标准		
	学业课程标准	综合实践课程标准	技能课程标准
卓越学生	学业课程的平均学分绩点≥3.3分	四大领域课程中的必选课程合格，自选课程每学期累计达到3学分；行圆领域的"行为规范"课程每学期考核分数90分以上，在集体民主测评中获得2/3以上同学的肯定。	一项体育技能考评：初一、高一和初二（上学期）、高二（上学期）学生需达到良好等级；初二（下学期）、高二（下学期）及初三、高三学生需达到优秀等级；一项艺术技能考评：初一、高一和初二（上学期）、高二（上学期）学生需达到良好等级；初二（下学期）、高二（下学期）及初三、高三学生需达到优秀等级。
优秀学生	学业课程的平均学分绩点≥3.0分	四大领域课程中的必选课程合格，自选课程每学期累计达到2学分；行圆领域的"行为规范"课程每学期考核分数85分以上，在集体民主测评中获得2/3以上同学的肯定。	一项体育技能考评：初一、高一和初二（上学期）、高二（上学期）学生需达到达标等级；初二（下学期）、高二（下学期）及初三、高三学生需达到良好等级；一项艺术技能考评：初一、高一和初二（上学期）、高二（上学期）学生需达到达标等级；初二（下学期）、高二（下学期）及初三、高三学生需达到良好等级。

续表

评选种类	评选标准		
	学业课程标准	综合实践课程标准	技能课程标准
专项优异学生		四大领域课程中的必选课程合格，行圆领域的"行为规范"课程每学期考核分数75分以上，在集体民主测评中获得1/2以上同学的肯定。	(1) 在声乐、器乐、舞蹈、书法、绘画、手工、篆刻、摄影、棋类、广告设计、影视编导、动漫、语言类（话剧表演、小品、主持）、体育等领域学有所长，在十一学校就读期间当年获得过校级活动一等奖，市区级二等奖或者国家级三等奖以上； (2) 在艺术技能、体育技能、特殊技能考核中，达到优秀等级者； (3) 在社团活动、校园创业或者学校社会工作中表现突出，有突破创新者。
专项优异学生			符合上述任一条件，且达到学分标准要求者，均可申报。同样一个奖项或者一项达到优秀等级的技能，只能申报一次专项优异学生。

3. 改革评选流程

过去的评优基本上由班主任老师推荐、班级同学投票而产生，最后再征求任课教师的意见。在整个评选过程中，学生基本上处于"被评选"的状态，很少有主动争取的意识和机会。从激励每一位学生参与评选的理念出发，尤其是建设了综合素质评价平台之后，学生可以随时上网查阅自己各方面的学分情况，我们改革了评选的流程：每学年结束前，学校公布评选的项目—学生根据自己的学分获得情况自主申报—学部收集学生的申请表，进行核实—上报学校教导处，教导处认定—颁布评选结果—学部颁奖。改造后的评选流程，极大地激发了每一位学生参与的积极性和主动性，使这项评选活动与每一位学生的学习生活联系起来，真正起到了激励和引导作用。

（二）设立多方位的奖励机制

除了上面的评选项目之外，学校还通过多方位的奖励机制，力图让每一位学生都有获奖的机会。

1. 设置"年度荣誉学生"评选项目

为让综合表现特别优秀的学生脱颖而出，学校从 2012 年开始设置"年度荣誉学生"项目的评选。评选办法中明确指出：十一学校年度荣誉学生为十一学生的最高荣誉，是十一育人目标的最佳代言者和诠释者；年度荣誉学生的产生应为民主评议的结果；应充分发挥此选举过程对全校学生的激励、示范作用，将评选过程变为一次影响深远的教育活动。年度荣誉学生评选标准是：（1）全面而有个性的发展；（2）具有社会责任感，有领袖气质和领导能力，勇于担当，为他人、集体和社会做有意义的事情；（3）善于规划人生和学业，能够高效率地学习和工作；学业成绩始终处于领先位置；（4）追求卓越，不断挑战自我，超越自我；（5）在某方面表现特别优异者。学校年度荣誉学生 2 人（男女生各 1 名，其中 1 人应为当年高三年级毕业生）；学校年度荣誉学生提名奖若干，提名奖即为年级年度荣誉学生，能在本年级起到示范引领作用。每学年第一学期的开学典礼上为年度荣誉学生颁奖。

2. 设立各种奖学金

我们还设立了各种与学校育人目标相一致的"奖学金"。2009 年 12 月，就读于北京大学国际关系学院的十一学校 2006 届毕业生齐特同学，准备用自己的创业收入在母校设立一个奖学金。齐特将他的奖学金命名为"令德奖学金"，"令德"是英文 leader 的音译，他希望能够激励那些热心公益事业并具有领袖风范的学弟学妹。为了呼应齐特的行动，校长也从每年的稿费中拿出一万元，设立了"校长奖学金"，专门奖励那些有想法的学生。经过几年的摸索，逐渐形成了十一学校学生奖学金评价机制。

对有社会责任感，自觉为国家、为团队、为家庭、为朋友排忧解难，主动服务他人的学生个人和团体，颁发"乐仁奖学金"。对学业成绩和综合素质全面发展的学生楷模颁发"方圆奖学金"。对在各项学生活动中的优秀组织者颁发"领袖紫荆奖学金"。"英才奖学金"专门关注那些既有想法又有行动的优秀学生，尤其是学科竞赛中的获奖者或科技创新以及文化标识等领域的那些优秀方案、优秀作品的设计者，如刘佳赫同学因为精心策划、成功推动"学校安全疏散演练"课程的实施，获得了"方案类"一等奖。为鼓励学生通过社团活动关注国际事务、承担社会责任，成长为具有国际视野、求实学术精神、创新意识和勇于担当的未来领袖精英人才，颁发"令德奖学金"。为激励有想法、有创意，愿意通过自己的努力为他人、学校和社会做出有益行动的学生，颁发"校长奖学金"。比如，郑沛倞、耿晋哲、曾文远等同学，关注时事，积极参与学校事务，他们提交的"根据国际篮联新规定修改学校部分篮球场标线"的提案被校务会采纳，获得了校长奖学金"金点子奖"；高三年级的冯嘉荟、齐济、薛宇杰等同学，发起成立了"十一学校少年社会科学院"，他们希望这个组织"能成为十一学校的头脑，代表着校园思考的深度和广度"，由此获得了校长奖学金"金钥匙奖"。为引导学生成为"有想法"的人，学校特设立课堂"金思维"奖学金，激励广大同学能够成为课堂上的思想者，未来社会具有独立精神的创造者。还有，为了激励在各学科课程学习中表现突出的学生，各学科也制定了具有学科特点的奖学金评选制度，该类奖学金由学生自主申报，年级、学科和学部推荐，学校奖学金评定委员会评审。

【资料链接】课堂"金思维"奖评选办法

我校的培养目标是希望学生成为"志远意诚，思方行圆"的杰出人才，"思方"就是希望学生成为有想法的人，而活跃的思维不仅体现在工作和生活上，更要伴随着对知识的探求，在课堂上生长起来。求真、求实、求新、求变的思维品质，是学生未来成为社会各个领域领军人物的关键成功要素。因此，学校特设立课堂"金思维"奖学金，激励广大同学能够成为课堂上的思想者，未来社会具有独立精神的创造者。

核心定位：聚焦课堂，聚焦学生思维品质。

奖励对象：十一学校在校学生（含留学生）。

评选标准：课堂是思维的舞蹈，凡是在课堂学习中有以下任一表现的同学，都可以参选"金思维"奖。

1. 创新思维类：对所学知识能够很好地建立联系，不论解题、实验还是动手操作，能够提出与传统方式不同，又能很好解决问题的思路、方式方法，或者有新发现并能够对这种新发现进行清楚的阐述。比如，对一道数学题，抛开老师和同学惯常的解题思路，能够另辟蹊径，给出新思路或新方法；对于一个物理或生物实验，能在操作过程中或实验结果上提出新发现、新想法。

2. 质疑思辨类：在学习过程中，善于质疑，从一个崭新的角度提出问题，能够引发师生的集体思考和讨论，从而对所学知识有更深入的认识。比如历史课上，有同学对教材上关于《南京条约》的评价有异议，认为并非完全的不平等条约，里面也有部分条款是在合情合理范畴内的，特别是站在今天的国家利益上。这个质疑就需要他提供充足的理由来阐述自己的观点，也会引发全体师生的思维碰撞。

3. 学以致用类：能够将课堂学习与生活实践结合起来，学以致用。比如，将技术课上学习的制作技术，用在外国文化日、戏剧课等所需的道具制作上；用数学课上学到的几何知识，测量学校并绘制校园平面图。

4. 改革建议类：能够针对所学科目的教学，提出具体的改进意见，促进该学科课堂教学方式的转变。比如，针对高一理科政治的哲学部分，建议围绕"话题"的方式进行教学，激发同学们的探究热情，着重培养思维能力。

参评办法：

途径一：老师推荐。当课堂上闪现学生良好思维的火花时，任课教师能够及时记录，随时以表格的方式OA给学生中心王录老师。

途径二：学生自荐。当自己在课堂上的思维表现获得老师的高度肯定时，可以自行填写申报表，请该任课老师填写推荐理由并签名，直接送交教导处。

评定：由各学科优秀教师组成奖学金评审委员会，每学期至少评选一次，根据报名情况决定评选次数。

奖励办法：

荣获"金思维"奖的同学，奖励300～1000元不等。

推荐学生获奖的老师，荣获伯乐奖。

每次奖学金的颁奖会上，我们都请来学生家长和相关老师，让大家在隆重而又温馨的气氛中，分享孩子的成功与成长，使这项评奖成为对学校每一位学生的成长激励。这些奖学金与各类评优共同构成学校的评价机制，激励和引领学生在自己的个性特长领域不断进取。

（三）建立每一位学生的动力激励机制

为将激励的力量落实到每一位学生身上，为每一位学生装上自我激励的发动机，我们还建设了学生综合素质评价平台，实施学生综合素质评价报告单制度。

个性化的学业诊断与分析平台，随时激励着每一位学生。每一门课程的过程性评价，可以让每一位学生随时看到自己的学习表现情况：既包括自己每一门课程的学习过程，也包括各门课程的综合表现情况，通过不同学科的对比，看到自己的学科优势和短板；既包括各学科的学业课程，也包括综合实践等各方面表现情况；既可以看到自己的表现，也能够看到自己在全体同伴中的位置情况；既能够看到一个学段的表现情况，也可以看到纵向上的发展变化趋势，让每一位学生在与自我的对比中，在自己原有的水平上得到发展，获得不断进步的信心。每个学期结束前，综合素质评价平台会针对每一位学生本学期各个方面的表现情况，自动生成一个"综合素质评价报告单"，通过网络反馈给每一位学生和家长，为学生自我反思和制订自我规划提供帮助。

学分制只是规定了一个毕业的最低学分要求，对于绝大多数学生，这个标准太低了，没有激励作用。为激励学生为获得更高的学业成绩而努力，我们实施了"总学分平均绩点"制度，在达到最低毕业标准的基础上，学业成绩越高，平均学分绩点就会越高，总平均学分绩点纳入到每一位学生的评价体系之中。

（四）以基本行为规范为底线

给予学生最大限度的选择权和自主发展权利，并不意味着对学生的放任。我们主张让学生在获得自由和权利的同时，更懂得尊重规则、遵从必要的规范。因此，我们一直很重视学生行为规范的养成教育，"思方行圆"育人目标的中的"行圆"就是要求学生要行为规范、得体。《北京十一学校行动纲要》第 36 条规定："重视日常行为规范落实。重视起始年级、起始学科学生习惯养成的战略作用，梳理不同年级应该强化的不同习惯，逐一落实；要求学生在什么时间干什么事，在什么地方干什么事，干什么事就要干好什么事。关注学生学习与生活细节。"

在最大程度上实现激励每一位学生的同时，我们还从学生成长的角度，出台了"北京十一学校学生在校基本行为规范"。与以往那些管理规则条例不同的是：其一，该规范从学生的角度考虑，让学生感受到所有的条条框框都是为了保证他们自己的权益而提出的，感受到学校为他们的成长提供最大限度的便利条件（资源）；其二，该规范的文字表述简单明了，主要以学生应该怎么做，而不是不许怎么做呈现，例如在开学部分，规范提出"按时报到。因病、事不能按时报到者，应提前请假"；其三，该规范围绕学生从开学到学期结束整个学习生活过程中可能会遇到的"开学"、"选课"、"课堂"、"升旗"、"乘坐电梯"、"公共设施"、"操场"、"用餐"、"期末评优"、"文明礼仪"、"休闲区"等与学生利益关系非常密切的几个主要方面展开；其四，该规范作为对学生行为的引导，纳入《学生手册》中，开学前发到每位学生手中，而不是等学生犯错误后，才拿出来作为处罚学生的依据。

用多把尺子激励教师

走近这场课程改革的每一位客人，似乎都有这样的感受："你们的老师太厉害了！""你们的老师很辛苦，但是他们快乐着。"有时候，他们会不由自主地问这样的问题："是什么给了他们工作的激情和动力，让他们如此投入而无怨无悔？"这就不得不谈到教师的激励问题。

教师是学校里第一重要的群体，其精神状态和工作态度将决定学校组织的兴衰成败。学校发展的生命力来自教师对教育事业的忠诚及其对本职工作的热忱。因此，激励而不是控制，是"领导"与"管理"标志性的区别之一。在领导学校的过程中，我们非常注重组织成员的参与，强调唤醒组织成员的主体性，调动人的潜能和主观能动性。为此，我们通过各种平台和途径，构建了一套多元的教师激励机制。

（一）把检查和评价分开，淡化和慎用评价

在任何组织里，评价都是一个高利害的武器。正式的评价应该是基于标准的评价，是一项专业性很强的工作，如果搞不好，在某些环节上不是很科学，评价的结果就会大打折扣。一位领导者切不可随意评价任何一位老师的工作，你可能以偏概全，也可能坐井观天，所以，评价是一件很严肃的事情。另一方面，评价还是一把双刃剑，用好了能激励教师，用不好会引起很多矛盾、问题，起到相反的作用，还不如不评。所以，在有些学校已经将评价覆盖到无孔不入的时候，我们开始淡化评价。

学校提出：淡化评价本身就是对老师的无形激励。这表现在：其一，我们将"评价"引导为"诊断"。例如，学校每个学期组织一次学生层面的调研，这项工作在过去叫"评教评学"，淡化评价后，我们改为"教育教学情况调查"，意在告诉老师们，这项工作不是领导拿来说事的评价，而是以研究的态度，帮助老师查找自己的问题，是为诊断和改进教育教学服务的。其二，将检查与评价分开。有些事情可以检查，但不要评价。譬如，对一些青年老师来说，需要通过对他们备课情况的检查发现他们教学中的优点和问题，然后促进他们成长进步，但却不适合以此评价他们的工作，因为，对备课情况的评价是最容易引发诸如"弄虚作假"、"千人一面"等问题的。有些检查需要认真仔细，但评价却不要太计较。譬如对学生的常规检查，如果我们与老师"分分"计较，老师就必然与学生"分分"计较，既影响师生关系和班级生活质量，也不利于学生的长远发展。

（二）运用各种非正式的表扬手段进行激励

要创造各种机会，运用多种方式，发现并展示每个人的闪光点，促使其自觉、持久而稳定地提高工作绩效。譬如，我们把每个学期教师教育教学情况调查中许多学生满怀深情地给老师写下的那些令人感动的评语汇总在一张贺卡上，在新年的第一天，很郑重地交给老师，甚至将它镌刻在笔筒上送给老师；学校每个月举办一次"生日聚会"，每年有一个主题，其

中有一年就是寻找身边的感动，工会录制了寿星老师的同事、学生对老师的赞美，生日聚会现场播放，令老师们感动不已；每年退休的老师都会收到一份"退休纪念册"，其中展示的是他们在学校闪光的业绩和辉煌的历史；为刚刚入职的新教师，我们开办了"迎新酒会"，以西餐酒会开放交流的灵活方式，搭建一个展示新教师和新老教师交流的平台。教职工的幸福，有来自工作的成就感，也有来自家庭美满和孩子健康成长的幸福。为了激励教职工子女追求卓越的人生目标，养成勤奋学习的良好习惯，学校专门制定了《北京十一学校教职工子女升学奖励办法》。学校对品学兼优的教职工子女进行一年一次的奖励，颁奖典礼邀请教职工和他们的子女一同出席，奖励名单以大幅海报张贴在学校的显著位置。我们希望通过奖励他们的孩子，让教职工感受到学校对他们个人幸福家庭的关心，并因此备受激励。这样的事情让大家都很轻松，评价者无须殚精竭虑，被评价者也心情愉悦。当然，非正式表扬也不可随意为之，它必须出于真诚，且要以事实为依据，尽量避免面面俱到，评价所涉及的方面必须真实可信。

（三）设置多种展示舞台

以"发现身边教职工的闪光点和精彩的感人肺腑的人和事"为主旨，学校每个月举办一次"月度人物"的推荐、宣传活动，精心制作的月度人物宣传海报被张贴于十处显要的位置。月度人物来自于学校生活的各个岗位，有一线的教师，也有后勤的职工；可以是个人，也可以是群体。为了激励年轻教师的成长，学校专门为35岁以下的青年教师设置了"青年才俊"展示窗口。青年才俊不是评选先进青年，不是考核评优，其目的在于"展示风貌、关注成长、建设团队"，重在为青年教师提供展示的平台，让他们交流成长经验，鼓励他们不断刷新自我，追求卓越，争做师德的表率、育人的模范、教学的专家。为了充分发挥党员教师的模范带头作用，学校设置了"党员风采"展示平台，展示那些在自己的岗位上，以一名共产党员的身份带头工作的教职员工。

（四）注重教师的专业成长

学校非常重视教师的职业规划和专业成长。《行动纲要》明确指出："我们的'本来'在不断折旧，必须通过持续学习以实现自我保值和升值；

要注意职业规划，不断刷新自我。"为帮助教师成长，学校成立了"教育家书院"，专门负责教师的专业发展。书院充分考虑到教师发展的不同需求，设置了多层次、多类别的教师专业发展课程，供教师选择。为了减轻行政命令式的专业成长可能带来的压力和负担，"教育家书院"明确为民间组织，以学术而非行政的方式推进，激发教师自主提升的愿望和需求，变被动成长为主动成长。

每一位教师都十分在乎自己的学术发展，如果牵线搭桥，让老师们进入自己喜欢甚至追求的学术圈子，既能够满足他们的成就感，也有利于学术发展。因此，我们创造条件让老师们进入各种学术组织、研究机构或教材编辑部门等，让他们在校外的学术领域中快速成长。

（五）让每位教职工在合适的岗位上发挥和展示特长

正像学生有差异一样，教师也是存在差异的，发现他们的特长并设置平台发挥他们的特长，是学校激励中非常重要的策略。比如，为了适应选课走班下学生动态管理的需要，学部实施"分布式领导"模式，由具有某方面管理专长的教师担任分布式领导。这项工作极大地激励了教师的工作热情和创新精神，在学校制度重建的过程中，一些岗位的管理规范都来自于他们的智慧。再比如，有一些博士教师在学科专业学术方面特别突出，他们负责高层次课程的研发和拔尖学生的培养，就显得得心应手；有些教师思想活跃，又有着深厚的文化底蕴，高考课程让其无法施展，而任教思想政治、历史和地理的Ⅰ类课程更能够让他们发挥专业特长，深受学生喜爱；还有些工作需要有专长的教师承担，如不同行业的学生职业考察顾问、不同类型的学生研究性课题指导教师等，这时候，我们往往公布岗位名单，让教师自己选择，这样，既有利于发挥教师们的个人专长，也有利于推动工作的深入开展。

（六）设置各项奖励办法，让教师的才能和工作得到充分认可

学校改革工资体制，实施双向聘任制度，八级职级岗位对应不同的条件要求和工资待遇，这是对教师最大的评价，也是最大的激励，因为岗位是对自己工作最大的认可。为促使教职工注重专业素养和学术能力，推动教师的专业成长，学校制定了《教职工学术积分实施办法》。学术积分主

要包括教师主持或参与课题和项目研究情况、学术成果的发表和奖励情况等，实行积分累计制，分金、银、铜三级，每年表彰奖励一次。对于教育教学等各个方面有重大突出贡献者，学校还设立了"功勋积分"奖励。这些奖励办法和高三教育教学成绩评定一起构成学校的激励体系，成为学校教职工评优获奖、评职晋级的重要依据。

（七）通过媒体和社会活动，把优秀教师推向社会和大众，突出自我实现的价值

一所学校的管理者不仅要有一双发现崇高的眼睛，也要建造一架传递崇高的桥梁，不仅要把一位位卓越的老师推向社会，更要把教师这个职业中的崇高向大众诠释。十一学校60周年华诞时，我们在主流媒体中推出了一批优秀教师，并让绝大多数老师的名字和照片出现在媒体报道中，让每一个人都感到自己重要，这起到了很好的激励作用。当社会认识并认可了这些崇高，向老师们投以敬佩的目光的时候，教育既多了一份责任，也多了一份动力。

激励还体现在邀请社会成功人士参与校内教师的表彰活动。诸多名流、各界精英，他们之所以能有今天的杰出，往往离不开他们人生不同时期一些老师的点拨指导，邀请他们参加学校里有关老师的各种活动，往往也会令老师们意气风发。在学校每年的"功勋奖"颁奖典礼上，我们都会邀请一位老师们喜爱的、德高望重的名家担任颁奖嘉宾。另外，我们给一些老师举办教学思想研讨会，邀请业界的学术权威给予点评指导，让老师们感到杰出就在身边，卓越触手可及，这更是对老师无形的激励。

以标准化提升工作的规范与效率

现代学校的发展经历了上百年的历史，其内部的各项管理机制多数已非常成形。近年来，随着"以人为本"、"民主管理"等理念的出现，一些学校对原有管理体制进行了修改、补充、完善，但从没有进行过根本意义上的重建。正像叶澜（2005）⁴ 教授所说的那样，21 世纪初中国社会的学校正在经历着"转型性变革"，"是指学校教育的整体形态、内在基质和日常的教育实践要完成由'近代型'向'现代型'的转换"。选课走班在创新育人模式的同时，也意味着学校的全面转型。在选课走班的推进过程中，我们遇到了很多从未有过的挑战。从课程标准到评价标准，从课程的规划与实施到资源的研发与印刷使用，从学科教室的建设到选课、排课的流程，从年级管理规范到年级教育基本规范等，都是全新的，学校的各项管理制度面临着重建。在重建这些制度的过程中，我们站在国际化的视野，从与国际接轨的标准和高度进行，于是，在选课走班推进一段时间之后，各项管理工作的标准化也随之启动。

（一）启动标准化工作的意义

其一，新的岗位必须建立各方面的标准，如果我们始终凭感觉走，就会有好多风险，而且最终的质量也无法控制。例如各学科教室的建设标准，教室里应该布置什么？不同的时期需要布置的书籍可能不一样，语文教室里第一学期需要《古文观止》，第二学期就不需要，可能又需要其他类别的图书。需要布置的东西应该放在什么地方？教学楼里哪些是年级不管而归其他部门管理的地方？哪个部门来管？哪些地方需要管理？谁来管？什么时候管？还有学校课程实施的基本规范，走班上课形式下年级管理、年级教育的基本规范，等等，这些工作的规范和标准要一个一个地建立起来。为了提高工作的效率和科学化、规范化，我们将学校各项工作在形成流程的基础上，进一步推进到标准化管理的层面上。因为，一个组织的稳定必须靠标准，仅仅靠人治，风险太大，所以，要以标准化提升各项工作的规范和效率。

其二，经过三年的摸索、分享和梳理，我们大致形成了一些基本的操作规范。规范要与普适的、符合教育本质的价值观接轨，任何规范必须与国际教育的标准相一致，不能搞一些不严谨的"土政策"。例如，学生毕业实施"学分制"，学分计算的标准是"学习时间 9 周（一个大学段）、每周 4 节课、每节课 45 分钟且成绩合格，可获得 2 个学分"，学生毕业依据国家普通高中课程方案的要求，具体的学分要求是，"学生在校三年时间达到的必选学分包括：语文、外语、数学各 10 学分，历史、地理、物理、化学、生物、艺术各6学分，思想政治、技术各8学分，体育与健康11学分，综合实践活动（包括研究性学习15学分，社区服务2学分，社会实践6学分）23学分，共计116学分。除必选学分之外，学生还需从学校提供的各类课程中自选一定的模块，获得28学分，总学分达到144学分方可毕业"。但学分制只是规定了学生最低毕业标准，对于达到毕业要求的学生，其学业成绩差异如何区分？为了有效衡量学生的学业水平，并与国际接轨，我们引入了国际GPA，即"平均学分绩点"的概念，在学分的基础上增加了学分绩点作为衡量指标。平均学分绩点是每个学期末评优的依据：在没有不及格科目的前提下，卓越学生的平均学分绩点需要达到3.3以上，优秀学生需达到3.0以上。同时，平均学分绩点也是学生毕业的重要依据：在修满毕业要求的学分的基础上，其在校三年的总平均学分绩点达到1，才能拿到毕业证书。

在标准化的工作中，我们强调：（1）标准化主要聚焦在那些共同的、重复出现的规则上面；（2）通过一个个地梳理，最终要形成标准化的文本；（3）每个标准化文本包括岗位职责、流程和质量标准三方面的主要内容，这三个方面是标准化的落脚点；（4）标准化是一个漫长的过程，慢慢积累，一项一项列出来，先从最关键、最要害的工作做起，核心是发生在学生身上的成长，不要搞运动；（5）通过这项标准化的工作，推动各个年级在选课走班的实践摸索中形成一些有效的经验，不断梳理和提升。

（二）标准化文本的撰写

学校标准化工作的一个重要指标，是形成学校各个岗位的标准化文本。对撰写标准化文本，我们强调三个要素：

1. 岗位职责

过去的岗位职责往往比较笼统，现在的要注重细化、具体、准确，让别人读了，一下子就能明白这个岗位是做什么事的，并且马上就能进入角色。完成这项工作，要把类似的岗位进行对比分析，抽取类似岗位中经常出现、重复出现的职责，确定下来，再用简练的语言把这些职责具体化。例如，对于年级教研组长的职责，笼统地说"协调课程实施中出现的问题"，不如具体到"当学生需要改选课程时，进行不同课程之间的协调；当本年级任课教师请假时，协调教研组其他教师兼课，保证课程的正常进行"。

有的岗位，仅仅职责一项还不足以明确，就在职责下面增加了工作的具体内容描述。例如，由于实施了大小学段制，有的老师承担了小学段管理工作，对于这个全新的岗位，没有现成的经验可供借鉴，经过三年、几个课改年级的摸索，我们大致形成了一个"小学段主管"这个学部分布式领导岗位的职责。

【资料链接】小学段主管职责

●游学：与年级主任协商好游学的主题，与学生会负责教师及学生会干部一起共同协商选择游学地点、旅游公司、游学方案，并协助年级教务员完成目的地踩点、游学申报工作。

●小学段方案：设计出小学段实施方案初稿，在年级委员会上讨论，进而修改，并在年级小学段动员会上给同学们公布与解析具体内容。

●规划表：设计好小学段学生学习规划表，检查规划表的完成情况，督促规划表的落实，做好小学段完成后规划表的总结与意见梳理。

●小学段巡查反馈：每天至少巡查两次，及时发现问题并通报，发现优秀并分享。

●研究性学习的答辩工作：协助研究性学习负责人收齐并整理参与答辩的课题，制定评分标准，设计答辩评分表，为学生答辩分组，安排评委教师（需跨年级），安排答辩时间与地点，收齐并整理答辩结果，确定并公布优秀。

●课外活动：整理上个小学段学生对课外活动的意见，与学生会负责人交流确定课外活动的时间段和活动项目。

●调研：设计好调研的内容和方式，组织好调研活动的进行，回收和梳理调研结果。

由于小学段的事务很多，这个职责描述还不能够很细致地展示这个岗位的主要工作，于是，我们又对这个岗位的主要工作内容做出了具体的描述（见表4-4）。

表4-4 高一学部"小学段主管"工作内容

事 件	负责人	内 容	具体安排	备 注
学生调研	小学段主管	设计问卷,组织调研。	组织学生完成答卷。	设计问卷样表。
自习教室安排	小学段主管	制订教室安排表,小学段前两天张贴教室自习意向表,前一天贴出每间教室的学生新名单。	前两天有调动需求的标出调换意向,填写姓名;前一天无特殊情况不调整。	提供教室安排样表。
自习时间	小学段主管	与年级主任和各教研组组长商讨每一天自习的时间段的划分,并与其他年级配合。	上午:视听安排,第一节自习8:00—10:00,第二节自习10:20—12:00;午间活动12:30—13:50;下午自习2:00—4:10,4:10以后是自主安排时间。	下午2:00—3:00有援助课程,3:00—4:10可以答疑。
教师答疑	小学段主管和全体教师	学生须填写答疑申请表,教师也可以预约学生交流问题。	每天下午3:00以后与提前预约的老师进行答疑。	提供答疑申请表样表。
援助课程	援助科目的任课教师	经学生同意后,精选1~10人进行补弱。	每天下午2:00—3:00。	提前确定援助科目,安排好援助教室。
课外活动	学生会负责人	结合上一小学段调研的结果,设计出符合学生需求、学生喜爱而且参与面广的课外活动。	学生会创设活动,安排各项目的学生负责人,年级学生积极参与。	提前确定课外活动的时间段和所需种类。

续表

事 件	负责人	内 容	具体安排	备 注
游学拓展	年级主任、小学段主管、教务员、学生会负责人、部分任课教师	准备工作：选择旅游公司，确定游学目的地，确定游学日程安排，确定游学项目，明确安全注意事项，目的地踩点，完成向区教委的申报。游学拓展：协助旅游公司带队主管做好学生的组织工作，确保学生安全，随时准备应对意外事件的发生。	年级主任、小学段主管、学生会负责人做好各项准备工作，其中申报工作由教务员协助完成。游学拓展中需要部分教师共同参与学生的组织和管理工作，确保安全。	学生的安全排第一位，踩点工作和突发意外事故的处理办法必须细化。
研学答辩	研究性学习负责人和答辩科目的科任老师	研究性学习负责人负责做好参与答辩的研究性学习成果的收集工作，按科目和各科目参与答辩的小组数确定好答辩的时间、地点和评委，并及时通知老师和学生。确定答辩的评分标准，及时张贴公布，设计好研究性学习答辩评分表。	学生整理好研究性学习成果，做到规范、科学，打印三份给评委审核，并做好成果展示PPT，在指定的时间和指定的教室里参与答辩。	提供研究性学习答辩评分表样表。

2. 岗位工作流程

流程也就是办事的程序，是从事某项工作应该先干什么、后干什么的具体行程步骤。它的作用是把某些工作在空间上的分布和时间上的次序加以明确和固定。工作流程一般可以通过文字描述、流程图、表格等方式作出规定。在制作流程图的时候要注意：（1）涉及的是一个岗位，就写一个岗位的单向流程图，步骤要齐全，语言简练，一般用动宾句式；（2）涉及多个岗位，需要做跨职能部门流程图；（3）图中无法呈现的内容，就要在图下做个补充说明。

例如在学部的分布式领导岗位中，教育顾问是学部的德育岗位之一，负责对处于一般违纪之上、特别需要帮扶教育的学生进行重点教育。对于这个崭新而敏感的岗位，实施过程中的操作非常重要。经过两年多的实践摸索，我们基本形成了该岗位规范的操作流程（见图4－5）。

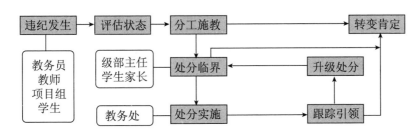

图4－5　教育顾问一般工作流程图

首先，任课教师、教务员、教育顾问、各项目组上报违纪学生名单。

其后，按学生所属区块，由相应教育顾问负责教育：

●经过惩戒（已经惩戒的还要视情况进行惩戒），仍然达不到转变效果的，上升为处分；

●对有可能上升为处分的学生，教育顾问组安排顾问与学生谈话，教育顾问、年级主任与学生家长谈话。

接着，上报教导处或者学校，申请处分，并进行后续的跟踪教育。最后，教育顾问的教育过程要有相应的记录、评估。

对于特殊情况或者某些特殊学生，教育顾问的工作流程见图4－6。

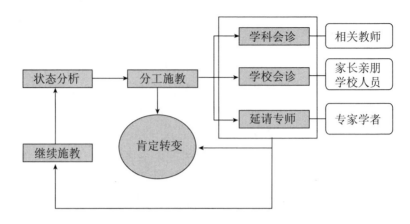

图 4-6 教育顾问特殊教育工作流程图

- 教育顾问组将特殊学生分类包干。
- 教育顾问对特殊学生设计教育对策。
- 必要时教育顾问召开任课教师、全体教师会议，对特殊学生实施集体教育方案。
- 对于长期难以转变的学生，年级主任、教育顾问与学生家长商讨其他教育策略。
- 对于特殊学生，请有专门经验的老师，特殊引导。
- 对特殊学生的教育过程有相应记录。
- 发挥教师团队的力量，运用最有效的人力，教育特殊学生。

3. 形成每一项工作的质量标准

每项工作的质量标准，通俗地说，就是每一件事要干到什么程度。可从三个方面做起：（1）寻找关键绩效指标，即：做好每一件事情最应该关注的核心绩效点是什么？做事情应该追求的成果目标是什么？（2）确认质量标准指向的对象，主要应该是项目组下各个主要工作人员；（3）描述质量目标，即对关键绩效指标的语言描述，能用数字就不用文字表达，尽量用数字表达。

教育领域里有的内容有的时候不能用数字表达，必须用文字表述，这时要用非常具体的文字。以"高一学生自主管理项目组岗位指标"为例（见表 4-5），在构建每一位学生为自己负责任的教育机制中，高一学部在分布式领导的岗位中增加了一个"学生自主管理项目组"，这个项目组主要是协助学生在学生会、学生自主管理学院以及一些年级的重大活动中开展工作。经过反复讨论，抽取出如表4-6所示的一些岗位质量标准。

表4-5 高一学生自主管理项目组岗位指标

序号	核心事件	关键成功因素	时间、频率	关键绩效指标
1	学生报岗前培训	教师、学生会申报	确保一次填报准确	重报率<20%
2	岗位信息发布	学部全体师生知晓	一周内	知晓率>90%
3	学生参与情况	学部学生参与数量	参与半数以上	参与率>50%
4	岗位录用	学生满意度	一周内	满意度>80%
5	工作检查	检查是否及时到位	每天、关键时段	检查率100%
6	检查记录	及时、准确	每天上岗时间	准确率>95%
7	学生工作方法	学生工作方法改进点	每一个月一次	改进率>90%
8	学生工作效果	负责工作的实际效果	每月一次	有效果>80%
9	过程性评价	按时完成	每月一次	完成率100%
10	学期学分授予	公平、公正、公开	每学期一次	准确率>95%
11	负责教师职责落实	服务对象满意度	每学期一次	满意度>90%

表4-6 学生自主管理学院项目组工作质量标准

项目组	主要工作事项	质量标准
自主管理学院主管教师	学生报岗前培训	一次填报准确，重报率<20%
	岗位信息发布	学部全体师生知晓率>90%
	学生参与情况	学部学生参与率>50%
	岗位录用	学生满意度>80%
	工作检查	检查率100%
	检查记录	准确率>95%
	学生工作方法改进	改进率>90%
	学生工作效果	有效果>80%
	过程性评价	完成率100%
	学期学分授予	准确率>95%
	负责教师职责落实	满意度>90%

续表

项目组	主要工作事项	质量标准
学生会指导教师	新学期组建学生会	及时、高效（十月前），学生参与率>50%
	学期初年级学生会制订学期计划	及时、高效（第一学期十月前，第二学期二月前）
	营造良好的学生会氛围	指导教师与学生骨干关系融洽，团队合作意识强
	学生会每学期开展年级活动	1. 次数>2次 2. 指导度高，学生活动反馈好，参与学生数大于年级人数的20% 3. 活动方案、预算、活动照片、新闻稿和总结齐全 4. 能协助年级宣传负责老师进行校园网宣传工作
团支部书记	新高一团员关系转入工作	及时、高效（十月中旬前），全员覆盖
	整理、录入年级团员信息	准确率100%
	发展年级新团员	流程准确率100%
	在每学期末评选校级优秀团员、海淀区优秀团员	1. 流程准确 2. 评选及时、公开、公正 3. 年级学生参与率100%
	团支部开展活动	1. 一学期至少一次 2. 参与学生数大于年级人数的20% 3. 活动方案、预算、活动照片、新闻稿和总结齐全 4. 能协助年级宣传负责老师进行校园网宣传工作

项目组	主要工作事项	质量标准
卫生检查负责教师	每天检查卫生	及时、高效，全年级所有功能教室
	每周进行卫生反馈	告知年级所有学生、教师
	每月进行卫生表彰	告知年级所有学生、教师
	及时、公平、公正的过程性评价	完成率100%
	学期学分授予	准确率>95%
升旗集会负责教师	周一升旗学生都能在规定位置整齐列队	学生参与率>95%
	集会时，没有大声喧哗、交头接耳、吃东西等不文明行为	达成率>95%
	升旗结束，学生能从指定位置退场	达成率>95%
	及时、公平、公正的过程性评价	完成率100%
	学期学分授予	准确率>95%

具体的数字和明确的文字表述，使得这些项目的标准要求十分明确，而且易于操作和评估。

正像很多有关标准化的专著中所阐述的那样，标准化是一个漫长的过程，而我们的标准化工作也只是刚刚起步。随着新的育人模式体系中各个部分的重构，目前我们刚刚完成了《学生手册》《教师手册》等标准化文本的初定，使得我们在学校转型的过程中，有一些可以参考的规范和衡量的依据。当然我们知道，标准是标准化活动的直接产物，但标准化活动的目的绝不仅仅是制定出多少标准，而是通过标准的实施保证工作规范有序，通过标准化工作，逐渐呈现出现代普通高中转型后的学校组织秩序，使这个组织的各要素之间形成有机联系的和谐生态系统。

伍

学校转型的策略选择

组织变革毕竟是伤筋动骨的事情，学校的转型性变革尤为如此。学校转型包括价值选择、课程、教师、组织结构、管理制度等一整套涉及学校所有方面的变革。学校转型不仅关乎一个组织的成败，更会影响到千百孩子的未来。如前所述，选课走班使传统的学校组织的各个方面都面临前所未有的挑战，从领导理念到领导方式、从组织结构到管理模式等都需要重建，面对如此艰巨而急迫的任务，学校转型的策略便显得尤为重要，它是学校变革成功的有力保证。大量研究和实践表明，不同的变革策略往往会导致截然不同的实施效果。在价值取向、实施目标日臻成熟之后，变革实施中的策略选择更会有"事半"还是"功半"之别。

　　学校转型的根本动力来自于学校自身，在问题与困难面前，只有认识到教育内在的使命，才能形成校本研究的内在动力。在学校转型这场主动变革的过程中，我们采取了诸多策略。

调整结构是学校转型的有效杠杆

学校是一种培养人的特殊组织，存在其特定的结构。随着社会生活日新月异的变化，尤其是新技术的广泛应用，学校的功能、职责乃至形态都在更新，其内部的组织结构也需要发生相应的变化。结构之变既是学校转型的实然改变，更是转型的关键策略之一。

结构开放是现代型学校的一大特质。它不仅包括向外的开放，还包括向内的开放，即在管理上向师生开放，教育教学活动向学生发展的可能世界开放。结构的开放，促使学校的结构形态由"宝塔型"向"扁平型"转换，即减少管理的层级，在学校教育实践的不同层面之间形成积极的互动，在同一活动过程中每个参与者或有组织的群体既是信息的接受者、传递者和加工者，也是信息的创造者和发送者，使结构整体呈网络态。（叶澜，2005）[5]

（一）有什么样的变革就有什么样的组织结构

从管理学的角度说，有什么样的变革就需要对应什么样的组织结构。我国学校的内部组织结构脱胎于马克斯·韦伯创立的科层制组织管理体系。这种金字塔式的管理结构层级多，从校长、副校长、中层部门到年级，师生的需求往往要经过 4 ~ 5 个层级才能传递到最高决策层，这也是大部分组织效率低下、信息不畅，甚至难以实现战略目标的瓶颈之患。在学校工作中，谁都不否认以学生为本、以教学为中心，但真正让这样的诉求落地却并非易事，原因就是科层制组织结构存在着这种严重的障碍。可想而知，这样的结构肯定会生出诸多繁文缛节，能否真的以学生为本实在只能靠碰运气，单靠组织结构本身的运作，是不敢抱此奢望的。

我们自 2007 年起实施了扁平化组织结构之变，试图打破这样一种局面。为让这个结构在实践中顺利实施，我们采取了一些行之有效的策略。

（二）调整组织结构的策略

第一，减少管理层级。过去，从校长到副校长到年级到教研组再到教师，一位校长要与一线的教师发生联系，至少需要跨越三个层级，不知道有多少效率、激情和真实的状态都在这个过程中被消解了。在扁平化的组织结构中，副校级干部直接兼任年级主任或中层部门负责人，这就减少了两个管理层级，很多时候，副校长可以直接面对一线教师和教学，更准确地了解他们的工作现状，也能够对他们的需求做出及时的回应。

第二，把学部或年级作为学校的事业部门，让其集教育、教学、科研、管理于一身，将权力和责任最大限度集中在这样一个实体上。

第三，改变中层部门的属性，使其成为职能部门。过去，学校的中层部门是一个实实在在的管理层次，是一个管理实体，什么事情都必须经过这个部门才能传达到年级和教师那里，它们的存在人为拉大了校长、副校长和年级的距离。现在，中层部门不再作为一个管理层级，也不作为一个管理部门，而成了一个职能部门。它们以服务于一线教育教学为职责，以沟通、协调为主要的工作方式，按照学校工作的总体规划与年级合作，协商开展工作。

第四，沟通、协商成为主要的工作方式。扁平化的结构调整似乎带来了一些问题，比如许多时候可能"政令不畅"。过去中层部门召集教师会议特别是班主任会议，通知一下，招之即来。现在不行了，不仅中层部门没有权力通知开会，即使想推行某些工作，也必须事先与各个年级沟通、协商，只有征得年级认可，才有可能实施。改革后的管理结构使中层部门与年级处于同一个层级，都成为校长的直接下属，各部门开展工作的时候只能靠协商、合作，某些事情要沟通清楚，达成共识需要更多的时间，有时候其实是需要更多的智慧、更多的策略，过去在办公室里拍拍脑袋就可以在校园里全面实施的方案，今天已经"风光不再"，因为方案再好，也必须得到实施者的认同，而只有认同的东西，才有可能真正落地生根。

第五，加强对学部或年级工作的诊断和评价。在扁平化的组织结构中，副校长进入学部，担任学部主任，学部集教育、教学、科研、管理于一身，集责任和权力一身，为此，对权力的监督和通过技术手段改进工作便不可缺少。一方面，学部只能按照学校的既定方案工作，不得自定章程、自行其是；另一方面，我们每学年对学部或年级主任进行一次诊断评价。每个学年结束前，学部主任对全年级所有的教师进行工作述职，由服务对象对学部主任的工作做出评价。这既是对学部主任权力的制约，也是帮助他们寻找问题、改进工作的一项诊断。

（三）扁平化的组织结构很好地支撑了学校的变革

1. 让学校以教学为中心落到实处

过去，为应对上级的检查，提报上级的计划、总结、报表等都是"压倒一切"的硬任务，通知一发，老师们必须放下手头的工作全力应对，而那些被放下的手头工作，往往是与学生息息相关的事情。在扁平化的管理结构中，行政权力弱化，似乎让大家分不清一些官职的大小高低，权威少了，行政的力量退后了，需要商量的事情多了，仅仅依靠权力去工作就会变得"不爽"，甚至有时候耗时费力。

2. 营造了"舒服"的管理文化

调整后的组织结构让师生变得舒服了。首先，他们没有那么多会议了。过去，分管着不同工作的校级领导和主持某项事务的中层部门主管就有近20人，人人都有权力召集老师们开会，人人都可以"指使"老师们做事，甚至某些干部不这样指挥老师，可能就没有业绩，年度述职时无话可说，因为管理结构导致甚至激发他们如此行使自己的权力。当副校级干部和中层部门没有权力通知老师们开会的时候，老师们开始把精力更多地放在学生身上，他们才有了更多的时间。其次，老师们的声音和需求可以直接受到学校最高决策层的关注。因为年级主任是由副校级领导兼任的，而他们同时又是学校决策机构即校务委员会的成员，所以，一线师生的意见、建议可以直接摆到校务会的桌面上讨论，所谓快速响应师生需求的机制，其实是由组织结构的调整实现的。另外，调整后的结构使"问题"决策很难顺利贯彻，因为我们赋予了学部或年级全面而又充分的权力。他们担负着为师生的成长保驾护航的使命，因而，一切有悖师生利益的行为，包括学校的"问题"决策，往往会受到他们善意的"抵制"，由于学部或年级特定的地位，这种"抵制"常常容易引起大家重视，于是，这些"抵制"又比较容易成功，以避免我们的管理产生无心之弊。

坦率地说，这样的组织结构调整是要伤筋动骨的，必须系统设计、分步实施，切不可鲁莽行事。譬如在减少中层部门的数量和行政干部的职数方面，我们用了近三年时间，才把原有的十几个中层部门压缩到四个，行政干部人数也相应减少。通过软着陆的方式解决结构调整带来的震荡是改革的重要策略，我们也愿意将此作为基本原则。

在学校变革的过程中，一般的管理者大都希望通过制定大量的配套制度来推进改革。过分看重制度的魅力，甚至迷信制度万能，常常是我们这一代刚刚走出"人治"的管理者自认为千辛万苦找到的灵丹妙药。其实，任何制度的实施都是在特定的组织结构之中，正像西方一位管理学家说的，把一群好人放到一个不好的组织结构里，很快他们就会成为一群互相指责的坏家伙。这就是组织结构的负面力量，而这个力量其实是很大的，即使我们在这个结构下纳入了很多制度，即使是一些力度很大的制度，也会被结构的力量所抵消。因此，在寻求学校变革、推进教育教学改革的过程中，每一位管理者可能需要做许多事情，但是，"组织结构调整先行"是事半功倍的良策。

鼓励先进，允许落后

面对变革，一般的管理者满脑子想的是做事情，那种急于求成难免溢于言表，但学校的转型性变革是一个深刻、持续、整体的渐进过程。全面推进改革，让改革之花满园绽放，虽然是个很诱人的图景，也常常被大部分管理者所向往和推崇，但却不是一条真实有效的变革之路。这是因为：

首先，教育教学工作是复杂而富有个性的高级劳动，每一所学校、每一门学科、每一个班级、每一位教师都各有不同，如果我们希望通过一场变革，让他们走在一样的道路上，甚至连行走的速度都一样，不仅没有可能，即使实现了这样的目标，那肯定也是违背了许多规律的，是个不可信的目标。

其次，选课走班对传统育人模式的冲击是全方位的，从文化到课程，从教学组织形式到管理模式。在变革中，我们遭遇了许多从未遇到过的挑战，而且没有多少现成的经验可资借鉴，很多时候是在摸着石头过河，在尝试、探索中慢慢积累经验，找到最适合我们的做法。在这个过程中，我们要求所有的员工都齐步走地跟进，本身也是不现实的。

再次，这场变革触及学校的每一位教师、每一位员工，甚至是每一间教室、每一个角落。这份重担落在每一位员工的肩上，变革给每个人都会带来巨大的压力，即使无须脱胎换骨，往往也易伤筋动骨，因此，这样的变革需要时间。每一个人从观念的转变、策略的运用到方法的创新、借鉴都必须经历别人无法代替的过程，感悟、体验、纠结、挣扎，每个人的内心都避不开疾风骤雨，而这种经历的快慢、缓急，每个人是不一样的。

最后，选课走班本身就是一场自下而上的变革，是广大的一线老师在解决他们身边的实践问题时开始的，我们从一开始就没有采取行政命令式的推进。没有行政力量的变革，更不可能让所有的人都成为"听话的小绵羊"，指到哪儿打到哪儿。

（一）允许落后，学会等待

允许落后应该成为组织推进变革的重要策略，在某些时候，甚至可以把它当作变革的基本原则。在我们身边，确有一些需要很长时间才可以接受某些新生事物的同事，他们学起来缓慢，但一旦上路，大都扎实稳健。每一个团队里，都需要这样的成员。实际上，在一个组织变革的过程里，管理者也容易通过他们弄清变革的缺陷，通过克服他们带来的变革阻力，使变革更健康、更稳健。在制定各项制度时一定要注意，不要从后面关注落后的人群，如果总是在暂时落伍的人群后面大声吆喝，甚至给以当头棒喝，就会制造"邯郸学步"的笑话。要允许没有赶上的同志在后面，给他们一个思考、彷徨、旁观的过程，否则他们就会焦虑。有时不是他们不愿意去行动，只是一时还没有找到方法，这个时候，一位智慧的管理者要学会等待，注意观望，等待他们每一个人走过自己的心理路程，发现每一个需要搀扶帮助的机会。例如，在最开始进行分层、分类、综合的课程设计时，语文和英语并没有进入，它们仍然按照原来的课程设计思路实施，因为当时这些课程的老师们还没有完全想清楚，经过一年的思考、彷徨，特别是在其他学科的影响和感召下，语文和英语在第二年才进入，形成了主干课程加补弱类和提升类自选课程的设计思路。

（二）鼓励先进，先行探路

仅仅"允许落后"的策略和原则又无法真正实现变革的目标，于是，我们还必须通过鼓励先进来推进变革的进程。

在这场发端于"自为"式的变革中，很多解决问题的办法只能靠自己慢慢摸索，指望着"拿过来"的思路是行不通的。在改革的行进过程中，尤其是一遇到困难，老师们常常把求助的目光投向管理者，但管理者在推动变革的初始阶段，往往很难给老师们提供鲜活具体、可以借鉴操作的办法，而老师们渴望得到的也恰恰是这些具体而且可以拿来用的方法，于是，大家很容易对领导失望，而失望之下常常伴随着抵触。在他们的内心深处常常埋着这样一句话："领导不过是只会说说而已，不信让他来实际试试！"所谓"站着说话腰不疼"一类的抱怨在所难免。

这个时候，作为管理者，解放自己是一种策略。首先，需要有一双发现的眼睛。在一个团队里，总会找到那些走在前面的人，他们有着敏锐的眼光、高远的境界和智慧的头脑，他们总是能够把自己的积累与别人的经验进行嫁接，然后在自己的园子里开出灿烂的花朵。这些走在改革队伍前面的老师，是推动变革的希望和力量。其次，一位智慧的管理者一定会紧紧地抓住这些"先进分子"，放手给他们一片天空，让他们施展自己的才华；和他们一起披荆斩棘，挖掉变革道路上的"地雷"，找到破解一个又一个难题的办法。再次，通过评价或激励的策略，让这些先进分子脱颖而出，让他们充当"传、帮、带"的助手，通过自己的摸索和实践感悟，传染给他的同伴，带动更多的学科和更多的教师逐步进入。如此一来，改革就变成了老师们自己的事情，他们分享，他们探讨，他们争执，他们互助，搀扶着一路走来。最后，这时候的领导，有时是首席服务官，有时是局外的第三方，他们走在变革队伍的中间，却又洞察变革进程中发生的一切，保障了变革的健康发展。

校长要走在改革队伍的中间

长期以来，传统的管理理念赋予了校长在一所学校发展中包揽一切的职责，因此才会有"一位好校长就是一所好学校"的说法，这种职责和使命要求领导必须时时事事走在前面，冲锋陷阵。

（一）超越"一位好校长就是一所好学校"的管理理念

从某种意义上说，"一位好校长就是一所好学校"确有道理，在某些事情上，也理应如此，但当从"管理"走向"领导"时，就必须超越"一位好校长就是一所好学校"的管理理念。

首先，学校转型的动力必须来自于学校广大师生员工的愿望和干劲，仅凭校长一个人的力量是远远不够的。校长有的时候需要冲锋陷阵，在变革之初，肯定需要领导者组织大家共同描绘改革愿景，确定变革的路径和方向，选择推进的策略，因为领导不动，任何组织都不可能自动出发。然而，如果接下来的工作一律靠领导策动，甚至领导不动就无人前行，这样的变革就成了校长一个人的事情，是不可能具有生命力的。

其次，凡事领导都冲在前面，自然会给员工很大的激励，但领导始终冲在改革队伍前头的风险很大，正像战场上的主帅一样，随便一个陷阱、无意中的一支冷箭都有可能使之葬身战火，因为战争总是充满无尽的变数。如果心急情躁，凡事必冲锋在前，一旦不幸"阵亡"，这支队伍必元气大伤矣。这也是很多重大的战役中，主要领导都是在指挥所里，而不在前线的原因。

最后，现代学校赋予校长更多的职责和使命，仅仅冲锋陷阵，无法包罗他浩繁工作内容的全部。

所以更多的时候，领导走在改革队伍的中间，也是学校转型的策略选择之一。

（二）领导要走在改革队伍的中间

首先，学校转型的领导需要的是说服和凝聚大家的价值领导和智慧决策，而不是舍生忘死的"勇气"。学校的变革如同一场战役，战争的正义性是凝聚团队舍身忘我的基石。在今天这样一个时代，让人们盲目服从任何一位领导都已经不太可能，服从真理才是凝聚一个团队的关键。因此，变革的科学性、可行性和变革的价值，就必然成为团队中的成员特别是核心成员首先要弄清的问题。

其次，领导还肩负着运筹帷幄的职责。领导既要给改革先行者提供充足的装备和及时跟进的服务，又要通过各种方式，鼓舞士气，激励他们坚持不懈地走下去，同时，在他们出现困难和问题时，还要及时出现，前往营救。而对于落后者，让他们不惊慌、不退缩，理解变革暂时的曲折，相信风雨之后有彩虹，是确保团队凝聚力、向心力和战斗力的关键。2009 年10 月，改革刚刚一个多月，各种预想不到的问题开始暴露出来的时候，领导就需要在队伍的不同位置随时出现。记得那时候，校领导每天找各个学科的老师聊，了解他们遇到的困难和需求，想办法帮助他们解决问题，有的问题当时即提出解决方案。12 个学科、几十门课程，一个一个地聊，从聆听老师们的问题，提供帮助和服务的角度，这样的座谈或聊天，一方面使一些问题在萌芽时就被发现，不至于隐藏起来，成为以后的隐患，减少了风险；另一方面，问题得到及时解决，服务及时跟上，能够提高工作的效率；再者，领导在这个时候出现，本身就是一种安慰和激励，让老师们知道，他们的困难和辛苦，领导都是知道的；最后，面对这样一项学校全方位转型的变革，让所有的人对所有事情都很清楚、明白是不可能的，往往通过这样的聊天，有一些理解不准确的，慢慢就清楚了，这本身就是一个非常有效的培训过程。

又次，领导必须始终保持清晰的思路和清醒的头脑，只有行走在改革的队伍之中，才能根据大家行走的快慢，控制改革的节奏。当改革取得些许成功，大家正头脑发热时，要及时提醒一句，这只是二万五千里长征的第一步，更大的挑战还在后面，让大家保持清醒的认识；当发现有一些偏离的动向时，又马上召集排头兵，扶正方向；当遭遇困难、迷惘懈怠时，又要添一把火，让大家保持持续的动力。例如刚开始实施导师制时，大家摸不着导师的职责边界，因为对班主任的工作职责和工作方式比较熟悉，于是出现了"导师班主任化"的倾向。这时候，领导需要站出来告诫大家，导师一定是有别于班主任的，至于导师的职责到底是什么，只能由老师们在实践中摸索。经过一段时间的探求，大家终于清晰定位了导师的职责，即"人生引导、心理疏导和学业指导"。再如，学部刚开始实施分布式领导时，这些全新的岗位占据了大家很多精力，这个时候，领导及时站出来提醒大家，教师的主要职责是教学，课堂是我们永远不可放松的阵地。

再次，在队伍中领导的身影总能给大家带来无限的力量，尤其是当变革中出现激流险滩，遇有疾风暴雨的时候。当大家遭遇困境、一筹莫展时，在最危险的地方，一定也会有校长的身影，及时告诫大家不要着急，与大家一起分析问题，积极寻求解决的办法。

最后，走在队伍中间，领导才能够确保改革一直朝着预定的方向行进。领导是那个在队伍中站得最高的人，他必须学会对更多的人、更重要的事有着更多的关注。学校整体转型的顶层设计是系统思考，但实施上一定要分步实施，小步推进。推进的方向一定要明确，不能因为走得慢，就改变了方向。从课程改革开始到全面铺开再到深入推进，每个阶段都面临着挑战和问题。面对这些问题，我们一直强调，要用改革的方法解决改革中的问题，而不是简单地退回去。比如，随着行政班的消失，当班主任和年级管理的制度、模式遭遇挑战时，学生谁来管？怎么管？我们没有办法重新再把选课走班的学生固定在一个班级里来使用班主任的管理方式，只能另辟蹊径，这才有了导师制、咨询师制和教育顾问制度。当把自主发展的权利还给了学生后，如何帮助学生管理自己的学习过程？只能把过程性评价做得更加科学、合理，让学生随时知道自己的学习情况。在把学生的自主空间放开的同时，如何确保教育教学质量的落实？还需要建立一套评价与诊断系统……面对每一个问题和挑战，我们都是用改革的方法解决改革中遇到的问题。学校层面创造性的课程实施就是在这样的挑战—探索—解决问题—再挑战的过程中不断进行的。

在十一学校学校变革的过程中，人们常常看不到校长的影子，大部分时候都是一线的老师们在推动。有时候，校长也会出现在老师们中间，说几句"不要着急"一类的话，或者在"风和日丽"时，提醒大家"不要丢掉雨伞"，如此一来，大家便清醒了许多，变革也安全了许多。说到这里，读者可能感到我们似乎塑造了一个"贪生怕死"的领导，其实不然，校长如此的策略，是一种智慧，只为确保变革，也为变革中的老师们提供更加有力的支撑而已。

只有领导走到变革队伍的中间，才有可能履行如此之艰巨职责。

让变革最大程度发生在"民间"

学校是一个知识型组织，每一位老师都是他自己那个领域的专业人士，他们有着自己对教学的理解、认识，甚至形成了一套在现有制度下还比较可行的方式方法。每一个学科都有着不同于其他学科的独特规律，这就决定了学校里不可能有统一的权威，即使有些校长认为自己通晓一切、无所不能，那也不过是自己的误解罢了，老师们的内心是如何想的，那又是另一回事了。

在这样一个特殊的组织里，事实上我们已经很难用大一统的方式推动工作，更不要希冀用大一统的方式推动变革了。当然，也有些"勇气过人"的校长，时时事事挥舞着"一刀切"的大棒，校园里到处都是他的影子，在他手上的学校往往表面上欣欣向荣但实际上却暗流涌动，随时都有翻船的风险。

我们在推动学校变革的进程中，选择了另外的方式，就是最大程度让变革发生在"民间"。这样，往往容易形成百花齐放的局面，也肯定会造就五彩斑斓的生态。但众所周知，改革总会给每一个人带来压力，尤其是历经多次没有成效的"变革"之后，改革的负面效应会让人们不由自主地保持一种观望甚至抵触的态度。如何不靠大一统的行政手段推动，而让变革在"民间"发生，是学校转型中的又一种策略。

（一）与老师们共同勾勒未来的愿景，是诱发变革的第一步

经验告诉我们，变革一直是发展的瓶颈，如果没有外力的推动，变革很难发生。因而，推动变革就成为领导不可推卸的责任。在推进教学方式变革之初，我们与老师们一起描绘按照不同学科教学规律施教的理想，大家长期以来的梦想与学校未来的规划融合在了一起。于是，建设学科教室，让教学资源最大限度且方便地进入学习过程，便促成了学生的走班上课，老师们开始坐在了自己的学科教室工作。时间久了，每一个属于自己的教室，便有了一些学科的味道和个性的光芒。这样的憧憬，常常能够点燃一部分教师改革的激情。

还比如，教育的现代化可以有很多标志，但个别化却是一个回避不了的必要条件。在若干场合，我们与老师们一起憧憬小班教学的理想，解读由此我们可以破解的诸多过去我们苦苦不得其解的矛盾，让大家明确小班教学是未来不可逆转的趋势，但同时也让老师们清楚，在教师编制不增加的情况下，推进如此变革必然带来老师们周课时工作量的增加。

（二）在"民间"培育变革的种子，是领导者的长期任务

任何一位积极向上的老师都有变革的欲望，只是长期以来他们经历的往往都是"被变革"，造成了他们对变革的误解和抵触。大多数老师都曾经历过一两次对过去学校改革的失望，因此，迅速拥护一种新的改革，这个想法在一些人看起来很傻。无论过去经历了什么，我们不难理解，许多老师都不愿意再次将双脚踏入改革的"浑水"中。要在这样一些经历过变革坎坷和挫败的老师中间启动变革，必须悉心培育变革的种子。事实上，变革的种子深埋在每一位老师的内心。在长期的教育教学工作中，他们有许多困惑，有很多矛盾，靠他们个人的力量不仅无力解决，甚至都无从做出判断，更不能选择变革的路径。领导者的工作即可以由此切入，从一个个具体的老师的内心发现某一个具体的问题，和他们一起弄清背后的原因，寻找解决问题的钥匙。在这里，有的难题老师们自己可以解决，也有的需要学科团队或年级团队共同的智慧或合力，当然，更重要的是需要学校层面对老师的帮助，无论是制度的突破、资源的整合还是评价的宽容，都是这颗种子萌动的土壤、水分和空气。在一个组织里，这样的种子有很多，但它们的需要又各不相同，万不可简单地给不同的种子以相同的呵护，因此，对一位领导来说，需要用在这里的心血无穷无尽也。

（三） 让变革的火种在教师之间传递

经过共同描绘愿景和精心培育变革的种子，学校里总会有一些比较有想法，又敢于实践的学科和教师，率先踏入这条河流。他们在变革中遇到的惊喜、感悟会在平日同事间的闲聊和交往中传递给周围的同伴，变革的火种就这样"静悄悄"地传播开来，带动越来越多的人进入。例如，关于小班教学，也是有些学科率先提出小班教学的方案，进而影响到其他学科的老师，于是，变革在没有行政要求的状态下发生。

（四） 及时调整学校制度乃至组织结构是确保变革生命力之关键

当变革之园百花争艳时，学校原有的规章制度必然面临着重大挑战，过去认为行之有效的法则，今天可能成为变革的障碍。领导者在此时需要审时度势，及时引导学校的管理阶层认真倾听、大胆假设、小心求证，在变革之路上，不要自我设限。这时候，特别要注意提醒我们那些制定着制度、掌握着资源的人们，面对着一线"民间"的诉求，切不可轻易说"不可能"。选课走班之后，我们就必须放弃对过去班主任的职责要求；小班教学了，作业批改的要求也完全可以不一样。没有什么是不可以改变的，关键看是不是有利于满足师生的需求。

不破不立与先立后破

改革需要处理好"破"与"立"的关系、"破"与"立"的时序问题，因时顺势地切入问题也是学校转型的策略之一。

几十年来，不破不立一直是我们推进改革的原则，但长期的实践教训告诉我们，正如造房子一样，当新房子还没有竣工之前，不分青红皂白地拆掉原有的居所，是十分愚蠢的事情。学校变革尤其要警惕"破"字当头，因为教育是育人的事业，不行就推倒重来，会耽误一代孩子的成长。育人的事业是容不得失败的。在我们对那个诱人的但尚未"立"起来的新的东西手拿把攥之前，便蛮横地"破"掉了尚无可以替代的"旧东西"，会让我们面临无可估量的风险，甚至懊悔终生。

（一）先立后破

在十一学校，我们更多的变革坚持的是"先立后破"的原则。

有的时候，还没有找到一个好的方法时，我们不主张把既有的随便打破。例如，在刚开始改革时，数学和科学领域的课程实施了分层设置的思路，语文和英语学科没想清楚怎么做更合适，于是暂且不动，经过一年的思考和旁观，第二年新学年开始的时候，这两个学科才以主干课程加分类自选课程的设置思路进入全校的课程体系之中。语言领域的学科跟数学和科学领域的学科不同，如果一开始没想清楚学科自身的特点，就跟着按照难度分层的思路进入，一定会走弯路的。还比如，教学组织形式变为选课走班之后，重在建设各个学科的教学班，导师制成为新的组织形式下的重要制度，但是我们很清楚，要真正让教学班成熟，让导师制落地，甚至最终实施咨询师和教育顾问制度，需要相应的时间积累经验，更需要等待学生、教师和家长度过心理适应期。于是，我们不是急于破除行政班制度，而是暂时保留了这个集体，让班主任制度与导师制并行，这样一来，不仅没有在改革之初造成学生、教师特别是家长的惊慌，事实上也对过渡期间的教育管理工作起到了补充的作用。

在学校整体转型的过程中，很多东西都是新的，我们只能摸着石头过河，有的时候甚至摸不着石头，只能贸然挺进，可能会面临很大的风险，这时候就需要策略和方法。其一，让一些学科或一些老师率先尝试。例如，有些学科决定推行新的课堂教学模式，尽管这些改革的目标听起来很是令人振奋，但我们一般还是主张在一些老师那里先行尝试，待他们走过曲折、跨过坎坷，走出泥沼之后，再让其他老师紧随其后。如果在几十位老师的课堂上一窝蜂地推进某一种教学模式，那不知会有多少邯郸学步者，所谓新的不会，旧的已丢，不仅令人尴尬，而且十分愚蠢。例如，使用电脑车，让学生人手一台笔记本电脑，进行网络课程，我们就首先在历史、地理和政治学科进行尝试；学生在课堂上使用 ipad，我们先在语文的文言文基础阅读自选课程的课堂上尝试，因为，文言文中的实词和虚词需要在反复的阅读中，根据语境掌握，而提前把选择好的阅读材料放入 ipad 中，可帮助学生大大提高阅读的兴趣和效率；翻转课堂的实验则率先在数学课堂中实践……其二，搭建各种形式的分享机制，让率先获得的经验得到最大程度的分享，让后来者在先行者的经验中起步。在学校转型的各个阶段，我们非常注重不同学科、不同教师经验的分享和互助。例如，我们以教育沙龙的形式，举办了后行政班时代的自习管理、学生管理工作、小学段管理、过程性评价等的分享会（海报见图5－1）；通过教育年会、教学年会中各种论坛等形式，把比较成形的经验进行最大限度的推广。

图5－1　后行政班时代的系列教育沙龙

（二）不破不立

与此同时，在某些问题上，或某些时候，我们仍然坚持"不破不立"，因为不破就不能立。如前所述的选课走班，变革之初我们让班主任制与导师制并存，让行政班与教学班并存，确有必要，但是，当改革进入一定时期，我们便发现了另外的问题，继续保留班主任制度，不仅班主任已经失去了履行原有职责的条件，且导师的工作也常常难以进入，班主任力量的强大，反而影响了导师走入学生的内心，行政班的"集体主义"对建设各个学科的教学班团队往往形成干扰。这个时候，如果导师制和班主任到继续并存，导师制就长不大。当我们不取消行政班，实在没有办法推行导师制的时候，我们就先破后立，取消了班主任，这才有了后面从导师到咨询师的不断推进。这时候，便应了那句"不破不立"的原则了。

有了感情再变革

有位刚刚履新的校长朋友说，到一所新学校上任之初，一直抱定了"不烧三把火，不踢头三脚"的任职策略，可两个月来的管理经历却让她改变了主意，因为整个学校已经卷起了变革风潮，干部老师们纷纷希望新校长能够大刀阔斧、革故鼎新，创造学校美好的未来。

其实，这位校长朋友所遇到的情景几乎是每一位履新的管理者都常常遇到的，无论那个组织的前任多么高明，也总是会留下许多值得改进和修正的空间，人们这种希望变革的期待可以理解，但重要的问题是如何变革。

（一）学校转型性变革仅凭激情和干劲是不够的

变革，尤其是触及每一位教师和学生的学校转型性变革，需要做好充分的准备，仅凭激情和干劲是远远不够的。任何变革都充满了诸多的不确定性，如果下手伊始，方向尚未弄清，愿景亦未描出，感情也没建立，一旦遇上风吹草动，脆弱的关系往往会瞬间把你扔进孤家寡人的境地，变革极容易成为莽撞和乱来的代名词。同时，变革本身就意味着利益的重新分配，一些人从改革中获取利益的同时，另外一些人也会失去利益。在这场利益的博弈中，如果团队成员之间没有建立紧密的感情纽带，大家就不可能全力付出甚至要"割肉流血"，历史上商鞅和王安石的教训可资借鉴。我们相信，在一个组织里应该有许多顾全大局、勇于舍弃个人利益的人，但即使是他们，也同样需要一些能说服自己的理由。

所以，一位履新不久的管理者，尽管面对着许多期待变革的目光，但我们仍然建议暂缓行动，因为在那些期待的目光里面可能还有很多利益的诉求。试想一下，他们是不是真的希望来一场让自己失去诸多利益的改革？

（二）培养好与组织成员的感情

在对"领导"的研究中，斯托格迪尔在《领导手册》中提出，"领导是一种影响力的实践。通过与组织成员建立关系，运用这种人际影响力去达成目标，并强化成员的行为。"（于泽元，2006）[111-112] 而领导的这种影响力除了来自于领导者的个人特质、领导行为和已经拥有的权力之外，还有很重要的一点是"领导与组织成员的关系"。这样的理论提醒我们，无论变革的氛围多么浓郁，也无论变革的呼声多么高涨，任何一位履新不久的管理者都当从容淡定，要拿出更多的精力和时间，与组织里的每一位关键人物建立良好的关系，培养良好的感情，让他们认识你、了解你、理解你、信任你。当大家有了共同的感情基础、共同的愿景使命、共同的价值追求时，同甘共苦、风雨同舟才成为可能，变革之路上的荆棘才有人斩除，曲折和坎坷才会被认为是暂时的。也正因为认识到这一点，在育人模式的构建中，我们为这场变革做了充分的准备和铺垫。2007 年到 2008 年，我们利用两年的时间，让全校教职员工参与，梳理学校的文化，共同描绘了学校发展的愿景，形成了共同的价值追求，明确了学校在以后发展中的重点改进领域；2008 年，我们首先启动了"课堂成长年"，提出了课堂变革中需要坚持的原则："师生关系是有效课堂的基础"、"改造教学流程与删除无效教学环节"、"将落实进行到底"。在这些改革的过程中，我们逐渐构筑了共同的思想基础和感情基础，2009 年，才开始了选课走班这场学校整体的转型变革。

（三）给大家留出足够的彷徨、思考的时间

当然，除了利益重新分配可能带来的风险之外，变革还会触动原有组织的神经，甚至会冲撞一个组织的文化，因此，还必须给大家留出足够的彷徨、思考的时间。正如人们所说的，变革对于被变革者来说，许多时候就像收到一个亲人的病危通知书，需要一个情感接受期，理智上他们也知道需要改变，但情感上往往难以割舍，因而，一开始同样需要雷声大一点，雨点小一些，喊一些口号，营造一种氛围，而不要马上下手、急于求成。学校的变革尤其如此，教育不能搞大刀阔斧、跨越式的改革，任何理想、追求，都要本着务实的态度，立足学校的实际，找到那个适合我们的办法，以能显见成效的方式推进改革。而且，由于师生个体的多种差异，学校变革的具体方案只能在实践中不断完善和丰富。我们没有办法先制订出一个完美的方案，然后在实践中贯彻执行，因为有太多预想不到的情

况。例如，一开始就提出取消行政班和班主任，教师们想象不到结果，也不认同，但随着选课走班的全面铺开，行政班名存实亡，班主任也抓不到学生，无法发挥教育作用，只能探讨新的办法，否则，学生的管理就出问题了，于是教学班的建设、导师制和分布式领导才摆在了大家面前。经过共同的探讨，大家在这些制度建设方面对一些工作的内容和职责达成了共识。还比如，数学一开始只分出三个层次，但在实施中，发现无法满足学生的差异需要，于是经过研究，分出了目前的五个层次。

在变革中发现可分配的利益

毋庸讳言，变革必然带来组织群体中每一位相关人士利益的再分配，无论是权力、资源还是人脉关系。人们希望原有的蛋糕在改革之后变大，但组织成员更关注的是蛋糕的切法。在过去的分配体制下，每位组织成员对于属于自己的那一块已心知肚明。而经历新的变革，一些人会心满意足，同时，也必然会有一些人丧失既有利益，这是谁都无法避免的。古往今来，变革失败的原因不尽相同，但有一个原因却往往是共同的，就是变革中的利益分配，它常常是导致变革搁浅甚至失败的重要因素。所以，如何做大蛋糕、切好蛋糕，是学校转型策略中不可忽视的焦点之一。

因而也可以说，那些不会把蛋糕做大，只能够在原有蛋糕基础上重新分配的改革，一般难有成功的机缘。历数那些成功的变革，尽管也有着各不相同的风格、特色，其背后都隐含着一个共同的特点，就是把变革团队的蛋糕做大，让变革相关者都没有根本的利益损失，同时，还要使变革的中坚力量收获更多的利益。这样做的最终目标，还是让变革得到绝大多数利益相关者的拥护，让他们积极地参与变革、推动变革，最终实现组织变革的目标。

（一）发现资源与发现需求

如何才能"把蛋糕做大"？这是对变革者的智慧、能力的极大挑战。

发现资源和发现需求是极为重要的，也就是根据团队不同成员的不同需求去组织不同的资源。有些资源在有些人的手上其实是垃圾，换到别人眼里，却成了宝贝；有些资源过去长期闲置，今日可以把它激活；过去我们习惯于在自己的视野范围内定义资源，现在我们可以在云计算的背景下让更广泛的资源为我所用。例如，学科教室建设的动议，源于看到一位化学教师搬着一盒实验仪器，吃力地从实验楼搬到教学楼教室里的场景。过去，我们常常把实验和教学分别布置在两个地方，实验设备、仪器、材料都放在实验楼的实验室里，由实验教师负责管理，为教学做准备，但他们不负责教学，而真正需要用这些材料的教师和学生却在远离这些材料的教学楼里。这样等于人为地把教学与实验分离，而物理、化学和生物原本就是实验学科，学生的学习必须每天浸染在实验之中才行。于是，我们提出让实验材料进入教室，走近学生身边，这才有了现在的学科教室，让资源真正进入学生的学习过程之中。在建设学科教室的过程中，我们才发现资源的惊人闲置和浪费，原来很多材料和仪器一直都躺在实验仓库里，而一旦进入教室到达学生身边，这些资源才能够真正"活"起来，发挥其应有的作用。在这个过程中，我们并没有增加太多的投入，只是在资源和教师与学生的需求之间，进行了资源的"再发现"。经过这样的调配之后，实验教师也不再是后台的"闲杂人员"，他们与资源一起进入课堂和学生的学习过程之中，与任课教师一起备课，一起负责每节课的实验准备、组织和管理。

（二）优化资源配置，将资源的使用权、调配权与使用者对接

优化资源配置，将资源的使用权、调配权放在真正需要它的人手中。如前所述，资源只有在需要它的人手中才是有价值的。对于学科教室的建设，由于每个学科有各自的规律和特点，学校没有办法统一一个建设方案，所以，必须由学科自己拿出建设方案，列出购物清单，然后由教导处登记造册，负责购买，送进教室里。有一些改动比较大的建设项目，例如舞蹈排练厅的改建由艺术学科负责，技术教室的建设，比如机械教室、汽

车设计教室，由负责这门课程的教师提出建设方案，通过招投标建设，因为他们使用，他们最清楚需要什么，如何配置使用才最方便。还比如购买图书，过去学校统一给教师购买图书，常常是费力不讨好，这些图书要么被束之高阁，要么成为搁在书架上的摆设，真正用心研读的老师并不多。经过调查我们发现，每位教师对自己专业发展的需求不同，需要阅读的书籍也大相径庭，既然是给老师们用的，干脆把选择、使用和调配的权力交给使用者。于是，我们采取的办法是：学校定期推荐最新图书目录，每位教师根据自己的需求选择图书，由学校购买，发到每位教师手中。办公用品也是这样，过去统一的购买和发放并不适合每位教师的需求，现在我们采取的办法是，每位教师根据自己的需求，在一定的费用额度内上网购买。花费还是那么多，经过优化配置，资源的使用效率大大提高了。所以，有的时候把"蛋糕"用好，不一定非要增加投入才能够做到。

在选课走班的学校转型中，到处都有这种变革策略留下的印迹。

变革后的扁平化行政管理模式，看似让管理干部失去了很多在老师们面前"指手画脚"的机会，但新的体制下的从容安静却给他们开辟了成为某个领域专家的健康通道。例如，在选课走班的动态变化中，围绕着服务于一线教与学的管理理念，教导处从标准化工作的角度，对选课、图书购买、学科教室的资源配备、学习资源的印刷、考务等各项工作进行了流程和规范的梳理，成了这些岗位的行家里手；教学组织形式变革取消了行政班，让资深的班主任们失去了往日的"光环"，但在年级分布式领导框架下，咨询师、教育顾问、课程主管、诊断与评价主管却让他们大显身手；在课堂教学的改革中，我们注重还给学生自主学习的机会，难免让一些讲得精彩的老师失落，而校园里的"名师大讲堂"又给了他们更大的展示才艺的空间；讲台撤去了，课堂上少讲了，与学生要平等对话了，老师们感觉到原来那种师道尊严"丧失殆尽"，而对课程的设计、学习资源的研发、对学生的人生引导、心理疏导和学业指导的咨询和服务又让他们重新找回职业的尊严；如此等等。如果我们时刻在内心有一个利益补偿的念头，并构建起一个利益补偿的机制，就会倒逼我们去发现许多可供分配的"利益"。

先开枪，再瞄准

在任何战斗中，先瞄准再开枪似乎都是无可辩驳的普遍真理，这样才能不浪费每一颗子弹，提高命中率。但在这场学校整体转型的过程中，我们却发现这种真理有的时候不能照搬，因为先瞄准再开枪的前提是假定前方有一个靶子，可当我们看不到靶子时，我们就不知道该往哪儿瞄准。如果还按照常理，非等找到靶子、再瞄准、再开枪，我们就无法前进，只能等待，可我们不能等待，于是便有了"先开枪，再瞄准"这种违反常理的策略选择。

这种说法源于惠普的 CEO 卡莉女士的一次讲话。2001 年在斯坦福大学的毕业典礼上，代表老校友讲话的是惠普刚上任不久的首席执行官卡莉。卡莉在这次讲话中，又一次提出了她的"先开枪，后瞄准"的战略思想。卡莉接任时，惠普的业绩一度跌入低谷，年增长率从持续多年 30% 跌至 1998 年的 3%，2000 多名中高级管理人员大幅减薪。卡莉认为，在过去的 60 年里，惠普是通过强调品质卓越、尊重员工而获得成功的，但由于过分追求这些，在这样一个千变万化的信息时代却忽略了决策与行动的速度，而一旦丧失先机，便处处被动。面对惠普当时的被动局面，卡莉提出了这个著名的"先开枪，再瞄准"的速度逻辑，即如果过去研发的每一件新产品成熟度要达到 95 分才推出，现在则可以达到 80 分时就推出，然后放到市场中去检验，通过整合客户的智慧来改善产品的质量。

（一）"先开枪，再瞄准"的思维逻辑给了我们启动这场变革的勇气

在学校教学组织方式变革的实践中，刚开始，我们一直下不了决心，因为，在这场学校转型的变革里，到处都是新事，大家都是新手，难以预测未来的挑战，比如：每位学生一张课表的课如何排？没有了行政班的学生如何管理？原来班主任的职责谁能承担？问题学生如何发现？学生学习的动力来自哪儿？如何给每位学生装上自己的发动机？如此等等的问题一

直困扰了我们好久。然而，不改革，我们面临的问题却更加严峻。"因材施教"的教育原则尽管孔子就已经提出来，但经历两千多年的教育发展，仍一直无法在校园里落地，时至今日，不同个性、不同成长需求的学生在校园仍然被大一统的课程所困扰，社会对人才需求的多样化与校园内培养模式的一刀切格格不入。每天面对这样的矛盾和冲突，我们不再等待，因为等待只能让我们远离未来。于是，在不可能具备完善的操作方案的情况下，我们集全校之力，通过头脑风暴等各种手段排查出了变革可能带来的160多个风险，一一追问，逐条研讨，分别管控。就这样，我们在忐忑不安中踏上了教学组织方式的变革之路。如果我们按照常理，一直等着瞄准之后再开枪，也许这场学校转型的变革到现在还不曾在十一学校发生，因为，我们一直把握不准，一直没有准备好完备的改革方案，一直没有把所有的问题和解决办法都想得很清楚，那就只能这样无限制地等下去。

（二）面对改革实践，又是"先开枪，再瞄准"让我们找到解决问题的思路和方法

选课走班启动之后，挑战和问题便接踵而至。原本只是课程的变革，随着行政班和班主任的消失，学生和年级的管理制度面临着重建，启动每一位学生为自己负责任的教育机制需要构建，数字化技术平台的建设尤为迫切，等等，也确实出现了许多之前不曾想到的问题和风险，但大都在变革的过程中被大家的智慧和热情所化解。而事实上，在这场变革中，一些办法、策略甚至是方案恰恰是在边实践边摸索的过程中获得的。

如果没有行动，不"先开枪"，即使再经过很多年，我们也无法预测到其中的问题，也就永远不可能"瞄准"。例如，随着选课走班实施，学生到不同的学科教室选修不同的科目后，语文、历史等学科教室需要配置大量图书，这些教室实际相当于学校图书馆的分馆，但是，其中的图书管理却是一件新鲜事，既无现成可供借鉴的经验，也没有那么多人手可用，而且，大家对分散到各个教室管理的图书可能会发生多少问题心里也没底。但我们没有选择等待，而是毅然决定紧密配合教学组织方式变革这一学校重大改革的推进，在改革的第一时间将图书配置到有需要的教室，尽管所制定的图书管理使用制度肯定还不能够应对所有未知的问题，但是我们相信，它肯定会在实践探索中不断完善。实践证明，经过大家的摸索，现在各学科教室都建立了相应的图书管理办法。

处理好"收"和"放"的关系

选课走班呈现给学生一片"释放"的天空：课程放开了，学生可以按照自己的需要选择；管理放开了，每一位学生自主管理、自我负责；学习资源放开了，真正进入到每一位学生的学习过程之中；学习的动力放开了，减弱外推力，给每一位学生装上属于自己的发动机。放眼望去，学生如鱼得水般在充满"自由"的校园里快乐着、成长着。但有一个声音一直在隐隐地提醒我们：学生的"自由"要有一个度，内动力的启动需要时间和过程，现在到处都抓不着学生，落实如何保证？教育教学质量如何保证？如何确保落实到每一位学生身上？这样的提醒让我们始终警醒着，在这么"放"的状态下，要确保没有风险，就必须学会"收"。那么，面对全校4000多名学生，在"放"开去的同时，如何能够"收"得起来？

我们都知道，西方的民主国家是一个开放的社会，但也是在每一个关键点上监督严密、到位的法治国家。发生一点点事，马上就被发现、被质询、被修改。如果没有这样的监督机制，同样也会有很大的风险。小布什在国会报告中讲的一段话更形象地描述了这种监督机制，他说："人类千万年的历史，最为珍贵的不是令人炫目的科技，不是浩瀚的大师们的经典著作，不是政客们天花乱坠的演讲，而是实现了对统治者的驯服，实现了把他们关在笼子里的梦想。因为只有驯服了他们，把他们关起来，才不会害人。我现在就是站在笼子里向你们讲话。"① 小布什的一番话很容易引起大家的共鸣，尤其是在目前权力过于肆虐的背景下，人们很渴望这样一个笼子，在监督制约权力的同时，也使风险得到了有效控制。在学校转型的变革中，为防止"自主"权力膨胀和肆虐的风险，我们同样也需要找到装权力的"笼子"。在"放"的同时也能够"收"，是领导的重要策略之一。

---

① 详见百度百科词条"乔治·沃克·布什"。

（一）把权力分散，把威权变成威信

在一所学校里，校长的权力既能成事，也能坏事；既能帮助别人，也可以危及别人。在一个行政班里，班主任的权力至高无上，既可以成为鼓舞学生的火花，也可以成为扼杀童心的利剑。因而，如何自觉地把相应的权力关在制度的笼子里，决定着能否建设成和谐的生态校园。在十一学校的转型变革中，我们形成了一套"把权力装在笼子里"的监督、制约机制。比如每年教代会都会对校长进行信任投票，达不到规定的信任率，校长必须自动辞职。还比如实施人事、财务、教育教学的指挥权分级设定，校长只可以在每一个领域享有规定的权力。在人事方面，校长具有设定各年级、各部门编制和聘任中层以上干部的权力，而教职工的聘任则由各年级、各部门双向选择，从选择过程到聘任结果，校长无权过问。在财务方面，校长只有批准年度预算和监督预算执行的权力，而每一笔财务开支的权力属于有着相应责任的部门和年级，只要在预算规定之内，他们即有权签批支出，校长不但没有理由干涉，而且其签字也无法在财务支出方面发生效力。也就是说，有权批准预算的无权花钱，有权花钱的则只能在被批准的预算范围之内支出，每个人的权力都很充分，每个人的权力都要受到相应的制约。对教育教学的指挥也责权分明，校长的权力在于课程规划，而课堂教学改革的主导权则在每一个学科和每一位教师手中，尽管学校可以确定课堂教学的基本原则和价值追求，但在具体方式方法上却不得指手画脚，更不得拍脑袋想出一个所谓教学模式在不同的课堂里"推行"。选课走班的教学组织形式，使行政权力高度集中的班主任也不复存在，取而代之的是与学生平等交流的导师和咨询师，他们不再具有过去班主任"左右"学生的权威，而是需要智慧的力量去教育学生。这样的变革实际已经不需要关权力的笼子，权力已经转化为一种威信。

如果说对权力的监督还属于外部力量的控制，那么内在自为式的自我诊断才是一个组织成熟的重要标志，因为只有启动了发自内心的自我控制，风险才能无缝可钻。

（二）用好诊断工具，构建学校自我诊断系统

1. 建立学校自我诊断工具

研究表明，一个组织或者个体只有不断进行自我诊断，才能够持续成

长，关键要找到那个能够帮助我们看见"身后"事的自我诊断工具。2009年至今，经与有关大学相关领域专业团队的深度合作，通过多阶段、多轮的调查和访谈，我们建立了基于学生发展的学校自我诊断指标体系（李希贵 等，2010），并在此基础上编制了自我诊断工具量表。首先，我们提出了基于学生发展视角的学校自我诊断框架与指标，形成了以学生为中心的同伴、教师、课程与教学、组织与领导、资源与支持、文化等六要素轮状模型（见图5-2），围绕六要素轮状模型，形成了自我诊断的指标体系（见表5-1），进而形成了学生、教师、管理人员、家长等不同群体的诊断量表。对学校发展状况的定期诊断，能够帮助我们及时发现问题，进行自我修正，大大降低了风险的积累和扩大。

图5-2 学校自我诊断六要素轮状模型

表5-1 学校自我诊断指标体系

一级指标	观测点	主要内容
同伴关系	对积极同伴关系的感知	同伴是否友好相处，支持带动
	对消极同伴关系的感知	同伴孤立，同伴数量
	同伴群体向心力	有没有向心力，向心力强不强
师生关系	学生全面发展得到关注和支持	教师的关注包含学习及学习之外的内容
	每个学生得到关注和支持	公平对待每一个学生
	教师与"我"的关系	"我"对自己在教师心中位置的感知
课程	课程目标	课程目标是否清晰、一致
	课程适切度	课程是否适合学生
	课程选择性	课程的种类、内容的选择
	自主学习时间	对自主学习时间的安排和有效利用

一级指标	观测点	主要内容
教学	独立思考能力的培养	注重培养学生独立思考的能力
	自主学习能力的培养	注重培养学生的自主学习能力
	教学与学习中的同伴互助	注重教学中同伴互助及小组协作的作用
资源与支持	图书资源	图书馆、书籍材料使用的便利性及使用情况
	体育设施和实验设备	体育设施、实验设备使用的便利性及使用情况
	社会资源	学校为学生提供社会资源的丰富性
组织与领导	对校长领导力的感知	学生感知到的校长领导力
	管理渠道畅通	有问题知道找谁、怎么找，学生表达意见的渠道畅通
	管理的服务导向	实行师生导向的民主管理，管理为个体独立性和群体多样性提供空间
文化	对学校价值观和教育理念的认同	学生的认同感和学校归属感
	文化外显	学生感知的外界对学校的认同及比较
学校秩序与安全	课堂秩序	课堂不良秩序出现的频率
	学校秩序	学校的一般秩序
	校园欺凌	同伴欺负、校园欺负行为
学生发展状况	学生成绩	学业中取得的成就
	身体发展状况	身体素质和机能
	心理发展状况	对自尊、自我效能等核心特质的自我评价
	对学校生活的情感和态度	对学校生活中各方面的喜爱度、满意度等

2. 引导管理者进行自我诊断

在定期对学校的整体发展进行有意识的自我诊断的同时，引导管理者和教师形成问题意识，学会定期进行自我诊断，也是降低风险、提高工作科学性的一个重要策略。

扁平化管理结构赋予了学部主任和学科很大的权力和职责，为了帮助他们积极寻找工作中的问题，不断改进工作，降低风险，确保实施过程的安全性，我们实施了每学年学部主任和学科主任工作的诊断制度。每个学年度结束前，学部主任和学科主任向他们管理的年级或学科的全体教师进行工作述职，由学校课程委员会成员和学部任课教师或学科任课教师对自己的直接领导一年的各项工作进行打分。为了减弱这些工作的评价压力，从帮助他们发现问题和诊断问题出发，以促进学部和学科健康成长为目的，各项指标的表述主要从正面呈现。以学科主任的诊断方案为例，从业务引领、课程建设、资源建设和队伍建设四个方面，分十二项指标进行调查（见表 5-2）。收集数据后，经过统计分析，将结果通过合适的方式，反馈给学部主任和学科主任，为他们下一步的工作提供参考。

表 5-2　北京十一学校学科主任诊断方案

项目	具体内容	评　价			
		请按照题意选择 ABCD 四个选项中的一项			
		A. 非常符合	B. 比较符合	C. 不太符合	D. 很不符合
业务引领	1. 教学能力突出，能起到很好的引领示范作用				
	2. 在市、区学科教研部门有一定影响力				
课程建设	3. 有清晰的学科课程开发和建设思路				
	4. 在学科课程与资源开发过程中能起到很好的带头作用				
	5. 能很好地协调学科教师，发挥每个人的优势特长，有效组织本学科教师开发出相关课程				
	6. 学科自行开发的课程符合学生需要，能更好地促进学生发展				
资源建设	7. 学科功能教室的资源建设有明确的整体规划与思路				
	8. 每学年学科教师能收到上一年级传下来的教学资源或学科整理的教学资源				
	9. 学科共享资源较为丰富，不断完善；学科教师经常使用				

项目	具体内容	评 价		
		请按照题意选择 ABCD 四个选项中的一项		
		A. 非常符合	B. 比较符合	C. 不太符合	D. 很不符合
队伍建设	10. 团队和谐，有相互学习的传统和氛围				
	11. 指导青年教师（入校工作未满三年的教师），促进青年教师成长；没有青年教师的学科，能给本学科教师寻找锻炼、展示的机会				
	12. 有针对性地听本学科老师的课，或就教学工作及未来发展等与学科老师和教研组长有所交流				

3. 用好数据，建立教学与学习过程的诊断机制

选课走班教学组织形式下，教学过程呈现出从未有过的开放和多元。例如，我们现在的理科课程已经有 5 个层次，不同层次之间如何区分和定位？现在更多的是一位学生的成绩可能有若干个老师同时负责。每一位学生除了知道自己在同一门课程中的位置，在全年级的同伴中如何比较？……这些问题要求我们必须找到一个让大家心里很清楚的诊断方式，否则就会产生风险。借助试卷及成绩诊断系统，我们对每一次段考都进行认真分析，找到问题并有针对性地改进。我们强调，这些教学过程中间的环节不是评价，而是课程实施过程中解决问题的一个载体，意在让每一位老师发现自己的优势和问题，同时更加清楚地把握学生的学习状况，清晰地发现学生学习中的问题。只有通过不断诊断，不断解决问题，我们才能够非常自信地走到最后。所以，诊断中要在数据上多下功夫，而且要用好这些数据。

以高中五个层次数学一次段考的诊断分析为例。通过对每一份数学试卷中每一道试题正确率的数据分析，数学学科发现：数学 Ⅱ 的条形图相对而言高低较为整齐，其次是数学 Ⅲ 和数学 Ⅴ，而数学 Ⅳ 和数学 Ⅰ 的条形图

高低错落有致（见图5-3）。从这里，我们认为有两个诊断结果：第一，本次段考试卷，数学Ⅱ的题目难度分布较为均匀，数学Ⅰ中难题相对较多，这提醒我们，数学Ⅰ的少数题目对于学生来说是否普遍过难？第二，由于不同层次考卷的大部分题目相同，因此相对而言，数学Ⅱ、数学Ⅲ和数学Ⅴ的学生对于考查的知识掌握情况较为一致，而数学Ⅰ和数学Ⅳ的学生则对考查知识的掌握情况差异较大，这提醒我们，数学Ⅰ和数学Ⅳ的教师在教学中需要更多关注学生的个体差异，进行个性化辅导。

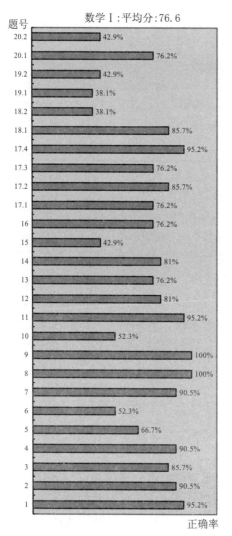

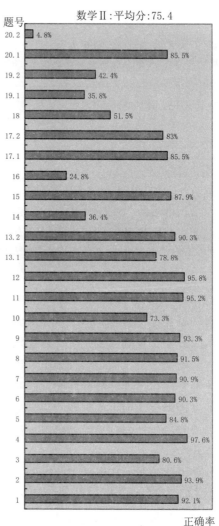

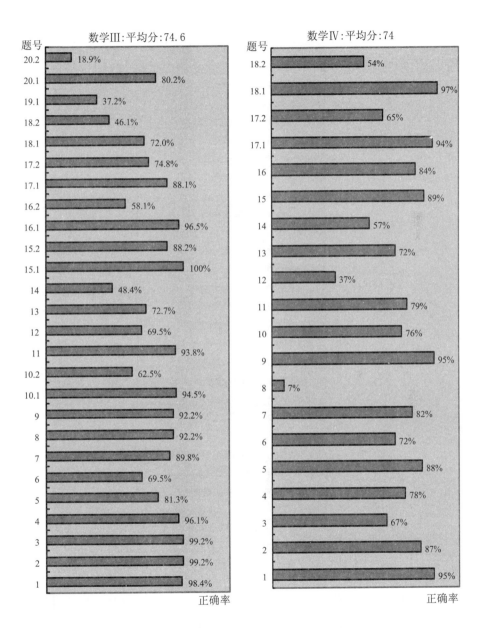

数学Ⅲ：平均分：74.6

题号	
20.2	18.9%
20.1	80.2%
19.1	37.2%
18.2	46.1%
18.1	72.0%
17.2	74.8%
17.1	88.1%
16.2	58.1%
16.1	96.5%
15.2	88.2%
15.1	100%
14	48.4%
13	72.7%
12	69.5%
11	93.8%
10.2	62.5%
10.1	94.5%
9	92.2%
8	92.2%
7	89.8%
6	69.5%
5	81.3%
4	96.1%
3	99.2%
2	99.2%
1	98.4%

正确率

数学Ⅳ：平均分：74

题号	
18.2	54%
18.1	97%
17.2	65%
17.1	94%
16	84%
15	89%
14	57%
13	72%
12	37%
11	79%
10	76%
9	95%
8	7%
7	82%
6	72%
5	88%
4	78%
3	67%
2	87%
1	95%

正确率

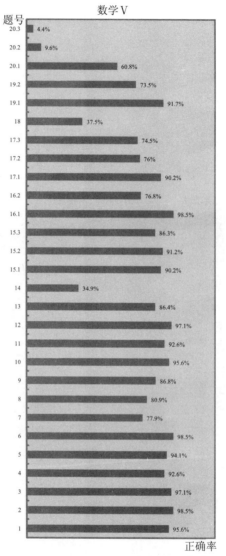

图5-3　高中五个层次数学一次段考后的数据分析

　　此外，正如前文所述，我们借助数字化的技术平台，还为每位学生建立了他们可以随时查询的、提供多样化比较和分析的、及时详尽的自我诊断系统，不断帮助学生从纵向、横向上分析自己的学业进步情况，还有更为全面的过程性评价，在放开自由的同时，帮助他们学会及时总结与反思，以更理智、更科学地管理和规划自己的行为与发展。

陆

转型后的学校生态

课程形态的变化带动了学校教学组织形式的全面转型，从校本课程体系的构建到选课走班再到学校组织的重建，一种不同于以往的全新的育人模式体系渐渐呈现出来，同时，一种现代型的学校形态也摆在了大家的面前，学校逐渐呈现出一种全新的教育生态。

　　当我们给学生提供了 265 门学科课程、30 门综合实践课程、75 门职业考察课程、272 个社团、60 个学生管理岗位、271 间学科教室、1430 个教学班、5600 平方米的公共空间时，当全校 4174 名学生按照 4174 张各不相同的课表上课时，学校会呈现出一种什么样的形态？教育生态学的思想，开阔了我们审视转型后学校生态变化的视野和思路。

　　2011 年 5 月和 2013 年 6 月，在北京师范大学脑与认知科学研究院的帮助下，我们分别对当年的高中学生进行了两次调研，调查数据在一定程度上呈现了现代普通高中转型后的学校生态。①

------

① 两次调查均采用北京师范大学脑与认知科学研究院专业研究人员经过严格程序编制的问卷，调查问卷围绕"同伴关系"、"师生关系"、"课程"、"教学"、"资源与支持"、"学校秩序与安全"、"学校领导与组织管理"、"学校文化"、"核心自我评价"九类指标设计，经过访谈、预试分析等严格测量学程序编制完成。数据录入、整理与分析通过 SPSS18.0 完成。

学生的社会责任感日渐增强

联合国教科文组织国际教育发展委员会主席埃德加·富尔（1996）指出："人类发展的目的在于使人日臻完善；使他的人格丰富多彩，表达方式复杂多样；使他作为一个人，作为一个家庭和社会的成员，作为一个公民和生产者、技术发明者和有创造性的理想家，来承担各种不同的责任。"我们认为，一个文明社会的建设需要成熟的公民，而责任心是公民不可或缺的最基本的素质，今日校园里的每一个孩子都有了"参与"之心，我们对他们明天的"责任"之感才可以放心。

（一）课程的适切度提高，学生自主发展的愿望和能力增强

课程的丰富性和多样化扩大了学生选择的空间，使每一位学生按照自己的基础、水平、兴趣特长、发展潜质和发展方向选择适合自己的课程成为可能，课程的适切度明显提高。以 2011 年 5 月对 396 名高中生、2013年 7 月对 688 名高中生的调查数据为例（见图 6－1、图 6－2），经过两年多的努力，学生们的反馈证明了课程改革的效果：课程选择性增强，多样化的课程使更多学生能够按照自己的个性发展需求选课。

调查还表明，2013 年 7 月，93.5% 的学生认为现在学习的课程内容适合自己；而认为课程的难度和进度适合自己的学生比例分别达到 93.5% 和92.6%。总的来说，93.2% 的学生认为目前学习的课程适合自己（见表6－1）。

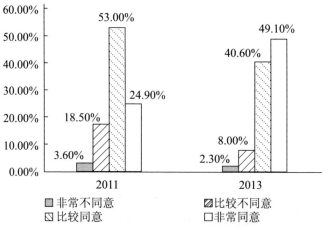

图6-1　学校选修课内容符合我的需求

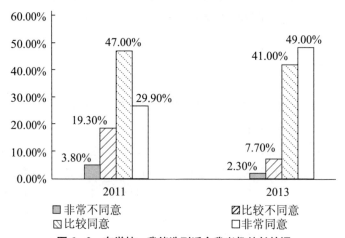

图6-2　在学校，我能选到适合我兴趣特长的课

表6-1　对课程适切度的调查

调查内容	非常同意（%）	比较同意（%）	比较不同意（%）	非常不同意（%）
A. 我感觉教学内容正适合我	50.0	43.5	5.4	1.1
B. 我感觉课程的难度正适合我	45.9	47.6	5.5	1.0
C. 我感觉课程的进度正适合我	45.1	47.5	6.8	0.6
D. 我感觉目前学习的课程正适合我	47.0	46.2	5.8	1.0

能选择到合适的课程、学习积极性增强是自主发展的前提。我们强调给每一位学生适合的课程可能在现阶段还只是理想，但是，通过课程形态和课程实施的变革，注重学生自主学习能力的培养，是实现个别化教育重要的一步。这个过程同时也会增强学生的自我管理和规划能力，让他们学会为自己负责。从数据上来看，2011 年认为"我对自己的学习能进行有效的自我管理"的学生比例为 86.1%，其中"非常同意"的为 28.5%；而在 2013 年，总赞同比例增至 92.1%，其中"非常同意"的为 41.7%。此外，99.3% 的学生认为"老师十分重视培养我们进行自主学习"，这一超高的比例说明学校强调学生自主学习的意识得到了很好的贯彻，学生有更多的时间进行自主钻研、思考和探究，这势必促进学生自主发展能力的增强。

（二）学生自我负责的意识明显增强

只有一种课程时不存在选择，当有五种数学摆在面前的时候，学生就必须考虑：哪一种数学是适合我的？课程虽然可以改选，但改选课程的风险有多大？有哪些风险？如何让自己的选课在几个学科之间平衡？每个学期选一次课程，在给学生提供更多选择机会的同时，也会迫使学生围绕自我的潜能、志趣、未来的发展方向等不断进行思考，让学生慢慢学会在高中三年的整体规划中去完成一个学期的选课计划。在选择中，学生思考的深度不断增加。

首先，选课让学生对自己的高中生活和未来发展方向思考更多。2013年的调查显示，90.3% 的学生认为"学校所学的课程对自己的未来发展有重要意义"，其中表示"非常同意"的学生比例比 2011 年高出 16.1 个百分点（见表 6-2）。

表6-2　对学校所学课程与未来发展关系的调查

调查时间	调查内容	非常同意（%）	比较同意（%）	比较不同意（%）	非常不同意（%）
2011 年	学校课程与我目前和未来的需求密切相关，有重要意义	32.2	45.9	20.1	1.8
2013 年	学校所学的课程对我未来的发展有重要意义	48.3	42.0	7.8	1.9

其次，在各种不同的课程平台和自主支配的时间与空间中，学生自我管理、自我规划的能力不断提高。小学段规划、职业考察课程增加了学生体验社会生活的机会，锻炼和提高了学生的自我规划意识和能力；过程性评价让学生对自己的学习过程负责；学习方式的变革让学生减少了对教师的依赖，提升了自主学习的意识和能力。

在记录学校 60 位学生自述学习成长体验故事的《赢在中学》一书中，出现频率最多的 12 个关键词分别是：学习、社团、爱、选择、成长、梦想、发现、同伴/朋友、目标、快乐、舞台和责任（见图6-3）。

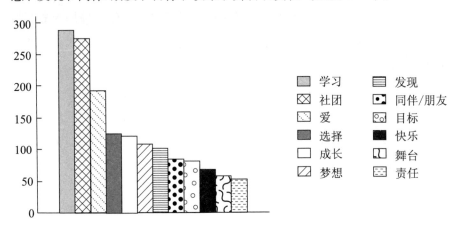

图6-3　《赢在中学》出现频率最高的 12 个关键词

我们能够感受到，当把管理的空间让给学生后，从学生内心所激发出来的自我负责、自我约束的力量。高一年级王师萌就很有感触：

　　在没有固定班级的日子里，我们变得更加自主了。我以前是一个很拖沓的人，经常老师千催万催，却总也交不上作业。可走班制开始后，就感觉有一双无形的大手在催促你做作业。每一次看见过程性评价上低了几分，心里就像猫抓一样，总是想着要去找老师把作业补上。

　　对此，李雨童也有同样的感受：

　　有一次数学课上，老师刚讲完一道妙题，同学们有的还在消化，有的还在与同学讨论，有的已经收拾书包准备走了。此时老师说："布置一下今天的作业……"突然全班安静下来，认真听老师讲作业。回想初中，老师布置作业的声音会淹没在同学的喧哗声中，而全班安静的情况，也只会发生在班主任自习进班时。从这一静一闹的对比中不难看出，在没有固定班级的日子里，我们已经渐渐知道要为自己负责，自我管理。

　　对学生调查的结果也验证了学生的这种感受。2013 年对全校高中各年级学生的调查显示，98.7% 的学生感受到"老师会给我们提供自主学习的机会"，94.8% 的学生认为"我能根据学习目标安排自己的学习"，绝大多数（87.5%）学生认为"我总是能很有效地利用自主学习的时间"，96.2% 的学生认为"同学们的自学能力很强"（见表 6 - 3）。

表 6 - 3　对学生自主学习情况的调查

选　项	非常同意（%）	比较同意（%）	比较不同意（%）	非常不同意（%）
1. 老师会给我们提供自主学习的机会	60.8	37.9	0.9	0.4
2. 我能根据学习目标安排自己的学习	44.8	50.0	5.1	0.1
3. 我总是能很有效地利用自主学习的时间	38.1	49.4	11.9	0.6
4. 同学们的自学能力很强	50.1	46.1	3.8	0.0

（三）学生对他人、集体、社会负责的意识和能力得到提升

开放性和动态性在扩大了学生自主管理空间的同时，也营造了每个成员积极参与、共同负责的新型群体关系。伴随着行政班的消失，每一间教室既是教学班的教室，也是学生的自习室，任何一间没有课的教室都可以作为学生的自习室。处在学生流动中的学科教室，面临着日常管理与维护的问题。比如：教室内卫生谁来打扫？教室内的纪律、图书借阅、公共设备的维护管理等谁来负责？为此，学校设置了60个学生管理岗位，学生在网上自主申报，搭建了每一位学生为他人、为集体负责的机会和平台。其中，学科教室的"卫生天使"课程为全体学生的必修课程，每位学生在高中三年内，都必须承担一定时数的学科教室的卫生打扫任务，获得相应的必修学分，方可毕业。图6-4是学科教室卫生打扫申报表的一个示例。

"扫教室，扫天下"卫生天使（综合课程必修课）申报表
教室：马文华 何永德　教室：地理 T424

温馨提示：选择教室时，请尽可能选择自己的导师或者任课教师所在的教室；之后系统会自动分配，并由师生督导团评价打分。

时间	天使1号 （扫地、倒垃圾、清理讲台）	天使2号 （拖地、清理擦试窗台）	天使3号 （摆放桌椅、花卉，擦黑板）
2月17日—3月21日			
3月24日—4月25日			
4月28日—5月30日			
6月3日—7月11日			

- 值日生值日目标准：地面打扫干净，拖布清洁干净无水渍，地面整洁，尤其是注意死角处（墙角和桌椅角）；黑板或者白板干净，无花斑脸谱状；讲台物品整齐，清扫工具摆放整齐；桌椅整齐有序，花盆摆放整齐。
- 每轮值日五周，每日值日时间：5:00-5:30，在值日时间内，非本教室值日学生无特殊情况不得进入教室。值日结束后，关掉非晚自习的教室的灯、空调及门窗。
- 晚自习结束后原则上不再进行打扫，请晚自习同学保持卫生。晚自习教室卫生由晚自习助理负责督查，并由学部晚自习组按晚自习规定给予未保护教室卫生者相应处罚或者处分。
- 此为学校必修课程，满分0.5分，最低分0分。只有达标才可参评学校的所有奖项。学分赋予时，将由教室的老师确认清扫达标后才可给学分（0-0.5，共六个等级）（低于0.3）无法参评学部所有奖项。
- 鼓励搭伴报名，值日期间内相互提醒，内部合理分工或与教师协商安排。若有特殊原因请假没能做值日者，需与同学自行调换。
- 请各位同学爱护环境，保护大家共同的学习园地和共同的高一大家庭。

图6-4　学科教室卫生打扫申报表

公共区域需要形成大家共同遵守的基本行为规范，为此，四年制高一启动了"请你来写提示语"的征集活动（宣传海报见图6-5）。这一方面增强了每一位同学参与的机会和为他人、集体负责的公民意识；另一方面，规范由每一位学生参与制定，更能够提高落实的效率。再者，提示语用提醒的口气委婉地提出来，其目的不是约束、管制，而是提高每一位学生自律的意识和习惯。活动得到了学生的积极响应，共收到提示语97条，经过大家的评选，有28条获得"冠名奖"（见表6-4）。

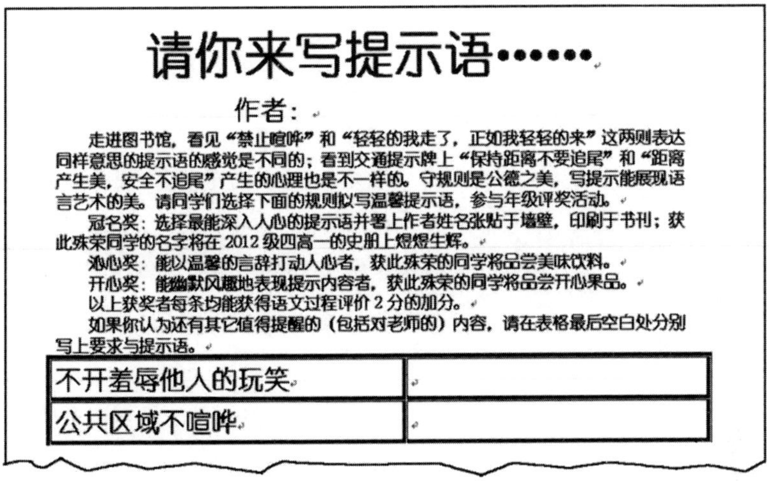

请你来写提示语……

作者：

走进图书馆，看见“禁止喧哗”和“轻轻的我走了，正如我轻轻的来”这两则表达同样意思的提示语的感觉是不同的；看到交通提示牌上“保持距离不要追尾”和“距离产生美，安全不追尾”产生的心理也是不一样的。守规则是公德之美，写提示能展现语言艺术的美。请同学们选择下面的规则拟写温馨提示语，参与年级评奖活动。

冠名奖：选择最能深入人心的提示语并署上作者姓名张贴于墙壁，印刷于书刊；获此殊荣同学的名字将在2012级四高一的史册上熠熠生辉。

沁心奖：能以温馨的言辞打动人心者，获此殊荣的同学将品尝美味饮料。

开心奖：能幽默风趣地表现提示内容者，获此殊荣的同学将品尝开心果品。

以上获奖者每条均能获得语文过程评价2分的加分。

如果你认为还有其它值得提醒的（包括对老师的）内容，请在表格最后空白处分别写上要求与提示语。

不开羞辱他人的玩笑	
公共区域不喧哗	

图6－5　“请你来写提示语”征集活动宣传海报

表6－4　“请你来写提示语”冠名奖评选结果

规　则	同学们创作的提示语
不开羞辱他人的玩笑	丁丽雯：玩笑很开心，措辞要当心
公共区域不喧哗	赵浩然：悄悄是现在的楼道
自习时不讲话	杨阳：别出声，我在和书交流
不在课桌上写字和涂画	孙雨欣：万物皆有脸，莫要毁桌颜
物品不放在暂不使用的课桌上	龚楚：你不使用的课桌留给同学用
不乱扔垃圾	兰孝达：小心，别把人品丢地上啦！
尽可能减少产生饮料瓶、易拉罐、塑料袋的消费	冯伟嘉：小小塑料袋，危害上百年
在学习的地方不吃零食	张楚悦：零食×知识＝0
在教学区域不使用手机	郭昭宇：教学区域不在服务区
在公共电脑上不玩游戏、购物、聊天	王婉婷：公共电脑有一颗渴望学习的芯
在非运动区不踢球、玩球	姜嘉南：非运动区踢球——没门！
别人使用电脑不围观	曹天岳：电脑最专一，喜欢一对一
不佩戴首饰	张思洁：自然产生美，修饰是累赘

续表

规　　则	同学们创作的提示语
尽可能双面打印和复印	兰孝达：打印纸说：请别让我的生命留下空白 赵天啸：单面的文字会显出另一面的无知
经常关注自己的综合素质评价	王泽荟：认识你自己 王宇佳：欲穷千里目，综评常关注
乘用电梯要礼让	丁丽雯：你让让我，我让让你，开心大家行！
按要求领取和交回各种表格	刘昕怡：表哥和表妹，速取快点回
在校要穿校服	孙辽一：一样的服装，不一样的个性 葛劲谦：十一校服，你最美的包装
按要求到自己的服务岗位尽责	王星懿：我"司"故我在
别人发言要倾听	朱梦瑶：倾听一下，你就知道
集体活动要守时	潘瑞祥：大家等，才是真的等
有困难主动寻求帮助	丁楷雯：有困难了，多多求助；没困难了，多多帮助
借了书要及时归还	葛瑞琪：流浪的书籍想回家
省用厕纸	刘文锦：自己方便，还要留给别人方便
节约用水	万迪：别让水龙头哭泣

一位学生很有感触地说：

以前的班级有各种各样的岗位，每个人都在为班级做一些事情，而现在不能再为集体做事了，岂不没有了集体归属感？就在我这么想的时候，开学初招募志愿者了，这不是为年级贡献力量的好机会？于是我积极地报了名，投入到布置暑期板报的工作中。我每天都忙到五六点，对交上来的作品进行一遍遍筛选，将每一张作品、每一副大字甚至每一张贴纸都一丝不苟地贴上去，终于将展示墙布置得丰富多彩。没有了班级，我可以为年级、为更多的人做事，因为我是整个年级的一员。

从"扫一屋"到"扫天下",学生的社会担当和责任的意识被激发之后,其关注的目光、视角一下子开阔起来。他们积极参加"校长有约"活动,担任校长助理,参与学校重大事情的讨论,为学校的建设进言献策;踊跃担任学科课程助理,服务于教学班其他同学。2012 年"两会"期间,学校"人大代表助理团"的同学在平时搜集舆情民意和调研的基础上形成了 8 份提案,通过全国人大代表宋鱼水提交到了"两会"。此消息被北京各大报纸和网络媒体争相报道。8 条建议关注的层面大到传统文化的传承、改进铁道部工作,小到公共自行车管理、三环路出入口布局,也有涉及自身实际的中学生社会体验、校外食品安全管理等多方面的建议。中学生参与国家大事,体现现代公民的勇于担当,俨然成为"两会"前最令代表们和媒体振奋的一件事。《新京报》《京华时报》《北京日报》《北京晨报》分别从不同的角度报道了此事,新浪网、搜狐网、人民网、凤凰网、新华网等多家网站进行了转载,北京卫视新闻频道又专程赶到我校对撰写提案的同学进行了专题采访。

目前,学校注册的 200 多个学生社团中,社会慈善公益类社团有 17个。其中,青年志愿者协会曾多次获得区级志愿服务先进集体称号和海淀区志愿服务集体标兵称号,海洋星空基金会则是国内首个由中学生发起的关注自闭症儿童的公益社团。

个体独立性与群体多样性并存

(一) 学校为学生的个性觉醒和成长提供了合适的土壤、空气和水

2013 年对全校高中各年级的调查显示,96.7% 的学生认为"学校能包容不同个性、不同类型的同学";97.1% 的学生感受到"在校园里,我们总能发现具有不同优势特长的同学能够展示他们的才能",95.2% 的学生

认同"老师能发现每位同学的优点"（见表 6 - 5）。

表 6 - 5　学校对学生个性发展的调查

选　　项	非常同意（%）	比较同意（%）	比较不同意（%）	非常不同意（%）
1. 学校能包容不同个性、不同类型的同学	55.1	41.6	2.0	1.3
2. 在校园里，我们总能发现具有不同优势特长的同学能够展示他们的才能	55.1	42.0	2.5	0.4
3. 老师能发现每位同学的优点	49.3	45.9	4.2	0.6

《赢在中学》一书向大家呈现的只是这众多各不相同的学生中的 60 位。今天，随着选课走班的深入推进，这样的学生越来越多。学生个性发展的需求也越来越多，正像高一年级叶枫同学所提出的那样："我喜欢的老师，我期待的老师，不是把我作为学生的老师，而是把我作为叶枫的老师。"

（二）教师和而不同

学生的情态改变着教师的状态。有个性的学生，就需要有个性的教师。为保护和尊重具有不同个性、特长的教师，学校打破了大一统的教育行为模式，例如在学科教室建设和课堂实施策略方面，倡导基于学科特色和教师的个性风格。同时，多样化的课程同样也为不同个性、特长的教师搭建了施展的平台和脱颖而出的机会。例如，为具有某方面特长的教师开办的"名师大讲堂"，每周周三下午 16：20—17：20 在科技楼二层报告厅举行，从 2010 年 9 月到 2012 年年底，先后已经有 62 人次教师登台，讲座内容涉及语文、英语、数学、地理、历史、艺术等多个学科，参会的学生达 3500 人次。对于专业学术素养比较高的教师，学校有高层次的课程和高端实验室课程平台供他们驰骋；有一些教师博览群书，有着广博的知识背景和睿智的思辨能力，历史、地理、政治和物理、化学、生物的 I 类课程为他们提供了广阔的空间。同时，学校还为每一位教师提供可选择的专业发展课程，让每一位教师根据自己的发展需求，获得专业素养的持续提升。立足学科文化和个性特色的学科教室建设，又为教师独特风格的彰显提供了新的平台。

为满足每一位教师成长的个性需求，学校提供了39个多样化、可选择的专业发展课程，编制《教师专业发展课程手册》，供不同需求的教师自主选择。为发挥优秀教师的辐射和带领作用，借助教师教育家平台①，学校先后成立了王春易老师的"课程变革研究室"、方习鹏老师的"教学评价研究室"和周志英老师的"自主探究研究室"。学校还设立高端教师研究室，旨在发挥专业学术能力较强的教师的辐射作用，引领学科教师的学术高位成长。第一批成立了潘国双进阶数学研究室、张少鹤近代物理工作室、魏勇公民教育研究室。随着学校课程改革的深入，面对困难和挑战，一些优秀教师牵头成立专题研究项目组，边研究边实践，例如贺千红过程性评价工作坊、侯敏华学生个性诊断工作坊等。

为引导广大一线教师从身边的教育教学实践问题出发进行思考和研究，学校启动了项目研究方式。近三年来，学校共组织项目申报、审批、立项工作15次，获批项目205项。遇到教育教学中的问题和困惑，由一位教师领衔，带领一群志同道合的同事，集中大家共同的智慧，通过半年到一年的研究，寻找一些问题解决的办法，已经成为学校教师普遍认同的研究方式。

各种影响力相互作用，形成和谐的生态

学校是一个生态系统，这个系统内各要素之间的相互关系状况是影响

---

① 2010年1月10日，由《中国教师报》主办的"中国教师报教育家成长工程"启动，我校14位优秀教师首批入选该工程。

生态系统健康和谐的重要指标。教育学从某种程度上说首先是关系学，没有好的关系，就没有真正的教育。在转型后的学校的生态系统中，师生关系、生生关系、资源环境与使用主体之间的关系是我们考量的重要指标。

北京师范大学脑与认知科学研究院专业人员的调查与分析表明，2011年，在学校课程改革进行的第一阶段，与同时参与调查的其他兄弟院校相比，我校在同伴关系、师生关系、课程与教学、资源与支持、组织与领导和文化认同这六个方面的综合指数均处于 C 级水平。2013 年，学校课程改革进入第四年，诊断结果表明，全面推行课程改革后学校在整体质量上呈现出上升趋势（见图 6－6）。在 2013 年 6 月进行测查时，十一学校在师生关系、课程与教学、资源与支持、文化认同维度均由 C 级进步为 B 级，组织与领导保持在 B 级水平并有一定程度的提高，综合指数值（82.18％）也上升到 B 级水平。

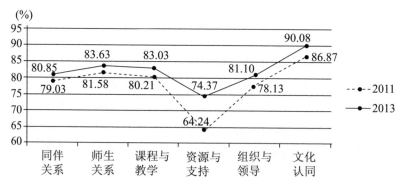

图 6－6　2011 年、2013 年学校自我诊断指数对比

（一）新型同伴关系更广泛利于学生人生意义上的同伴关系发展

同伴对于学生在学校以及未来人生中的发展都具有十分重要的意义。学校十分重视学生同伴交往关系的建设，将每年的 6 月 12 日设立为学校的"同伴关系日"；并成立学长团，邀请过去的毕业学生、杰出的校友来跟学生结对子。选课走班大大扩充了学生交往的范围。4174 名学生组建了 1430个教学班，学生的交往范围，由过去的平均每人 40 个，变成现在平均每人300 多个。学校还搭建了学生跨年级交往的平台，比如同一门艺术课程的班级中要注重初中和高中、男生和女生的搭配比例。学校针对住宿学生的公寓管理设置了生活学院课程。学生公寓实验了 2＋2 管理模式，即一个宿

舍由 2 个高年级的师哥（师姐）带 2 个师弟（师妹）组成家庭式的宿舍。这种新模式下的同伴关系与传统行政班下的同伴关系相比，更广泛利于人生意义的同伴关系的发展。

在学生的成长记录中，这种同伴关系留下了深深的印记。陈思捷同学的一篇"点头之交"说出了他的看法：

上了高一，最让我们感到新奇的一个现象就是选课走班。在这种学习的新形势下，哪怕是再内向的人，结识的伙伴也多了起来。刚开学，我满怀欣喜地向往着高中生活，对建立友谊有着美好的愿望。一次，在导师会上听一个同学不无感慨地说："虽然现在认识的人多了，但却多是点头之交。"……然而正是这"点头之交"在我们的生活中充当着一个重要的组成部分，给我们的生活带来快乐的因素和养分。

课间里，捧着书本行走在楼层之间。偶尔地，在上上下下的过程中不经意地一抬眼，遇见一个认识的人，整个楼梯间的色彩都明亮了起来。不同的人，打招呼的方式也各不相同，但带给我的温暖和清新却是同样的。有的会说着"你好"，扬扬嘴角或眉梢，欢快的音律在嘴唇的张合间跳动出来，挑动了她的眉梢嘴角，也触动了我心底那根欢乐的弦。那么在接下来的很长一段时间里，在她的感染下，我的情绪也会变得活跃积极起来。有的人，相见了，脸上的笑容引得眼里也闪着惊喜的光。她的眼也睁得大了，似乎饱含着倾诉的渴望。不用言语，就在这相互笑对之间，我们都能读懂对方的鼓励与开朗，也更加振奋地走进课堂。还有的，只是抬抬手，笑容也是淡淡的，但是这份友好却常常使目光在擦肩时还流连在彼此的身上。有时在前方的拐角处，默契地回眸相望，便又是一个温柔的微笑。

我想说的是，在"点头之交"这个问题上，可能我们不该急于下定论并把事情往消极的一面去想。也许"点头之交"的确限制了我们交往的深入程度，但"点头"只是一种形式，它并不会影响我们结交朋友的心愿和对待友情态度上的真挚。一个点头，一个微笑，带给我们彼此的仍是相互鼓励、帮扶、进取的正能量。这实际上也恰巧对应了"君子之交淡如水"的境界。

郭茜在她的随笔中道出了在戏剧课上同伴交往的感受：

出演 Hich School Musical，对我来说，是一抹鲜艳而浓重的色彩。说它鲜艳浓重，不单独是因为演出本身的精彩，更加让我在意并且开心的是能够拥有他们的友谊。刚开始的时候，大家都只是维系着点头之交这样的关系，直到戏剧节彩排之前……正式彩排的那天中午，不知是谁提的，要大家一起抱团订餐，然后，"九"便很是积极地在网上订了起来，还拿出小本儿记录了大家各自要的。那饭钱开始不知是谁付的，只看到"九"手里拿着好几张粉红色钞票。麦当劳后来终于到了，大家欢呼着拥上来，拿了各自订的汉堡，热热闹闹地吃起来。国际部六层此时只剩下我们周四下午这个剧组的同学们，其他剧组都各自解决午餐去了。空空的报告厅，热热闹闹的聊天声，突然间感觉大家好和谐，一家人似的。……这大概是一个转折点，此后，大家亲密了许多，有一幕甚至是我们独自排出来的，老师都大为惊异。正式演出的时候，她的家里似乎有很多小礼服，带了许多裙子给我。上场前，大家总互相征询对方的意见，将服装整理到最佳状态。第二幕后，我正吹着自己手心的汗，她走过来，满眼放光地说："你刚刚演得真好！"我一下子便高兴了，笑着说："加油啊，下一场全靠你了"……然后，这样的状态一直维系到后来的整个戏剧节。

2013 年的调查也在一定程度上验证了同学们对目前同伴关系的认同情况。调查显示，89.2% 的学生表示"我对自己与同学之间的关系很满意"，95.8% 的学生表示"我很喜欢我的同学们"，而认为"在学校里，我能找到一群志趣相投的同学"和"（在班上）我和同学相处得很好"的学生的人数都超过了 95%。

（二）和谐的师生关系对学生的学习、交往和情感归属都产生了积极的影响

在学校生态系统的各种关系中，我们一直都非常重视师生关系的建设。《北京十一学校行动纲要》第六章第 26 条指出："师生关系是教育教学的基础，亲其师，才会信其道；如果你讨厌你的学生，那么你的教育还没有开始，实际就已经结束了。"在 2008 年的"课堂成长年"中，我们再次提出：师生关系是有效课堂的基础。

经过学校的转型，师生关系的现状如何呢？2013 年对学生与教师关系情况的调查结果显示：同意教师不仅只关注学习，更注重学生全面发展的平均比例达到 93.48%，认为教师做到公平对待学生的平均比例为 94.13%，对"我"与老师的关系的满意度平均达到 94.95%（见表 6 - 6）。这表明在选课走班的大环境下，这种新型的、更加重视一对一指导和学生个性化发展的师生关系获得了绝大多数学生（93.9%）的认可。

表 6 - 6　学生感知到的师生关系状况

调查维度	具体题目	非常同意（%）	比较同意（%）	比较不同意（%）	非常不同意（%）
学生全面发展得到关注和支持	成绩不是老师评价我们的唯一标准	54.9	38.8	5.4	0.9
	老师鼓励我们思考和规划自己的未来	61.2	35.9	2.5	0.4
	老师关心我们的生活状况	53.2	38.1	8.0	0.7
	老师在关心我们的学习之外，还能真正倾听我们的心声	53.6	38.2	6.4	1.8
每个学生得到公平的对待和关注	老师能公平地对待男生和女生	59.9	34.3	4.1	1.7
	老师能公平地对待每一个同学	55.4	38.5	4.5	1.6
	老师不会因为成绩的好坏而对同学们区别对待	48.3	41.1	8.9	1.7
	无论家庭背景如何，老师对同学们都能一视同仁	64.4	34.6	0.9	0.1
老师与我的关系	老师了解我的情况	43.6	48.4	7.0	1.0
	我随时可以获得老师的帮助	52.8	41.7	4.8	0.7
	我和老师相处得很好	53.2	44.3	2.1	0.4
	我对自己与老师之间的关系很满意	52.3	43.5	3.6	0.6

（三）学校的资源服务于学生的成长，是学生发展的有力支撑

在学校，资源是构成学生学习和成长的重要因素，资源的丰富性、多样性和开放性，使用的便捷和高效，资源与学生的学习过程以及每一位学生是否发生高效的关联等直接决定着学校整体的生态氛围。2013 年 6 月，我们对学校服务于学生成长的图书资源、体育设施和实验设备、社会资源的使用状况从丰富性、开放性、安全性、使用性等多个方面进行了调查，结果显示，学生对这几项重要学校资源的平均认可度达到 92.7%（见表 6 - 7）。这显示了学校在服务于学生成长的资源环境建设方面得到绝大多数学生的满意，也呈现了学生与资源环境之间的一种良好和谐的关系。此外，值得特别提出的是，在此次调研范围之外，十一学校的资源优势还体现在与课堂体系相配的多学科拓展资源、多层匹配性教师资源，过程性评价、学业诊断与考试成绩分析系统等数字化平台资源及基于现代数字化校园建设的丰富网络资源。这些资源合力服务于每一位学生的成长和发展。

表 6 - 7　学生对学校资源状况的评价

	调查内容	非常同意（%）	比较同意（%）	比较不同意（%）	非常不同意（%）
丰富性	经常有学校以外的人来参加我们学校的活动	55.8	36.2	6.5	1.5
	学校经常创造机会让我们走出校园	46.7	36.8	11.0	5.5
	学校能为我们提供各种开阔视野、增长见识的机会	59.9	37.1	2.2	0.8
开放性	在学校，获取和使用图书资源的过程简单，不耗费时间	35.5	43.6	16.8	4.1
	学校的体育设施向我们开放	58.1	37.4	3.5	1.0
安全性及使用性	我们学校的实验设备在安全管理上很规范	53.1	42.9	3.6	0.4
	我觉得我们学校的体育设施很安全	54.9	40.0	4.5	0.6
	我们经常利用学校的体育设施进行体育活动	50.7	36.8	9.9	2.6

学生在放松、安全的学校生态环境里成长

放松、安全的成长环境是学校生态系统中不可缺少的要素，也是每一位未成年学生健康成长的必要条件。对以校长为代表的管理者、学校的管理服务现状以及管理空间的调查，能够在一定程度上反映学校的环境氛围情况；而对学校整体氛围的感受和体会，则能更直接地反映学生对学校这种环境和氛围的满意和认可度。

（一）绝大部分学生对学校的管理者和管理机制满意

对以校长为代表的管理者的满意度调查，得到超过90%的全体学生的认可，其中，96.4%的学生认为"校长关心我们"；96.2%的学生表示"校长经常参与学校为学生举办的活动"；92.9%的学生认为"校长与我们的交流坦诚而开放"；91%的学生同意"当我们有问题时，校长能有效地帮我们解决"（见表6-8）。

表6-8　学生对校长的感知情况调查

调查内容	非常同意（%）	比较同意（%）	比较不同意（%）	非常不同意（%）
A. 我们有问题时能方便地找到校长	31.7	40.7	22.2	5.4
B. 校长与我们的交流坦诚而开放	51.2	41.7	5.4	1.7
C. 校长关心我们	62.2	34.2	3.2	0.4
D. 校长经常参与学校为学生举办的活动	62.2	34.0	3.1	0.7
E. 当我们有问题时，校长能有效地帮我们解决	52.9	38.1	8.0	1.0

此外，2011年和2013年两次对学校"组织与领导"方面调查数据的变化还说明学校以师生为导向的管理成效显著，其中，同意"学校管理者

愿意听我/同学们的想法"的学生比例由 2011 年的 79.2% 增加到 2013 年的 91.8%，图 6－7 和图 6－8 的数据变化也表现出同学们感受到了自己的意见被倾听、自身利益被顾及，当有问题时能够准确、快速地解决，而这都是学生有归属感、热爱学校的重要因素。

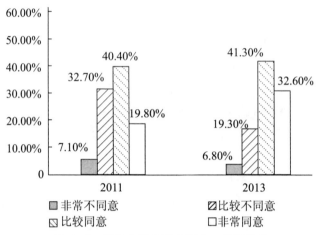

图 6－7　学校各部门职责明确，当我发现
问题时，清楚地知道该询问哪个部门

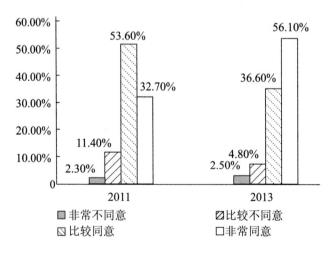

图 6－8　学校采取多种方式了解同学们的需求

2013 年 7 月，第一届科学实验班 30 名学生毕业了。在毕业感悟中，谈到"十一学校最特别的地方"，30 名学生中有 22 名学生写到了"自由"、"开放"、"自主"、"灵活"。

（二）绝大部分学生对学校各方面的满意度较高

2013 年对全校高中各年级学生的满意度调查中，学生对学校的课程、师生关系、同伴关系、资源和设施、组织与管理状况、学校秩序与安全以及学校的整体氛围等方面的综合满意度达到 95%，其中 55.4% 的学生对学校各方面表示非常满意，具体结果见表 6-9。

表 6-9　学生对学校总体状况满意情况的调查

调查内容	非常同意（%）	比较同意（%）	比较不同意（%）	非常不同意（%）
A. 我对学校的课程很满意	50.9	41.6	6.0	1.5
B. 我对自己与同学之间的关系很满意	45.6	43.6	9.1	1.7
C. 我对自己与老师之间的关系很满意	52.3	43.5	3.6	0.6
D. 我对学校的各种学习资源和设施设备很满意	61.0	37.4	1.6	0
E. 我对学校的组织与管理状况很满意	46.8	45.9	6.0	1.3
F. 我觉得我们学校的管理很不错	52.9	43.0	3.2	0.9
G. 我们学校的秩序良好	59.7	38.1	1.6	0.6
H. 在学校里，我感觉很安全	59.9	36.2	3.2	0.7
I. 我对我们学校的氛围很满意	69.2	28.8	1.2	0.8

（三）超过 97% 的学生对学校的文化、校园氛围等高度认同

从教育学的视角，我们提出"学生第一"，学生是一所学校的根本，因此，学校的办学价值观能够得到本校学生的认同，学校的发展符合学生

的愿望、需求，不仅能使这所学校对学生具有磁铁般的吸引力，从而获得可持久发展的动力，更是现代普通高中学校和谐生态的重要标志。

调查表明，对学校的培养目标、教育理念、学校氛围、社会声望、学校的特色优势等方面，学生的平均认可度高达97.5%。其中，97.9%的学生"很认同学校对学生培养目标的提法"，97.8%的学生"很赞同学校对学生提出的几个重要的素养、品质"，96.7%的学生表示"我的父母认同学校的教育理念"，而认为"我们学校的学生与其他学校不同，有自己的特色和优势"和"我们学校在社会上名声很好"的学生更是高达98%。正是有了这样的高度认同，97.3%的学生表示"我为进入这所学校感到自豪"，98.7%的学生表示"我愿意告诉别人我是这所学校的学生"，而"我很喜欢我的学校"的学生高达98.4%（见表6－10）。

表6－10　学生对学校认同情况的调查

调查内容	非常同意（%）	比较同意（%）	比较不同意（%）	非常不同意（%）
A. 我为进入这所学校感到自豪	70.2	27.1	1.7	1.0
B. 学校平时做的和说的一致	56.8	36.9	4.2	2.0
C. 我愿意告诉别人我是这所学校的学生	71.2	27.5	0.4	0.9
D. 我觉得我是学校的一员，我属于这里	69.3	27.5	2.2	1.0
E. 我很认同学校对学生培养目标的提法	68.6	29.3	1.2	0.9
F. 我们学校在社会上名声很好	72.8	25.9	0.7	0.6
G. 我们学校的学生与其他学校不同，有自己的特色和优势	71.9	26.0	1.2	0.9
H. 我的父母认同学校的教育理念	68.2	28.5	2.3	1.0
I. 我很赞同学校对学生提出的几个重要的素养、品质	71.1	26.7	1.3	0.9
J. 我很喜欢我们学校的氛围	70.3	27.8	0.9	1.0
K. 我很喜欢我的学校	72.7	25.7	0.6	1.0

柒

挑战与展望

选课走班带来的新的育人模式的运行，带动了学校的转型，使学校呈现出一些现代型学校的形态，但学校的转型是一个深刻、持续、整体的渐进过程，实现转型这样一个深刻的变化，需要经历一个较长的时段。学生的发展本来就是一项"百年树人"的基业，考量教育的成败不是短暂的三年或六年的中学时段，而是需要放在学生的一生甚至是几代人的发展中。因此，在探索现代普通高中转型的实践中，我们还在路上。

从改革课程入手，带动制度重建，从而产生的现代普通高中的转型变革，虽经历四年的探索，但还只是刚刚搭建了一个"现代"学校形态的雏形。在进一步打磨、完善的过程中，我们还面临很多的挑战。

（一）全人教育下教师专业素养结构面临着重构，教师培训和教研任务繁重

以前教师在学校只是单纯的班主任和任课教师两个角色，现在要承担科任教师、导师、咨询师和分布式领导等多种角色，每种角色都需要一定的素养支撑，多重角色下教师的素质模型对教师素养提出了更高的要求。要真正实现学科教学与学科教育的融合，每位教师的教育和管理的责任大大增强。以前，是教给学生就行了，而现在要管理和领导学生学习，帮着学生做计划，检测，指导方法，还要帮助学生描绘愿景、确定目标、激励、控制。这些工作的内容、职责和要求，都是对教师很大的考验和挑战。

学校整体转型性变革，从课程的顶层设计到系列学习资源的编写、使用，从学科教室到教学班的建设再到小班教学的策略，从导师到咨询师和教育顾问，从学科教学到学科教育，从评价观的确立到过程性评价与诊断系统的建立，从学习读本到课程标准细目的编写，从课堂在线到网络课程，从课堂内的逻辑训练到体验类的游学课程、职业考察课程，从分段设计到衔接贯通……每往前走一步，都有很多全新的工作摆在我们面前，无法回避。而这些国内又极少有可参考的经验，国外经验也无法照搬照抄。很多时候，我们只能摸着石头过河，边研究边实践，边实践边分享、梳理、总结。我们通过举办各种形式的教育沙龙、教育年会、项目研究以及各个分布式领导项目的分享会，积极探索在学校转型过程中的教师专业成长之路。但是，随着改革的深入，教师的培训和教研任务仍将十分迫切而繁重。

（二）教师从理念到行为的深刻改变将是一个不断深入的过程

这场学校整体转型的变革，从课程的选择平台到管理的自主空间，在激发每一位学生内动力方面初见成效，从上述学生层面的各项调查可见一斑。学生"起来"之后，师生平等了，学生与老师平起平坐了，真实的学生和学生真实的问题对教师遵循很多年的传统的教育方式、思维模式和心理惯性都带来了前所未有的挑战。虽然，大家在学生身上看到了这种改革的效果，从心理上认同这种教育理念，但在面对一个个鲜活的学生个体时，尤其是当一时看不到教育的效果时，挑战的已经不再是教育的技巧方法，而是每一位教师的心理和思维习惯。当传统的权威被打破之后，寻找并体验到新的职业尊严和职业生存方式，在学校转型过程中，实现每一位教育者自身的发展，将成为每一位教师不断面临的最真实挑战。

（三）学校各项制度重建的工作还只是刚刚开始

育人模式的创新从改变课程做起，但当我们做起来之后才发现，这项事业远远超出我们所理解的那个狭义的课程，这是学校整体生态的重新建构，尤其是学校的各项制度面临着重建。我们在过去几年的摸索中积累了一些认识新岗位、梳理新流程的经验，但是，新的制度还在不断构建，新产生的岗位还需要在实践运行中不断磨合，并找准各自的职责定位和工作流程。学校各项制度重建的浩繁工作量将成为学校整体转型面临的巨大挑战。

（四）启动每一位学生的内动力任重而道远

选课走班的主旨在于给每一位学生装上自己的发动机。由于学生存在个别差异，每一位学生内动力启动的机制和兴奋点可能都是不一样的，4174 位学生，有的学生的动力可能来自一本书的启迪，有的可能来自同伴的带领，有的也许是来自一场成功人士的报告，有的可能来自于一次深刻的体验……在构建每一位学生为自己负责任的教育机制方面，我们尝试了多种途径和策略，试图为每一位学生装上内在的发动机。除了给学生提供了多样化、可供选择的课程外，我们还通过导师、职业考察、学生管理课程以及教育课程的引导，让学生逐渐明晰自己的人生规划，用未来的思考引领当下的发展；通过过程性评价，让学生随时知道自己的现状和在同伴中的位置，以便在比较中找到自我努力的方向；通过阶段性诊断分析，让每一位学生找到自己在各门课程中存在的优势和不足，学会自我调整、自我规划。我们正在完善学生个人成长档案系统，建设学生个体诊断系统和学生教育课程自我设计与评价系统。这将是一个庞大的数据库，需要多功能的数字化技术支撑。如何真正利用"云计算"的优势，实现对学生个性化诊断、指导、帮助和激励的持续进行，这样的工作我们还在一步一步的摸索中。

（五）转型后的学校与整个教育生态和社会生态的对接

学校的转型需要考虑本国、本校的实际情况和条件，我们不可能脱离现行的教育体制另搞一套。在我国现行的体制下，新的育人模式的运行需要考虑与国家课程方案和上级教育主管部门的对接，学校生态需要与整个教育生态和社会大的生态环境融合。在寻求满足学生个性化成长、创新人才培养机制方面，《国家中长期教育改革和发展规划纲要（2010—2020年)》提出了一些思路，但在整个教育生态还没有改变的情况下，一所学校变革的辐射和影响力量常常遭遇外部生态环境的消解。比如，根据学生的个性发展需求调整后的课程结构，可能与上级教师进修培训体系无法对接，教师职称晋级、岗位编制需求和学科带头人、紫荆杯班主任等的评选也存在一定的衔接问题。

此外，家长的理解、支持是学校课程改革不可忽视的因素，甚至关乎课程改革的成败。选课走班对于家长来说是全新的教育理念和教学组织形式，要取得家长的理解和支持，首先要让他们明白学校在干什么。因此，我们还承担着对家长的培训和辅导的任务，如何获得家长持久的信任和支持是我们面临的又一项挑战。

主要参考文献

崔允漷，王少非，夏雪梅. 2008. 基于标准的学生学业成就评价 [M]. 上海：华东师范大学出版社：24.

杜威. 1990. 民主主义与教育 [M]. 王承绪，译. 北京：人民教育出版社：200.

杜威. 2004. 学校与社会；明日之学校 [M]. 赵祥麟，等，译. 北京：人民教育出版社.

冯建军. 2011. 教育转型：内涵与特点 [J]. 教育导刊（9）：5.

富尔. 1996. 呈送报告 [M] //联合国教科文组织. 学会生存：教育世界的今天和明天. 华东师范大学比较教育研究所，译. 北京：教育科学出版社：2.

高凌飚，黄韶斌. 2005. 谈高中模块课程的教学 [J]. 教育科学研究（1）：54.

戈布尔. 2006. 第三思潮：马斯洛心理学 [M]. 吕明，译. 上海：上海译文出版社：58.

靳玉乐. 2001. 课程实施：现状、问题与展望 [J]. 山东教育科研（11）：3.

李希贵，等. 2010. 建立以学生为主体的学校自我诊断模式 [J]. 教育研究（9）：69－74.

联合国教科文组织. 1996. 学会生存：教育世界的今天和明天 [M]. 华东师范大学比较教育研究所，译. 北京：教育科学出版社.

刘兼. 2001. 国家课程标准的框架和特点分析 [J]. 人民教育 (11):
23 – 25.

欧文斯. 2001. 教育组织行为学 [M]. 窦卫霖,等,译. 上海:华东师范大学出版社:328.

帕克赫斯特. 2005. 道尔顿教育计划 [M]. 陈金芳,等,译. 北京:北京大学出版社.

彭钢. 2010. 学校整体变革:从管理走向领导 [J]. 教育发展研究 (10):5 – 6.

王建军. 2008. 学校转型中的教师发展 [M]. 北京:教育科学出版社:71.

王文静. 2000. 维果茨基"最近发展区"理论对我国教学改革的启示 [J]. 心理学探新 (2):17.

吴刚平. 2001. 课程资源的理论构想 [J]. 教育研究 (9):63.

雅斯贝尔斯. 1991. 什么是教育 [M]. 邹进,译. 北京:生活·读书·新知三联书店:65.

杨小微. 2012. 整体转型:当代学校变革"新走向" [M]. 南京:江苏教育出版社:85 – 86.

叶澜. 2005. 21 世纪社会发展与中国基础教育改革 [J]. 中国教育学刊 (1):2 – 7,11.

于泽元. 2006. 课程变革与学校课程领导 [M]. 重庆:重庆大学出版社.

张晓峰. 2011. 分布式领导:缘起、概念与实施 [J]. 比较教育研究 (9):44 – 49.

佐藤学. 2003. 静悄悄的革命 [M]. 李季湄,译. 长春:长春出版社.

后　记

　　按照原来的计划，这本书不应该在这个时间出版，原因很简单，书名中确立的"学校转型"的任务并没有完成，我们还在路上。我们原希望安安静静地再用几年的时间精耕细作。但是，学校的改革已经引起了许多好心的朋友们关注，安安静静似乎已经是一种奢望，更多的人希望看个究竟。我们很怕贻误同行，但又确无条件对所有关心这场改革的朋友——汇报改革的坎坎坷坷。于是，把这本尚不成熟的书稿拿出来就成为我们一个不得已的选择。

　　如果刨去准备的时间，这场以课程改革为基础的学校转型开始于2009年，到今天也已经六个年头了。这几年的艰辛该怎么述说，只有身临其境的人才懂得其中的酸甜苦辣。校园里的一切似乎都涛声依旧，但每一个人的心中却风起云涌，我们苦恼过，我们迷茫过，我们内心纠结，我们不断挣扎，但我们却从未想过退缩。尽管一路曲曲折折，目标却从未改变。学校转型是不得已而为之，我们真正想做的，是为孩子们营造一个适合成长的生态，让他们发现自我、唤醒自我，最终成为自我，当他们有了独立的人格和独立的思想，有了社会责任感的时候，我们就真的赢了。

　　从严格意义上说，这本书不是写出来的，是做出来的，是全体十一人智慧和汗水的结晶，因此，它的作者也应该有更多的名字。衷心感谢我亲爱的同事们，当然，也特别感谢十一的同学们，是他们让我们欣慰，让我们激动，也让我们燃烧起教育激情的火把，照亮我们前行的道路，更增加了一份跋涉的胆量。

出版人　所广一
责任编辑　何　薇　刘　灿
版式设计　宗沅雅轩　沈晓萌
责任校对　贾静芳
责任印制　叶小峰

图书在版编目（CIP）数据

学校转型：北京十一学校创新育人模式的探索/李希贵
等著.—北京：教育科学出版社，2013.12（2023.12重印）
　ISBN 978-7-5041-7919-7

　Ⅰ.①学…　Ⅱ.①李…　Ⅲ.①高中—教育模式—研究
—中国　Ⅳ.①G632.0

中国版本图书馆CIP数据核字（2013）第178700号

学校转型　北京十一学校创新育人模式的探索
XUEXIAO ZHUANXING　BEIJING SHIYI XUEXIAO CHUANGXIN YUREN MOSHI DE TANSUO

出版发行	教育科学出版社			
社　　址	北京·朝阳区安慧北里安园甲9号	市场部电话	010-64989009	
邮　　编	100101	编辑部电话	010-64981277	
传　　真	010-64891796	网　　址	http://www.esph.com.cn	
经　　销	各地新华书店			
制　　作	北京京久科创文化有限公司			
印　　刷	保定市中画美凯印刷有限公司	版　次	2014年2月第1版	
开　　本	720毫米×1020毫米　1/16	印　次	2023年12月第22次印刷	
印　　张	17.25	印　数	96 401—100 400册	
字　　数	267千	定　价	39.80元	